#BestSeller

डायरेक्ट सेलिंग

का
विजेता कैसे बनें

Part - 1

- **VISION**
- **RIGHT COMPANY**
- **6 BASIC**

डॉ॰ सुरेन्द्र वत्स

Published by :

Invincible Publishers

Published by:

Invincible Publishers
201A, SAS Tower, Sector 38, Gurugram, Haryana – 122003
Phone: +91-124-4034247, +91 9599066061
Website : www.invinciblepublishers.com

Sales Office : - 4760-61/23, Basement, Pratap Street, Ansari Road, Daryaganj, New Delhi - 110002
Phone: +91-11-40198405
Email: invinciblepublishers@gmail.com

This book is a work of academic. Names, characters, places and incidents are either the product of the author's imagination or are used fictitiously. Any resemblance to real persons, living or dead, or actual events or locations, is purely coincidental and the publisher does not hold responsibility for the same.

ISBN : 978-93-94200-95-1

Book Name : डायरेक्ट सेलिंग का विजेता कैसे बने? पार्ट 1

First Edition: February 2024
Second Edition March 2024

समर्पण

अविस्मरणीय श्री सतीश पंडित (1965 – 2005)

डायरेक्ट सेलिंग इंडस्ट्री को 2002 से 2005 तक, मात्र तीन साल में नई दिशा देने वाले, 'ये इंडस्ट्री आपको राष्ट्रपति भवन तक लेकर जाएगी' ऐसा उद्घोष करने वाले, दूरदर्शी, लाखों लोगों के प्रेरणास्रोत, आकर्षक व्यक्तित्व, प्रखर वक्ता, बहुमुखी प्रतिभा के धनी, कर्मयोगी, भारत भूमि को गौरवान्वित करने वाले अविस्मरणीय श्री सतीश पंडित जी को सादर समर्पित।

✧ विषय सूची ✧

परिचयात्मक खण्ड

भारत में डायरेक्ट सेलिंग का भविष्य

सही कंपनी का चुनाव कैसे करें

बुनियादी कदम

पहला बुनियादी कदमः उत्पादों का इस्तेमाल करें!

दूसरा बुनियादी कदमः सूची बनाएं!

तीसरा बुनियादी कदमः संपर्क करना!

चौथा बुनियादी कदमः प्लान दिखाना!

पांचवा बुनियादी कदमः पुनः संपर्क करना!

छठा बुनियादी कदमः सही शुरुआत करवाना!

****

आभार

"एक पत्थर की भी तकदीर सँवर सकती है,
शर्त ये है कि सलीके से तराशा जाए ।।

जब फिल्म बनकर हमारे सामने आती है तो हमें केवल पर्दे पर दिखने वाले कलाकार ही नजर आते हैं जबकि उसके निर्माण में हजारों लोगों ने पर्दे के पीछे रहकर बहुत बड़ा काम किया होता है। उसी तरह इस पुस्तक के लेखन में मेरे डायरेक्ट सेलिंग के गुरु श्री बी.सी. छावड़ा जी, मुकेश कोठारी जी व के.सी. छावड़ा जी ने इस पत्थर को तराश के इस लायक बनाया है कि वह अपने अनुभवों को एक किताब में समेट सके। मेरा मन आपके प्रति कृतज्ञता से भरा हुआ है।

मैं उन सैकड़ों लोगों व प्रशिक्षकों (Trainees) के प्रति अभिभूत हूं जिनका मेरे जीवन पर अमिट प्रभाव है।

हर काम में संपूर्णता चाहने वाले मेरे जैसे व्यक्ति के साथ काम करना आसान नहीं होता लेकिन आपने इसे समय पर व बखूबी किया है। इन्विंसिबल पब्लिकेशन की पूरी टीम एवं डायरेक्टर सागर सेतिया का दिल से आभार। Proof Reading के लिए सुधेन्दु शेखर जी, मधु सुदी व ज्ञान चन्द गर्ग जी का विशेष आभार।

होम टीम के कप्तान पूज्य पिता श्री जवाहर लाल शर्मा जी के आशीर्वाद, मेरे उत्साह को गुणात्मक रूप से बढ़ाने वाली मेरी संगिनीं सुदेश वत्स, मेरे बाकी सारे कामों का भार अपने ऊपर लेने वाले प्रिय विशाल वत्स, व हर समय सहायता के लिए तैयार रहने वाली लाडली तन्वी वत्स के सहयोग के बिना यह संभव नहीं था।

लेखक परिचय

डॉ. सुरेन्द्र वत्स, **Life Coach, Founder & Host "Chat with Surender Vats" You Tube Channel, Top achiever of a renowned Direct Selling Company, Founder President of Direct selling Distributors Welfare Association (DSDWA), Executive member of Federation of Direct selling Association (FDSA), Media Head of Association of Direct Selling Entities of India (ADSEI)**

डॉ. वत्स हिन्दुस्तान के आदर्शवादी व सभी को एक साथ लेकर चलने वाले लीडर के रूप में जाने जाते हैं इसलिए देश भर के लाखों लोग इन्हें अपना रोल मॉडल मानते हैं व इनके जैसा बनना चाहते हैं।

बालक सुरेन्द्र का जन्म हरियाणा के सुप्रसिद्ध लेखक व भजनोपदेशक कवि शिरोमणि पं. जगदीश चन्द्र वत्स के घर में हुआ। इनकी परवरिश दादा जी के सानिध्य में हुई और उन्हीं से इन्होंने प्रभावशाली तरीके से अपनी बात रखना, सभी के दिलों में अपनी जगह बनाना, समाज की बेहतरी के लिए काम करना व सबको साथ में लेकर एक लीडर के रुप में कैसे चलना है ये सीखा है। दसवीं तक की शिक्षा हिन्दी अध्यापक पिता श्री जवाहर लाल शर्मा की कक्षा में अन्य विद्यार्थियों के साथ बैठकर ग्रहण की है व उनसे सादगी, अनुशासन, संतोष व संयम सीखा व अपने जीवन में अंगीकार किया ।

सुरेन्द्र वत्स बचपन से ही अपने आस-पास के लोगों को बड़े ध्यान से देखते हैं व उनसे सीखते हैं इसलिए दादी जी से सरलता, माता जी से आत्मविश्वास, धर्मपत्नि से निश्छलता व स्पष्टता, भाई बहनों से

भावुकता व बच्चों से टेक्नोलॉजी का सही इस्तेमाल सीखा है।

डॉ. वत्स ने कुरुक्षेत्र विश्वविद्यालय से शास्त्री (B.A), राष्ट्रीय संस्कृत संस्थान, नई दिल्ली से शिक्षा शास्त्री (B.Ed), दिल्ली विश्वविद्यालय से M.A (संस्कृत) व Ecole Supericure Robert de Sorbon University French से Ph.D (Public Speaking) प्राप्त की हैं।

आपने अपने Career की शुरुआत एक प्राइवेट School में संस्कृत अध्यापक के रूप में मात्र ₹ 500/- मासिक वेतन से की, एक साल बाद अध्यापन कार्य छोड़ कर केबल TV के व्यापार में प्रवेश किया लेकिन वहाँ भी सन्तुष्टि नहीं मिली, 2001 में Direct Selling Business से जुड़े और पिछले 22 सालों से एक ही कम्पनी से जुड़े हुए हैं व आज उस कम्पनी के Top achiever हैं।

आज हिन्दुस्तान के हर राज्य में इनका नेटवर्क है। पिछले 22 सालों में 10 लाख से ज़्यादा लोगों को अपने प्रेरणादायक भाषणों से लाभान्वित कर चुके हैं। इनके online Course A-Z of Direct Selling से अपनी skills को बढ़ाकर हजारों लोग कामयाब हो चुके हैं। 2011-12 में जब Direct Selling उद्योग अपने मुश्किल दौर से गुजर रहा था उस समय आपने एक सैनिक की तरह मोर्चा सम्भाला और बाद में एक सेनापति की तरह इण्डस्ट्री का नेतृत्व किया। आपके अथक प्रयासों व follow up की वजह से 9 Sept 2016 को भारत सरकार ने Direct Selling Model Guide line जारी की व 28 Dec 2021 को Direct Selling Rules पारित किए।

डायरेक्ट सेलिंग उद्योग को संगठित करने के उद्देश्य से आपने 1 जनवरी 2019 को "Chat with Surender Vats" You Tube channel शुरू किया व सभी कम्पनियों के अच्छे लीडरों को एक मंच पर लाने का साहसिक कार्य किया।

डॉ. वत्स हर मंगलवार रात 8 बजे एक कामयाब व्यक्ति का Interview लेते हैं, व अब तक 200 से ज्यादा लोगों का Interview ले चुके हैं, आज CWSV डायरेक्ट सेलिंग इण्डस्ट्री का सबसे, भरोसेमन्द निष्पक्ष व अनुकरणीय चैनल के रूप में जाना जाता है।

"Dr. Surender Vats Life Coach" इस नए You Tube Channel के माध्यम से स्वास्थ्य, व्यापार व अध्यात्म के विषय में अपने अनुभव साझा करते हैं।

वर्तमान में **डॉ. सुरेन्द्र** वत्स हिन्दुस्तान की एक Renowned Company के Top Achiever, Direct Selling की दो Associations के पदाधिकारी, दो YouTube चैनलों के संचालक, ट्रेनर व लेखक के रूप में दुनिया को और बेहतर बनाने के लिए अपनी सेवाएँ दे रहे हैं।

सम्पर्क सूत्रः

Email: svats@cwsvacademy.com

Mob. :- 8383938822 (Off)

web :- www.chatwithsurendervats.com

youtube :- @chatwithsurendervats

youtube :- @drsurendervats.official

यह पुस्तक क्यों लिखी?

1 जनवरी 2019 को हमने "Chat With Surender Vats" की शुरुआत की और देखते ही देखते यह चैनल डायरेक्ट सेलिंग इंडस्ट्री का सबसे भरोसेमंद चैनल बन गया हमारे पास बहुत सारे फोन कॉल्स आने लगे कि हमारा बिजनेस नहीं चल रहा है, हमारी कोई सहायता नहीं कर रहा हैं। मैं सही कंपनी कैसे चुनू, लोगों की लिस्ट कैसे बनाएं और Appointment कैसे लें आदि। शुरू में तो मैं सब से बात करता, व उनकी समस्या हल करने का प्रयास करता, लेकिन धीरे-धीरे बहुत ज्यादा calls आने लगे तो सब से बात करना संभव नहीं था लेकिन उनकी सहायता करने की तीव्र इच्छा थी इसके बाद मैंने सोचना शुरू किया कि क्या डायरेक्ट सेलिंग का कोई सिस्टमैटिक कोर्स हो सकता है जो ठीक उसी तरह काम करें जैसे हमारी शिक्षा व्यवस्था "Academic Education" करती है; बच्चा नर्सरी में प्रवेश लेता है तो उसे पहले चित्रों वाली किताब दी जाती है, प्रथम कक्षा में ABCD उसके बाद लगातार कठिन विषय आते रहते हैं जैसे-जैसे बच्चें की बुद्धि का विकास होता हैं।

डायरेक्ट सेलिंग में मोटिवेशन तो प्रचुर मात्रा में है लेकिन अनुक्रमिक शिक्षा (Sequential Education) का नितांत अभाव है जिसकी वजह से उद्योग में सफलता का प्रतिशत काफी कम है और बहुत से बाहरी लोग इस पर बात करते हैं। डायरेक्ट सेलिंग उद्योग में सफलता का प्रतिशत बढ़े व हर वो व्यक्ति जो गम्भीरता के साथ इसे करना चाहता है उसे सुनिश्चित कामयाबी मिले इस लक्ष्य को ध्यान में रखकर यह पुस्तक लिखी गई हैं।

एक नया व्यक्ति इस उद्योग में क्यों आए इसके लिए एक पूरा अध्याय हैं "भारत में डायरेक्ट सेलिंग का भविष्य"। "सही कम्पनी का चुनाव कैसे करें" इस महत्वपूर्ण प्रश्न का उत्तर सरल तरीके से दिया गया है। सही कम्पनी चुनने के बाद उसे बड़ा नेटवर्क बनाने के लिए किन बुनियादी कदमों का लगातार पालन करना है वो विस्तार से बताया गया है - लिस्ट बनाना, सम्पर्क करना, प्लान दिखाना, पुनः मिलना व सही शुरुआत करवाना।

मैं 2001 से Direct Selling में हूँ पिछले 22 सालों में मैं जिन सिद्धान्तों का पालन करके Diamond Level पर पहुँचा हूँ वो इस पुस्तक में लिखे गए हैं। इसे लिखते हुए मैं बहुत उत्साही हूँ क्योंकि यह पुस्तक न केवल आपको आपके लक्ष्य तक जल्दी पहुँचाएगी अपितु आपको यह पीढ़ी दर पीढ़ी चलने वाला स्थाई नेटवर्क बनाने में सहायता करेगी।

सफलता की राह में आपका साथी

– डॉ॰ सुरेन्द्र वत्स

विशेषज्ञों की नजर से (Experts & Opinion)

मैं पिछले 38 वर्षों से डायरेक्ट सेलिंग इंडस्ट्री में हूँ, और अगर इस इंडस्ट्री में किसी व्यक्ति ने पिछले 2 दशकों में मुझे सबसे ज्यादा प्रभावित किया है, जिससे मिल कर मुझे लगा की वह डायरेक्ट सेलिंग में किसी को भी निर्देशन, प्रेरणा, और उचित मार्गदर्शन दे सकता है ...

वो है **डॉ॰ सुरेन्द्र वत्स**!

किसी भी शिक्षा में, नींव से शुरुआत करना महत्वपूर्ण है, और फिर धीरे धीरे आप हर एक पायदान को पार करते हुए अपने लिए एक सुनहरे कैरियर का निर्माण कर पाते हैं। इसीलिए नींव पर काम करना बहुत महत्वपूर्ण है।

जैसे एक बच्चा स्कूल जाता है और अपने A--B--C--D-- जैसी प्रारंभिक शिक्षा सीखकर अपनी नींव बनाता है, वैसे ही **डॉ॰ सुरेन्द्र वत्स** ने इस खूबसूरत किताब "**डायरेक्ट सेलिंग का विजेता कैसे बने पार्ट–1**" आप की समस्याओं का समाधान क्रमिक तरीके से करती हुई आपको विजेता बनाने के लिए तैयार करती है।

एक तरह से देखा जाए तो यह 224 पृष्ठ की पुस्तक शुद्ध स्वर्णिम ज्ञान से परिपूर्ण है। यह सिर्फ ज्ञान नहीं है, बल्कि डायरेक्ट सेलिंग के विज्ञान, कला और कौशल में महारत हासिल करने के लिए **डॉ. सुरेन्द्र वत्स** के पिछले 2 दशकों के ज्ञान का अनुप्रयोग है।

यह पुस्तक स्पष्ट रूप से इस बात को परिभाषित करती है कि डायरेक्ट सेलिंग एक विज्ञान है जिसे सीखने की आवश्यकता है, एक कला है जिसे अभ्यास करने की आवश्यकता है, और एक कौशल जिसे

समय की अवधि के साथ महारत हासिल करने की आवश्यकता है, यदि आपको डायरेक्ट सेलिंग के क्षेत्र में कुछ हासिल करने और आगे बढ़ने की सच में आवश्यकता है तो यह पुस्तक निश्चित रुप से आपकी सहायता करेगी।

डॉ. सुरेन्द्र वत्स इस किताब के माध्यम से डायरेक्ट सेलिंग में कैरियर कैसे शुरू किया जाए, इस बारे में ज्ञान प्रदान करते हैं। वह उस कंपनी के बारे में एक विचार देता है जिससे आपको जुड़ना चाहिए।

आखिरकार, वह खुद एक ऐसे व्यक्ति नहीं रहे हैं जिन्होनें अलग अलग कम्पनियाँ बदल कर अपना कैरियर बनाया, अपितु एक ऐसे व्यक्ति हैं जो पिछले 22 सालों से एक ही कंपनी के साथ काम कर रहे है।

लोगों से कैसे सम्पर्क करना है, क्या कहना है, कब कहना है, कैसे कहना है... उन सभी का विवरण इस सुंदर पुस्तक में दिया गया है।

इस पुस्तक को लिखने के पीछे की सोच को समझने के लिए इस पुस्तक को कम से कम 21 बार पढ़ना चाहिए।

जो भी मेरी सलाह का पालन करेंगे, और इसे 21 बार पढ़ेंगे, वे निश्चित रूप से डायरेक्ट सेलिंग के क्षेत्र में एक रॉकस्टार बनेंगे!

आप इसे एक बाइबिल, एक गीता, एक कुरान, या एक ग्रन्थ के रूप में मान सकते हैं जिसे आपको डायरेक्ट सेलिंग के क्षेत्र में बड़ी सफलता प्राप्त करने के लिए एवं महारत हासिल करने के लिए पढ़ने की आवश्यकता है!

मैं इस पुस्तक को पढ़ने वाले आप में से हर एक को शुभकामनाएं देता हूँ!!

''डायरेक्ट सेलिंग का विजेता कैसे बनें'' नामक इस सुंदर

पुस्तक को लिखने के लिए मैं **डॉ॰ वत्स** का हार्दिक आभार व्यक्त करता हूं और उन्हें सलाम करता हूं।

मेरी शुभकामनाएं आपके साथ हैं।

T.I.G.E.R - Santosh Nair

Inspired By Circumstancesm, Driven By Passion (परिस्थितियों से प्रेरित, जुनून से आगे बढ़ता हुआ)

व्यवहार कुशल, सहज, सैद्धांतिक, अपनी बात के पक्के और जमीन से जुड़े हुए **डॉ॰ सुरेन्द्र वत्स** जी की पुस्तक के बारे में जानकर मुझे बेहद खुशी हुई। डायरेक्ट सेलिंग को एथिकल पुस्तकों की बेहद जरूरत है।

आम लोग जिनके पास अवसरों की, साधनों की, शिक्षा की कमी है या जिन्होंने जीवन में बहुत संघर्ष किए हैं, उनके लिए नेटवर्क मार्केटिंग न्यूनतम लागत में सपनों को पूरा करने का एक अद्भुत रास्ता है । गलत तरीके से नेटवर्क मार्केटिंग का व्यापार करने की वजह से इसके बारे में काफी नकारात्मकता हैं लेकिन यह भी उतना ही बड़ा सच है कि इसके माध्यम से हजारों लोगों ने अपने घर का, अपनी गाड़ी का, बच्चों की उच्च-शिक्षा का, दुनिया घूमने का और समाज सेवा करने का सपना साकार किया है।

मैंने डायरेक्ट सेलिंग का बुरा और अच्छा समय एक न्यूट्रल व्यक्ति की तरह देखा, कभी किसी कंपनी को शिखर पर पहुँचते देखा और किसी को गर्त में जाकर खत्म होते देखा। नेटवर्क मार्केटिंग पर जब मेरी पहली कृति "जुड़ो जोड़ो जीतो" बेस्टसेलर बनकर विदेशी भाषाओं में अनुवादित हुई तब मैंने इस व्यापार की ताकत को समझा। आज इतने अनुभव के बाद यकीन से कह सकता हूँ कि सही मायनों में नेटवर्क मार्केटिंग करने के लिए भारत दुनिया का सर्वश्रेष्ठ देश है। एक प्रोग्राम के दौरान वत्स जी से परिचय हुआ और विश्वास इतना बढ़ा कि डायरेक्ट सेलिंग पर उनका एक कोर्स हमने businessjeeto.com पर लांच (Launch) किया। सुरेन्द्र वत्स जी सिर्फ अपनी कंपनी के ही श्रेष्ठ लीडर नहीं है वरन नेटवर्क मार्केटिंग क्षेत्र में देश के सबसे सर्वमान्य लीडरों में से एक हैं।

वत्स जी की सबसे बड़ी खूबी उनकी लोगों को जोड़ने की कला है, इसीलिए "Chat with Surender Vats" पर अनेक परस्पर विरोधी कंपनी के बड़े से बड़े लीडर आये और अपनी बातें रखी, यह तभी संभव हो पाया। अपने शो को जिस निष्पक्षता, शिद्दत और समर्पण से सुरेन्द्र वत्स जी ने चलाया है, उससे लाखों लोगों को दिशा मिली है। मुझे विश्वास है कि ये कृति भी लोगों को निष्पक्षता से दिशा देगी।

नेटवर्क मार्केटिंग के बारे में जितनी भ्रांतियाँ है, शायद ही किसी और व्यवसाय के बारे में होंगी, ऐसे में ABCD से सिखाने की बेहद जरुरत है। मैं **श्री सुरेन्द्र वत्स** जी को उनकी इस शानदार पुस्तक के लिए बधाई देता हूँ और यह उम्मीद करता हूँ कि वह डायरेक्ट सेलिंग का विजेता कैसे बनें पार्ट-1 पर नहीं रुकेंगे, अपितु पार्ट-2 और पार्ट-3 जल्दी लेकर आएगे। मेरी सोच है कि यह पुस्तक नेटवर्क मार्केटिंग के क्षेत्र की सबसे लोकप्रिय पुस्तकों में से एक हो और लोगों को एथिकल नेटवर्क मार्केटिंग की अथाह संभावनाओं के बारे में जागरूक कर सके, यही मेरी मंगल कामना है....

आपने डायरेक्ट सेलिंग को जिया है
समर्पण से इसमें अपना जीवन दिया है,
अनुभव के सागर से निकला अमृत
आपने इस पुस्तक से दुनिया को दिया है

डॉ॰ उज्जवल पाटनी

अंतर्राष्ट्रीय मोटिवेशनल स्पीकर एवं बिजनेस कोच

जीत या हार, पॉवरथिंकिंग, जुड़ो जोड़ो जीतो के प्रख्यात लेखक

3 गिनीज विश्व रिकॉर्ड। 1500 बिजनेस – लाइफ कोचिंग प्रोग्राम। 7 पुस्तकें। 14 भाषा। 28 देश।

डॉ॰ सुरेन्द्र वत्स पिछले 10 सालों से Direct Selling Industry की बेहतरी के लिए लगातार काम कर रहे हैं व इंडस्ट्री के अग्रणी लीडर हैं, उनके द्वारा लिखी गई किताबः Direct Selling का विजेता कैसे बनें? (ABCD of Direct Selling) समय की मांग हैं, यह पुस्तक Genuine डाइरेक्ट सेलिंग कंपनियों व डायरेक्ट सेलर की चुनोतियों को कम करके उन्हें आगे बढ़ाने में सहायता करेगी।

Hem Pande, IAS (Retired)

Former Secretary Consumer Affairs, Govt of India & Adminstator, Association of Direct Selling Entities of India (ADSEI)

देश में डायरेक्ट सेलिंग कई बार नाजुक मोड़ से गुजरी है।

इतिहास गवाह है कि आपकी जुझारू लीडरशिप ने, इण्डस्ट्री को हर मोड़ पर न केवल नई दिशा दिखाई बल्कि हर बार नए आयाम भी गढ़कर दिए हैं। इण्डस्ट्री की आज की सुखद स्थिति में काम कर रही नई पीढ़ी के समक्ष यह तथ्य लाना जरूरी है कि एक समय के संस्कृत अध्यापक ने एक कक्षा का मार्गदर्शन करते-करते इण्डस्ट्री से जुड़े करोड़ों लोगों की उन्नति की राह प्रशस्त की है।

आपके मार्गदर्शन की अगली कड़ी में यह पुस्तक डायरेक्ट सेलिंग की एक प्रैक्टिकल क्लास है जो इंडस्ट्री को स्थायित्व देने में मील का पत्थर साबित होगी। आपके प्रयास को हार्दिक साधुवाद है।

Rajeev Gupta Agrahari
Vice President,
Federation of Direct Selling Association (FDSA)

डॉ॰ सुरेन्द्र वत्स डायरेक्ट सेलिंग के अनुभवी लीडर हैं, इंडस्ट्री की बेहतरी के लिए इन्होंने सरकार के साथ मिलकर खूब काम किया हैं अब ये अपने ज्ञान व अनुभवों को पुस्तक के माध्यम से लाकर डायरेक्ट सेलर की सहायता करना चाहते हैं, ढेरों शुभकामनाएँ !

Deepak Bajaj

Life and Business Coach & Author

#1 Bestselling author-4 books

यह वही है जिसकी डायरेक्ट सेलिंग इंडस्ट्री के हर डिस्ट्रिब्यूटर को तलाश थी।

यह पुस्तक स्पष्ट है, संक्षिप्त है, और आपकी अपेक्षा से कहीं अधिक जानकारी प्रदान करती है। **डॉ॰ सुरेन्द्र वत्स** ये अदभुत पुस्तक लिखने के लिए दिल से आभार !

Dr Lalit Arora

Digital Network Marketing Coach & Author

भारत में डायरेक्ट सेलिंग का भविष्य

भारत में डायरेक्ट सेलिंग का भविष्य
(Vision of Direct Selling in India)

अगर आप किसी चीज के बारे में जानते हैं लेकिन उसे अपने जीवन में लागू नहीं करते हैं तो आपका यह ज्ञान व्यर्थ है क्योंकि आपने उसका सही उपयोग ही नहीं किया। ऐसा करने से आपका धन और समय दोनों व्यर्थ हो जाता है। वहीं अगर कोई व्यक्ति किसी चीज के बारे में जानता ही नहीं है और उसे करता भी नहीं है, तो समझ में आता है, आप उसे कुछ नहीं कह सकते। लेकिन एक व्यक्ति ने किसी चीज को जान लिया, सभी डाटा और सभी विषयों को समझ गया और फिर भी उसे व्यापार में लागू नहीं किया तो उसने कुछ नहीं जाना और अपना धन और समय दोनों ही व्यर्थ कर दिया। आप इस पुस्तक के माध्यम से जो भी जानें उसे अपने बिजनेस और जीवन में लागू जरूर करें। क्योंकि-

Knowing + Not Doing : Not Knowing

दुनिया के सबसे बड़े लेखकों में से एक रॉबर्ट टी कियोसाकी का मानना है कि डायरेक्ट सेलिंग 21वीं सदी का व्यापार है। कियोसाकी ने 'रिच डैड पुअर डैड' नाम की एक प्रसिद्ध किताब लिखी है। उनकी नवीनतम किताब का नाम '21वीं सदी का व्यवसाय' है। रॉबर्ट ने इसमें बताया है कि वह न तो कभी किसी कंपनी के एक्टिव डिस्ट्रीब्यूटर रहे हैं और न ही किसी कंपनी के मालिक लेकिन अपने अनुभव के आधार पर वे बताते हैं कि दुनिया के सभी व्यापारों में सर्वश्रेष्ठ व्यापार 'नेटवर्क मार्केटिंग' का है। उनका मानना है कि 21वीं सदी का सबसे बड़ा व्यापार नेटवर्क मार्केटिंग (डायरेक्ट सेलिंग) का रहेगा और रॉबर्ट टी कियोसाकी की इस बात से मैं सहमत हूं। हम 21वीं सदी के व्यवसाय में हैं और

अगर हम इस व्यवसाय में बने रहे, तो हम लोग किसी भी ऊंचाई पर पहुंच सकते हैं।

जब हम 'विजन ऑफ डायरेक्ट सेलिंग इन इंडिया' की बात करते हैं तो यहां पर तीन महत्वपूर्ण शब्द हैं, पहला है विजन, दूसरा है डायरेक्ट सेलिंग और तीसरा है इंडिया।

आइए, इन तीनों के बारे में विस्तार से समझते हैं।

सबसे पहले हम बात करते हैं कि 'विजन होता क्या है?'

दूरदृष्टि (Vision) –

अंग्रेजी डिक्शनरी से ली गयी परिभाषा के अनुसार विजन का अर्थ है - 'The Ability To Think about or Plan the Future With Imagination or Wisdom' अर्थात् एक ऐसी योग्यता जिससे व्यक्ति अपने भविष्य के बारे में सोच सकता है व योजना बना सकता है हम इमेजिन करें कि ये इंडस्ट्री क्यों आगे बढ़ेगी।

दूरदृष्टि (Vision) – की एक परिभाषा यह भी है 'A Vision Is The Mental Picture Of The Future' अर्थात विजन भविष्य की एक मानसिक तस्वीर है, जिससे आपको पता लगता है कि भविष्य में क्या हो सकता है?

इस इंडस्ट्री में आप तभी कामयाब हो सकते हैं जब आपको यह मालूम होगा कि यह इंडस्ट्री भविष्य में कहां तक जा सकती है, इसका कितना टर्नओवर हो सकता है यह इंडस्ट्री हमें क्या दे सकती है। पहले से यह इंडस्ट्री कैसी चलती आ रही है जिससे हम यह जान सकते हैं कि इसका भविष्य क्या होने वाला है। इस किताब के माध्यम से मेरा उद्देश्य है कि आपका विजन स्पष्ट हो।

डायरेक्ट सेलिंग की परिभाषा

Direct Selling Rules 2021 के अनुसार

"**Direct Selling Entity**" means the principal entity which sells or offers to sell goods or services through direct sellers, but does not include an entity which is engaged in a Pyramid Scheme or money circulation scheme.

(“प्रत्यक्ष बिक्री इकाई” से वह मूल इकाई अभिप्रेत है, जो प्रत्यक्ष विक्रेता के माध्यम से माल या सेवा की बिक्री करती है या बिक्री की प्रस्थापना करती है किंतु इसमें ऐसी इकाई सम्मिलित नहीं हैं जो पिरामिड स्कीम और या धन परिचालन स्कीम का संचालन करती है।)

डायरेक्ट सेलिंग दो प्रकार की होती है –

1. **सिंगल–लेवल डायरेक्ट सेलिंग**
2. **मल्टी–लेवल डायरेक्ट सेलिंग**

1. **सिंगल–लेवल डायरेक्ट सेलिंग** - जिसमें एक सेल्समैन के द्वारा प्रोडक्ट सीधे ग्राहक को बेचा जाता है, इसे Door to Door मार्केटिंग भी कहते है। इसमें ज्यादा लाभ उसी व्यक्ति को होता है जो घर-घर जाकर प्रोडक्ट बेच रहा है।

2. **मल्टी–लेवल डायरेक्ट सेलिंग** - यह मल्टी लेवल मार्केटिंग मॉड्यूल पर काम करता है। इसका अर्थ है कि हम जब भी कोई प्रोडक्ट बेचते हैं तो उसका लाभ मल्टीलेवल पर होता है। आसान शब्दों में समझें, तो इसका मतलब है कि मल्टीलेवल में बहुत सारे स्तर (Level) बनाकर मार्केटिंग करना।

इस पुस्तक में हम जहाँ भी डायरेक्ट सेलिंग की बात करेंगे वहाँ मल्टी लेबल डायरेक्ट सेलिंग की बात करेगें

....

भारत डायरेक्ट सेलिंग के लिए सबसे आदर्श देश

India – तीसरा महत्वपूर्ण शब्द है **India**

इंडिया डायरेक्ट सेलिंग के लिए सबसे आदर्श (**Ideal**) देश है। तार्किक दृष्टि से देखते हैं -

1. **142 करोड़ आबादी (Population)** - UNO के अनुसार 31 मार्च 2023 को भारत की जनसंख्या लगभग 142 करोड़ थी और डायरेक्ट सेलिंग बिजनेस मशीनों का नहीं, लोगों का बिजनेस है। जब लोग प्रोडक्ट इस्तेमाल करते हैं, उसी से बिजनेस होता है। जहाँ ज्यादा जनसंख्या होगी वहाँ Business चलने की संभावना भी ज्यादा होगी।

2. **नौजवान देश (Youngest Nation)** - भारत दुनिया का सबसे युवा देश है और आकड़ों के अनुसार हम सन् 2050 तक युवा देश बनें रहेगें। यह इंडस्ट्री सपने देखने वालों की है और युवा बड़े सपने देखता है एवं हमेशा जोश से भरा रहता हैं । हमारी औसत उम्र 27 साल है। जबकि विश्व की औसत उम्र 30 साल है।

3. **बेरोजगारी (Unemployment)**- भारत में इस समय लगभग 54% बेरोजगारी है। अगर आंकड़ों की मानें तो अमेरिका की जनसंख्या 33.19 करोड़ है और 71.4% लोग रोजगार में संलग्न है। रूस की जनसंख्या 14.34 करोड़ है और वहाँ रोजगार की दर 70.8 % है। चीन में 141.24% जनसंख्या के साथ 75.1% रोजगार की दर है। ब्राजील की जनसंख्या 21.43 करोड़ है और यहां 61.4 % रोजगार है। भारत में जनसंख्या 142 करोड़ है व केवल 46 % लोगों के पास रोजगार है। जहाँ रोजगार कम हैं वहाँ डायरेक्ट सेलिंग चलने कि सम्भावना ज्यादा है।

आंकड़े बता रहे हैं कि भारत में सबसे कम लोगों के पास रोजगार है। और जिनके पास रोजगार है वो भी कोई लग्जरी लाइफ न जी कर बल्कि समझौता करके सिर्फ अपनी रोजी-रोटी चला रहे हैं। भारत में 54% लोग बेरोजगार हैं। ये निकम्मे, नालायक व कामचोर नहीं हैं इनमें बहुतों के पास डिग्रीयाँ हैं। हमारे देश की सबसे बड़ी समस्या यह है कि यहां पर नौकरी को सबसे बड़ा माना जाता है। हमारी शिक्षा पद्धति भी नौकर तैयार करती है। इसी विषय में मैं अपना एक अनुभव साझा करता हूँ।

जब मैं B.Ed कर रहा था, तो मैंने भारतीय शिक्षा का इतिहास पढ़ा जिसमें मैंने लॉर्ड मैकाले के बारे में पढ़ा। वह इंडिया आए और यहां के वाइस चांसलर बने। उन्होंने हमारे देश को एक ऐसी एजुकेशन पद्धति दी जो नौकर तैयार करती थी, जिसका असर आज भी हमारे एजुकेशन सिस्टम में दिखता है। इसलिए अधिकांश लोग नौकरी की तलाश में लगे रहते हैं।

हमारे देश में बिजनेस करने की बहुत सी संभावनाएं हैं। दुनिया के सारे देश भारत में आकर व्यापार करना चाहते हैं। उन्हें हमारे देश में बड़े व्यापार को स्थापित करने की संभावनाएं दिखती हैं। आज अमेरिका और यूरोप जैसे विकसित देश, भारत में व्यापार करने के लिए आ रहे हैं। लेकिन हम भारतीयों को सिर्फ नौकरी ही चाहिए।

अब डायरेक्ट सेलिंग इंडस्ट्री में काम करने वाले हम लोगों को मिलकर इन 54% लोगों के दिमाग में नौकरी का लगा हुआ ताला तोड़ना होगा और नौकरी से बेहतर विकल्प, जो की डायरेक्ट सेलिंग है, उसे देना होगा। यह एक ऐसा विकल्प है जिसकी क्षमता और ताकत को अभी तक उन्होंने जाना ही नहीं है। उनके पास डायरेक्ट सेलिंग की जो जानकारी उपलब्ध है, वो भी पूर्णतः सही नहीं है। अगर आपने उन्हें इस इंडस्ट्री की सही तरीके से जानकारी दे दी, तो मैं आपको विश्वास

दिलाता हूँ कि ये 54% जनसंख्या आपके साथ काम करेगी। बस आपके पास सही आंकड़े, तथ्य और जानकारी होनी चाहिए, जिससे आप उन्हें बता पाएं की डायरेक्ट सेलिंग बिजनेस, नौकरी से अच्छा विकल्प है।

हमारे साथ समस्या यह है कि हम आत्मविश्वास के साथ सामने वाले से बात नहीं कर पाते हैं। हमारे उत्साह की कमी की वजह से भी सामने वाला व्यक्ति हमारे साथ डायरेक्ट सेलिंग बिजनेस में जुड़ नहीं पाता है।

शिव खेड़ा जी अपनी किताब "**बेचना सीखो और सफल बनो**" में लिखते हैं कि "Selling Is Transfer Of Enthusiasm" अर्थात सेलिंग आपके उत्साह का स्थानांतरण है। अगर आपने अपना उत्साह सामने वाले में ट्रांसफर कर दिया तो आप अपना प्रोडक्ट बेच पायेंगे। आप अपना प्लान सामने वाले को दिखाकर उसे ज्वाइन करवा पाएंगे।

वो उत्साह कब आएगा? अगर आपके पास ज्ञान है, तो बोलने का उत्साह खुद-ब-खुद बढ़ जाएगा। और आप सामने वाले से पावरफुल तरीके से बात कर पाएंगे। निष्कर्षतः मैं यहाँ बस यह कहना चाहता हूँ कि इंडिया डायरेक्ट सेलिंग के लिए आदर्श देश है। 54% बेरोजगार और 46% रोजगार वाले दोनों लोग आपका इंतजार कर रहे हैं। बस आप पूरी जानकारी के साथ उनके पास जाइए।

4. **सामाजिक सम्बद्धता (Most Socially-Bound Country)** - ये प्वाइंट बहुत महत्वपूर्ण है, जो पूरी दुनिया से भारत को अलग करता है। हमारे देश में जिस तरह से रिश्ते निभाए जाते हैं, वो दुनिया में आपको और कहीं नहीं मिल पाएंगे। अमेरिका व यूरोप में जहाँ सात साल में ज्यादा शादियाँ टूट जाती है। यहाँ हम सात जन्मों में वही पति-पत्नी मिले ऐसी कामना करते हैं। शादी में

अगर दादा जी की ससुराल के लोगों को नहीं बुलाया जाता है तो वे नाराज हो जाते हैं व बाद में उलाहना देते हैं। यह डायरेक्ट सेलिंग में बहुत मददगार है। प्रोडक्ट देने के लिए व लोगों को Plan दिखाने के लिए आपको अपने ही लोगों से शुरुआत करनी होती है। इसलिए शुरुआत में ही आपके पास अपने आप एक बहुत बड़ी लिस्ट बन जाती है - आपके परिवारजनों की।

पिछले सालों में, जब हमारे देश में लॉकडाउन लग रहा था, तो हम सब एक कैदी की तरह जीवन जी रहे थे। उस समय सभी की लाइफ में एक पॉइंट ऐसा आया होगा की बस अब सरकार लॉकडाउन खत्म करे और अब हमें मन चाहा कुछ भी करने की आजादी मिल जाये। मैंने भी ऐसा ही कुछ अपने आस-पास देखा। शादियों में जहां सिर्फ 100 लोगों को ही निमंत्रण दिया जाता था, वहां भी एक्स्ट्रा लोग पहुंच ही जाते थे, मानो लोगों के अंदर धैर्य खत्म हो गया था। वे मानने लगे थे कि भले ही लॉकडाउन है या कोई और महामारी का खतरा, मुझे जाना है, तो जाना है। तो इस प्रकार से सोशल बाउंड होना, डायरेक्ट सेलिंग में हमें बहुत मदद करता है।

5. **आंकड़े (Data)** - विश्व में डायरेक्ट सेलिंग की एक बहुत विश्वशनीय संस्था है **World Federation of Direct Selling Association (WFDSA)** । जो हर साल जून में डायरेक्ट सेलिंग के आंकड़े प्रस्तुत करती है।

WFDSA ने **23** जून **2022** को कलैण्डर ईयर **2021 (1.1.2021 to 31.12.2021)** के आंकड़े अपनी **website www.WFDSA.org** पर **upload** किया हैं जिनके अनुसार **2021** में विश्व डायरेक्ट सेलिंग का कारोबार **186105** मिलियन डालर का रहा है, जिसमें हमारा स्थान बारहवां है।

टॉप 10 ग्लोबल मार्केट (प्रतिशत के अनुसार)

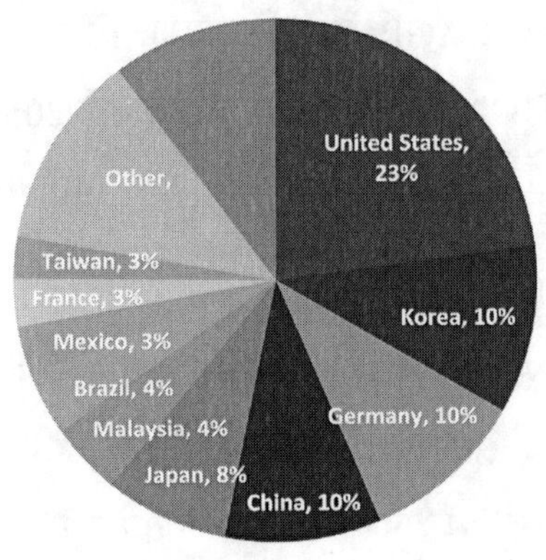

Top 12 Countries (Turn Over Wise)			
Sr. no.	**Region/Country**	**Turn Over USD (millions)**	**3-year CAGR in Constant 2021 USD (2018-2021)**
1	United States	42,670	6.4%
2	Korea	19,421	6.1%
3	Germany	18,959	2.6%
4	China	17,961	-21.2%
5	Japan	14,248	-3.2%
6	Malaysia	8,367	13%
7	Brazil	7,048	0.7%
8	Mexico	5,788	1.3%
9	France	5,419	0.1%
10	Taiwan	4,901	5.4%
11	Canada	3,299	5.7%
12	India	3,259	15.7%

परेटो प्रिंसिपल यानी 80:20 का सिद्धांत यहाँ पर भी काम कर रहा है। 20% देश 80% टर्नओवर कर रहे हैं और 80% देश 20% टर्नओवर और हम 80 % देशों में हैं।

WFDSA के इन आंकड़ों में सभी देशों का 3-Year CAGR भी

दर्शाया गया है, USA का Growth Rate 5.7% रहा जबकि पहले 12 देशों में हमारा 3-Year CAGR सबसे ज्यादा 15.7 % रहा है अगर हम व दूसरे सभी देश इसी CAGR से आगे बढ़ेंगे तो 2053 के लगभग हमारा turn over 100000 (USD Millions) पार कर जाएगा और हम विश्व में पहले स्थान पर पहुँच जायेंगे।

बहुत लोग इस टर्नओवर को होते हुए देखेंगे और कुछ का इसमें योगदान होगा। अगर आप भी इस टर्नओवर का हिस्सा बनना चाहते हैं तो आपको इस इंडस्ट्री में रह कर निरंतर काम करना होगा और सीखते रहना होगा।

डायरेक्ट सेलिंग इंडस्ट्री का विजन जानने के लिए आपको CWSV का Episode no 91 देखना चाहिए जिसका शीर्षक है 'लंदन से डायरेक्ट सेलिंग का सफर'। इसमे हमारी मेहमान थी रीमा विरधी, रीमा जी लंदन में बैंक में JOB करती थीं। वहां किसी ने इनको Direct Selling के बारे में बताया। इंडस्ट्री के Vision को समझने के बाद इन्होने जॉब को रिजाइन कर दिया व लन्दन से भारत शिफ्ट हो गयीं। आज Direct Selling में इनका बहुत बड़ा नाम हैं, मैंने रीमा जी से पूछा की इंग्लैंड में जो लोग डायरेक्ट सेलिंग का बिजनेस कर रहे हैं, वह कितना कमा रहे हैं और उनका लाइफस्टाइल कैसा है? उन्होंने बताया, भारत में लीडर्स पांच सितारा होटलों में काउंसलिंग करते हैं तो बहुत गर्व महसूस करते हैं, जबकि इंग्लैंड के लीडर्स अपने पर्सनल जेट में बैठकर 35,000 फीट की ऊंचाई पर जाकर काउंसलिंग करते हैं और डिस्कस करते हैं कि अगले महीने में बिजनेस कैसे करना है। जब हमारा टर्न ओवर 100000 (USD Millions) के पार हो जायेगा तो हमारे देश में ऐसे बहुत सारे उदाहरण देखने को मिलेंगे।

एक बहुत ही प्रसिद्ध लेखक हैं डग वीड। उन्होंने अपनी किताब

(एक अनूठा बिजनेस विशेषज्ञ ब्रीफकेस के साथ) 'The Out - Of -Town Expert With The Briefcase' में बताया है कि अमेरिका में जो भी करोड़पति बन रहे हैं उनमें बहुत बड़ा प्रतिशत डायरेक्ट सेलिंग करने वालों का है क्योंकि वहां ये इंडस्ट्री बहुत मैच्योर हो चुकी है।

....

भूतकाल से भविष्य की ओर (Past to Future)

अगर हमें विजन देखना है तो पहले हमें अपने बीते हुए कल को अच्छे से समझना और जानना होगा।

मैं आपको संक्षिप्त में डायरेक्ट सेलिंग का इतिहास बता रहा हूँ। डायरेक्ट सेलिंग की सही शुरुआत 1959 में अमेरिका से मानी जाती हैं। हालांकि, बहुत लोगों का मानना है कि इसकी शुरुआत 1900 के बाद हुई। लेकिन डायरेक्ट सेलिंग की किताबों के आधार पर मेरा जो अध्ययन है उसके हिसाब से मैं मानता हूं कि डायरेक्ट सेलिंग की सही शुरुआत 1959 में दो दोस्तों द्वारा मिलकर बनाई गई एक कंपनी से अमेरिका में हुई है।

इस कंपनी को शुरुआत में बहुत सारी कठिनाइयां और चुनौतियां आई, कुछ मनी सर्कुलेशन की कंपनियों की वजह से डायरेक्ट सेलिंग के मॉडल पर ही प्रश्नचिन्ह लग गया। जिस पर अमेरिका के फेडरल ट्रेड कमीशन (FTC) ने रिसर्च की और 1979 में एक ऐसा स्टेटमेंट जारी कर दिया जिसके चलते पूरी डायरेक्ट सेलिंग इंडस्ट्री से जुड़े लोगों को लाभ होने लगा। इस स्टेटमेंट में मल्टी-लेवल मार्केटिंग को अमेरिका में लीगल करने की बात की गयी। 1974 में जहाँ इसे बंद कर दिया गया था, 1979 के निर्णय के बाद अमेरिका में फिर से डायरेक्ट सेलिंग की शुरुआत की गई।

इसके बाद तो डायरेक्ट सेलिंग बिजनेस का अन्य देशों में जाना तय था और ऐसा ही हुआ। यह बिजनेस अमेरिका से यूरोप के दूसरे देशों में फैलता चला गया और फिर, पूरी दुनिया में बढ़ता चला गया। डायरेक्ट सेलिंग का कॉन्सेप्ट 1990 के बाद भारत में आया। 1990 से 2000 तक इसे लेकर लोगों में गंभीरता बढ़ने लगी और जैसे 1959 से 1972 के बीच 13 सालों तक अमेरिका, जिस मुश्किल समय से गुजरा था, वैसा ही समय भारत में, करीब 2010 - 2016 के बीच रहा। ये पूरी इंडस्ट्री के लिए बहुत मुश्किल समय था, जिसमें बहुत बड़ी-बड़ी कंपनियों को बंद कर दिया गया । यह मुश्किल समय मेरी आंखों के सामने से गुजरा जिसमें हमने कई आंदोलन किए। लेकिन अब स्थिति पहले से बेहतर है। ये इंडस्ट्री बहुत पुरानी है जो 1959 में शुरू हो गई थी और जैसे हर इंडस्ट्री मैच्योर होती है, ये भी मैच्योरिटी की तरफ जा रही है।

अब देखते हैं वर्तमान में डायरेक्ट सेलिंग की क्या स्थिति है?

2011 के बाद कई नई Direct Selling Associations बनीं और उन्होंने उग्र तरीके से काम करना शुरू किया, 2013 में मुझे Direct Selling Distributors Welfare Association (DSDWA) का Founder President बनने का सौभाग्य मिला तब से मैं लगातार इंडस्ट्री की सेवा कर रहा हूँ एसोसिएशन में आने के बाद इसमें जो भी बदलाव आये हैं, वो फिल्म की तरह मेरी आंखों में दर्ज हैं। इसलिए मैं आपको भी थोड़ा अपडेट करना चाहता हूं कि आज डायरेक्ट सेलिंग की हमारे देश में क्या स्थिति है?

2011-12 के मुश्किल समय के बाद, हमने कई मिनिस्ट्रीज में RTI (Right to Information) लगाई और पूछा भारत में डायरेक्ट सेलिंग legal है या illegal? क्योंकि कई कंपनियों पर FIR हुई थी और कुछ अच्छी कंपनियां बंद भी हो गयीं थी। हमने कंज्यूमर अफेयर मिनिस्ट्री, कॉमर्स

मिनिस्ट्री आदि कई मंत्रालयों व विभागों में RTI लगाई तो हमें जवाब आया कि डायरेक्ट सेलिंग का काम हमारी मिनिस्ट्री के अंतर्गत नहीं आता है। इसके बाद हमने सारी RTI इकट्ठी की और उन सभी RTIs को प्राइम मिनिस्टर (प्रधानमंत्री) ऑफिस के RTI डिपार्टमेंट में सभी देशों के नियम-कानून, डाटा और एविडेंस के साथ लगा दिया।

हमने उन्हें डायरेक्ट सेलिंग के मॉड्यूल और अपने काम करने के तरीके के बारे में भी बताया। इसके अलावा, इस इंडस्ट्री के इतिहास की जानकारी के साथ ही यह भी बताया कि ये इंडस्ट्री कितनी पुरानी है व भारत में इसका क्या स्कोप है।

PMO (Prime Minister's Office) ने इस पर बहुत गंभीरता से काम किया और प्रधानमंत्री ऑफिस की पहल पर एक इंटर-मिनिस्ट्रियल कमेटी बनायी गयी। इसमें बहुत सारी मिनिस्ट्री शामिल थीं और इन सभी मिनिस्ट्री को डायरेक्ट सेलिंग के बारे में रिसर्च करने का और उसके मॉड्यूल जानने का काम सौंपा गया। 1990 के बाद हमारे देश में डायरेक्ट सेलिंग का काम तो शुरू हो गया था लेकिन तब पता नहीं था कि ये कोई बिजनेस है या नहीं। 2013 तक हमें यह भी नहीं पता था कि डायरेक्ट सेलिंग का बिजनेस किस मिनिस्ट्री के अंतर्गत आता है। 2013 में इंटर-मिनिस्ट्रियल कमेटी बनी और 2016 तक काम किया गया। बीच में जरूरत पड़ने पर एसोसिएशन को भी बुलाया गया और उनके साथ भी विचार विमर्श हुआ।

फिर 24 अगस्त 2016 को एक बहुत महत्वपूर्ण मीटिंग हुई। इस मीटिंग में उस समय के कंज्यूमर अफेयर्स मंत्री श्री राम विलास पासवान जी, हेम कुमार पांडे जी सेक्रेटरी, जाकिर हुसैन जी डायरेक्टर कंज्यूमर अफेयर्स प्रमुख कंपनियों के मालिक व डायरेक्ट सेलिंग एसोसिएशन के पदाधिकारी शामिल हुए DSDWA का अध्यक्ष होने के नाते मैं भी

इस महत्वपूर्ण मीटिंग का हिस्सा था। इस मीटिंग में लगभग 50 लोग शामिल हुए बहुत महत्वपूर्ण विषयों पर चर्चा हुई। मंत्री महोदय ने जानना चाहा आप लोगों को गाइडलाइन क्यों चाहिए? हमने अपना पक्ष रखा कि हमें मनी सकुलेशन कम्पनियों के साथ जोड़ कर देखा जाता है, जबकि हमारा काम उत्पाद बेचने का है। हम सरकार से Guide Line चाहते है जिससे सही व गलत कम्पनियों में अन्तर पहचाना जा सके।

मीटिंग के तुरंत बाद, 9 सितंबर 2016 को मिनिस्ट्री ऑफ कंज्यूमर अफेयर्स ने डायरेक्ट सेलिंग पर गाइडलाइन जारी की। यह गाइडलाइन डायरेक्ट सेलिंग में एक नई उम्मीद व ऊर्जा ले कर आई। इससे पहले हमें हमारे किसी भी प्रयास में इतनी बड़ी सफलता नहीं मिली थी। हम मिनिस्ट्री में जाते थे और ऑफिसर से मिलते थे। ऑफिसर कहते थे कि ये चोरों की इंडस्ट्री है, यहां अच्छे लोग नहीं होते, इस इंडस्ट्री में लोगों से धोखा (चीट) किया जाता है। यह सुनकर हमें बहुत बुरा महसूस होता था। इस माहौल में भारत सरकार की मोहर के साथ आई इस गाइडलाइन ने सभी में ऊर्जा भर दी, मगर गाइडलाइन का कानूनन कोई बहुत ज्यादा महत्व नहीं था, बस इसमें दिशा-निर्देश दिए गए थे आपको किस तरह से काम करना है पर अगर कोई व्यक्ति इस के हिसाब से काम नहीं कर रहा है तो उस पर क्या जुर्माना लगेगा कितनी सजा होगी, इसके बारे में गाइडलाइन में कुछ प्रावधान नहीं था।

गाइडलाइन आने के बाद अगला कदम था कानून में डायरेक्ट सेलिंग को शामिल करना। 7 Jan सन् 2020 में 'Chat With Surender Vats' के 50वें एपिसोड में हमने श्री हेम कुमार पांडे जी (Former Secretary) को बुलाया था और उनसे पूछा था कि "डायरेक्ट सेलिंग पर रेगुलेटरी बॉडी कब बनेगी? हम चाहते हैं कि डायरेक्ट सेलिंग पर रेगुलेटरी बॉडी बने। जैसे इंश्योरेंस को गवर्न करने के लिए IRDA है, कम्युनिकेशन

की कंपनियों के लिए TRAI नाम की अलग से एक बॉडी है। इसी तरह डायरेक्ट सेलिंग को गवर्न करने के लिए भी हम एक अलग बॉडी चाहते हैं।''

हेम कुमार पांडे जी ने जवाब दिया था कि आप पहले डायरेक्ट सेलिंग के टर्नओवर को बढ़ाइए अभी डायरेक्ट सेलिंग का टर्नओवर इतना बड़ा नहीं है कि सरकार अलग से एक रेगुलेटरी बॉडी बना दे क्योंकि हर चीज की एक कॉस्ट (कीमत) होती है। इसमें मैनपावर चाहिए होगी, उनको पेमेंट करना होगा और उसके लिए इंडस्ट्री का टर्नओवर अधिक होना चाहिए। हम डायरेक्ट सेलिंग का टर्नओवर बढ़ाने की मुहिम पर अग्रसर हैं और इतना टर्नओवर बढ़ाएंगे कि सरकार को अलग से इसके लिए रेगुलेटरी बॉडी बनानी पड़े ।

हमें पता चला कि सरकार 1986 में बने कंज्यूमर प्रोटेक्शन एक्ट में बदलाव लाना चाह रही है, हमने सरकार को अप्रोच किया और कहा कि डायरेक्ट सेलिंग व डायरेक्ट सेलर भी नए कानून का हिस्सा होना चाहिए। क्योंकि हम सब भी कंज्यूमर हैं।

30 जुलाई 2019 को दोनों सभाओं (लोकसभा और राज्यसभा) में कंज्यूमर प्रोटेक्शन बिल 2019 पारित किया गया जिसमें डायरेक्ट सेलिंग की परिभाषा आ गई ।

15 अप्रैल 2020 को एक ईमेल के द्वारा इनविटेशन मिला। इनविटेशन देख के मुझे एक बात तो मालूम चल गयी थी कि एक ओर जब पूरी दुनिया लॉकडाउन में है, दूसरी ओर हमारी मिनिस्ट्री बहुत गंभीरता से डायरेक्ट सेलिंग इंडस्ट्री पे काम कर रही है। 16 अप्रैल को एक वीडियो मीटिंग के लिए मुझे बुलाया गया था। इसका सब्जेक्ट था 'Meeting With Stake Holders Before Finalising Direct Selling Rules

Under Consumer Protection Act 2019'। सरकार जानना चाह रही थी कि रूलिंग्स में क्या होना चाहिए। कई सारी मीटिंग्स के बाद 28 दिसंबर 2021 को Direct Selling Rules 2021 आ गए। इन नियमों में सब कुछ सही था केवल एक परिभाषा "Network of Seller", नहीं आई जबकि यह परिभाषा Consumer Protection Act 2019 में दर्ज थी जिसकी वजह से मीडिया ने बहुत सारे भ्रम पैदा किये। लगातार फालो अप की वजह 21 June 2023 को एक संशोधन के माध्यम से "Network of seller" की परिभषा भी DS Rules 2021 में शामिल हो गई है।

KPMG और FICCI की रिपोर्ट बताती है कि 2025 तक इंडियन डायरेक्ट सेलिंग इंडस्ट्री 64,500 करोड़ की हो जाएगी। हालांकि, ये पूरी इंडस्ट्री की रिपोर्ट नहीं है। ये कुछ ही कंपनियों की रिपोर्ट है जो डायरेक्ट सेलिंग एसोसिएशनज के साथ जुड़ी हुई हैं। जिनके पास ऑथेंटिक डाटा है। KPMG अगर कोई रिपोर्ट पब्लिश कर रही है तो उसके अपने मायने हैं। वह पक्के सबूत के साथ ही हमें आंकड़े देती है। कुछ कंपनियों के आंकड़े देखने के बाद हम प्रेरित तो हो सकते हैं पर हमें यह बात तो माननी ही पड़ेगी कि अभी भी हमारी इण्डस्ट्री पूरी तरह से Organized (व्यवस्थित) नहीं है।

लेकिन उपरोक्त रिपोर्ट हमें Direct Selling Industry के उज्जवल भविष्य की और स्पष्ट इशारा करती है।

....

डायरेक्ट सेलिंग सबके लिए

डायरेक्ट सेलिंग में हर किसी के लिए कुछ न कुछ जरूर है बस आपको यह जानना है कि आपके Prospect को इनमें से कौनसी चीज आकर्षित कर सकती है;

1. **सम्पूर्णता (Ultimate Package)**: सतीश पंडित जी इस इंडस्ट्री में एक बहुत बड़ा नाम हैं। यूट्यूब पर 'रफ्तार' नाम से उनका एक Audio है जिसमें उन्होंने बताया है कि पहले उन्होंने बिजनेस किया और पैसा बनाया, पैसा तो बन गया लेकिन लोग नहीं जानते थे। उनका कुछ ऐसा करने का मन था जिससे लोग उन्हें जानें इसलिए वह एक पत्रकार बन गए। चंडीगढ़ के लगभग हर अखबार में उनके नाम से आर्टिकल छपते थे अब नाम तो बहुत हो गया लेकिन पैसे बहुत कम बनते थे, फिर वे डायरेक्ट सेलिंग बिजनेस में आये उनका कहना है कि डायरेक्ट सेलिंग दोनों चीजें एक साथ देती हैं। "नेम और फेम" डायरेक्ट सेलिंग एक ऐसा कंपलीट पैकेज है जहाँ आपको दौलत, शोहरत, समय, आर्थिक सुरक्षा, दुनिया भर में घूमने के मौके, व्यक्तित्व विकास सब कुछ एक साथ मिलता है। दूसरे शब्दों में कह सकते हैं कि यहां संपूर्णता है।

2. **जोखिम रहित (Risk Free)**: यह एक ऐसा बिजनेस है जिसमें कोई जोखिम नहीं है। इसे शुरू करने के लिए आपका कोई पैसा नहीं लगता इसलिए पैसा डूबने का कोई रिस्क ही नहीं होता। बर्क हेजेस द्वारा लिखी गयी प्रसिद्ध किताब है "कॉपीकैट मार्केटिंग 101" इस किताब के पेज नंबर 101 में फ्रेंचाइजी बनाम नेटवर्क मार्केटिंग नाम से एक कंपेरिजन है। इसमें बर्क कहते हैं कि 'अगर आप किसी चीज की फ्रेंचाइजी लेंगे तो आपको बहुत सारा पैसा देना पड़ेगा। वहीं डायरेक्ट सेलिंग में फ्री जॉइनिंग होती है।

फ्रेंचाइजी में आपको मैन पावर की जरूरत होती है जिस वजह से खर्चे बढ़ जाते हैं। डायरेक्ट सेलिंग में न कोई कर्मचारी होता है न ही किसी ऑफिस की जरूरत होती है। डायरेक्ट सेलिंग के माध्यम से पूरी दुनिया में आप अपना कारोबार बढ़ा सकते हैं।

3. **स्कूली शिक्षा व व्यावसायिक अनुभव की आवश्यकता नहीं: (No Academic Education and Experience Required) :** डायरेक्ट सेलिंग के लिए शायद ही आपको कोई ऐसी कंपनी मिलेगी जो आपकी योग्यता पूछेगी। यहाँ न तो आपसे आपकी योग्यता पूछी जाती है और न ही आपका अनुभव। बस आप सीखने के लिए तैयार होने चाहिएं और आपके बड़े-बड़े सपने होने चाहिएं। बस इन्हीं दो चीजों की यहाँ जरूरत होती है। यह इंडस्ट्री सभी लोगों का बाहें फैलाकर स्वागत करती है। "यह इंडस्ट्री एक व्यक्ति को जिंदगी में दूसरी बार कामयाब होने का मौका देती है" यह इंडस्ट्री उन सभी लोगों को दोबारा मौका देती है जो किसी वजह से पढ़ नहीं पाए या कम नंबर की वजह से पीछे रह गए। यह इस इंडस्ट्री की खूबी है।

4. **अतिरिक्त धन से निष्क्रिय आय की ओर (Second Income to Passive Income):** इस इंडस्ट्री में लोग पार्ट टाइम इनकम के लिए आते हैं, जिससे उनके घर के खर्चों में कुछ मदद हो जाए। कोविड महामारी के दौर में सभी लोगों ने यह चीज सीख ली है कि इनकम का दूसरा सोर्स जरूर होना चाहिए। डायरेक्ट सेलिंग को लोग कोविड के बाद ज्यादा गंभीरता से लेने लग गए हैं क्योंकि ये सेकंड इनकम का अच्छा सोर्स है। जिस दौरान मारुति जैसी कंपनियां अपनी एक गाड़ी तक नहीं बेच पायी, उस दौरान डायरेक्ट सेलर ने बिजनेस किया है, उसकी इनकम नहीं रुकी।

कोविड के दौरान डायरेक्ट सेलर ने प्रोडक्ट बेचे हैं और उन्हें खुद भी कंज्यूम किया है। व्यक्ति इस इंडस्ट्री में सेकंड इनकम के लिए कदम रखता है लेकिन ये इंडस्ट्री आपको पैसिव इनकम के मुकाम तक लेकर जाती है। पैसिव इनकम का मतलब है कि आप काम करें तो भी इनकम आएगी, इस दुनिया में रहें न रहें तो भी इनकम आएगी।

इसी संदर्भ में मैंने सुना था कि पैसिव इनकम के लिए आपको लेखक बनना होगा। किताबें बिकेंगी तो रॉयल्टी आती रहेगी लेकिन मैंने जब किताब लिखी तो पता चला कि रॉयल्टी में भी कितनी परेशानियां हैं। कभी पब्लिशर धोखा दे देता है तो कभी डुप्लीकेट किताब मार्केट में आ जाती है। लेकिन मैंने अनुभव किया कि डायरेक्ट सेलिंग से आने वाली पैसिव इनकम अद्भुत है और मैं पिछले 18 सालों से इसका आनन्द ले रहा हूँ।

5. **सबसे ज्यादा सम्मान देने वाला उद्योग (Most Rewardable Industry)**: डायरेक्ट सेलिंग इंडस्ट्री में आपको बहुत ज्यादा रिवॉर्ड्स मिलते हैं। जब मैं बी.एड. करके नौकरी ढूंढने गया तो पता चला कि मुझे सिर्फ संस्कृत अध्यापक की ही नौकरी मिल सकती है। उस समय में संस्कृत अध्यापक को प्रमोशन, या कोई रिवॉर्ड नहीं मिलते थे। मैं 60 साल की उम्र में अध्यापक ही बनकर रिटायर नहीं होना चाहता था। इसलिए मैंने डायरेक्ट सेलिंग बिजनेस शुरू किया। और इसमें मुझे बहुत से रिवॉर्ड मिले। इस इंडस्ट्री में इतने इनाम मिलते हैं कि उन्हें घर में रखने की जगह नहीं मिलती। मेरी नजरों में ये दुनिया की सबसे ज्यादा पुरस्कार देने वाली इंडस्ट्री है।

सतीश पंडित जी कहा करते थे ”आने वाले समय में ये इतनी बड़ी

इंडस्ट्री बनेगी कि ये आपको राष्ट्रपति भवन तक लेकर जाएगी इस इंडस्ट्री में काम करने वाले लोगों को राष्ट्रपति भवन में सम्मानित किया जाएगा" और हम धीरे-धीरे उसी दिशा में जा रहे हैं।

6. **अनोखी शिक्षा (A Unique Education)**: रॉबर्ट टी कियोसाकी ने अपनी किताब "Business School" में लिखा है डायरेक्ट सेलिंग इंडस्ट्री में जुड़ने से हमें 8 छुपे हुए फायदे मिलते हैं, पहला फायदा ये है की ये इंडस्ट्री आपको ऐसी अनोखी शिक्षा देती है जो शिक्षा आपको किसी भी स्कूल, कॉलेज व विश्व विधालय में नहीं मिली जैसे - लक्ष्य कैसे बनायें, लोगों से बात कैसे करें, अगर आप गुस्से वाले हैं तो उस गुस्से को कैसे कंट्रोल करना है? कैसे टीम को लीड करना है आदि व्यवहारिक शिक्षा यहाँ लगभग मुफ्त में मिलती है।

7. **आजीवन व्यक्तित्व विकास (Life-Time Personality Development Programme)**: ये इंडस्ट्री आपको पूरी जिंदगी इंप्रूव करती रहेगी और नेक्स्ट लेवल पर लेकर जाएगी। सीधे शब्दों में कहें तो ये इंडस्ट्री आपकी व्यापारिक, सामाजिक व आत्मिक उन्नति करेगी। आपको हर वो चीज सीखाएगी जो आपके विकास में सहायक हैं।

8. **अच्छा इन्सान बनाने की राह (Journey Towards a Good Human Being)**: डायरेक्ट सेलिंग इंडस्ट्री आपको एक अच्छा और सच्चा इंसान बना देती है। पहले मैं हर व्यक्ति को जाति-धर्म की नजर से देखता था लेकिन इस इंडस्ट्री की वजह से मेरी भेदभाव करने की सोच खत्म गई। डायरेक्ट सेलिंग में आने के बाद आप एक ऐसे बच्चे की तरह बन जाते हैं जो किसी में कोई भेदभाव नहीं करता है। यह इंडस्ट्री न सिर्फ आपको बड़ी गाड़ी देगी, करोड़ों रुपए देगी अपितु एक अच्छा इंसान भी बना देगी। आज बहुत सारे लोग

मेरी तारीफ करते हैं 'Good Human Being' कहते हैं, जिसका पूरा क्रेडिट मैं इस इंडस्ट्री को देना चाहता हूं। हमें गर्व है कि हम एक बेहतरीन इंडस्ट्री का हिस्सा हैं।

9. **देश के विकास में सहायक (Helps in National Development):** इस इंडस्ट्री में काम करने से आपको लगेगा कि आप देश के विकास के लिए काम कर रहे हैं। डायरेक्ट सेलिंग देश के विकास के लिए लाभकारी है। प्रोडक्ट सेलिंग में सरकार को 100 % टैक्स जाता है। डुप्लीकेट प्रोडक्ट बनने का कोई चांस नहीं होता। डायरेक्ट सेलर को TDS कटने के बाद ही कमीशन मिलता है। रोजगार में भी मदद मिलती है।

इसलिए डायरेक्ट सेलिंग में काम करने से आपको भी ऐसा भाव आएगा कि आप देश के लिए कुछ कर रहे हैं। हमारा सैनिक माइनस 20 डिग्री के वातावरण में भी बॉर्डर पर खड़े होकर हमारी रक्षा करता है। उसे मिलने वाली पगार नहीं, बल्कि देश की रक्षा के भाव से हिम्मत मिलती है। यही भाव अगर व्यापार में आ जाए तो हम 24 घंटे काम कर सकते हैं। यह फीलिंग हमें कभी थकने नहीं देती।

10. **दुनिया भर में व्यापार करने का अवसर (Opportunity to Build World Wide Business Network):** डायरेक्ट सेलिंग की दिलचस्प बात यह है कि इसमें आपको अपने शहर से बाहर निकलकर देश भर में काम करने का मौका मिलता है। इतना ही नहीं, अगर आपकी कंपनी इंटरनेशनल लेवल पर है तो आप पूरी दुनिया में कारोबार कर सकते हैं। इसके जरिए आप बगैर किसी इंवेस्टमेंट के पूरे देश में एक नेटवर्क खड़ा कर सकते हैं। इसी वजह से आज हिन्दुस्तान के हर राज्य में मेरी टीम है।

11. **पीढ़ी दर पीढ़ी चलने वाला व्यवसाय (Insurance for Generations)**: हम लोग जीवन बीमा इसलिए करवाते हैं कि अगर हमें कुछ हो गया तो हमारे परिवार को कुछ पैसा मिल जाएगा। अगर आप अपने परिवार के लिए सीरियस हैं कि उन्हें कोई प्रॉब्लम न आए तो डायरेक्ट सेलिंग में पूरी ताकत लगा दीजिए। ये एक ऐसा बिजनेस है जो आपके बच्चों को ही नहीं बल्कि उनके बच्चों के बच्चों को भी पैसा देता है। अमेरिका में आज चौथी पीढ़ी इस काम में उतर गई है तो वहीं भारत में दूसरी पीढ़ी नेटवर्किंग के बिजनेस में पांव जमा रही है।

'Chat With Surender Vats' के **Episode no. 43** में हमने रवि ओपी शर्मा जी का इंटरव्यू लिया था। रवि जी के पिता जी जिनका नाम ओपी शर्मा था, उन्होंने इस बिजनेस को शुरू किया था । वह राजस्थान सरकार में बड़े अधिकारी थे। हार्ट अटैक के कारण असमय ही उनका निधन हो गया। रवि जी के नाम ये बिजनेस ट्रांसफर हो गया, उन्हें जीरो से इस बिजनेस को शुरू करने की जरूरत नहीं पड़ी। क्योंकि रवि जी इस बिजनेस की सेकेंड जनरेशन (दूसरी पीढ़ी) हैं , उन्होंने वहां से शुरू किया जहां से उनके पिता जी नेटवर्किंग को छोड़कर गए थे। ऐसे कई उदाहरण हैं। अगर आप अपनी आने वाली पीढ़ी के लिए सीरियस हैं तो आपने सही विकल्प चुना है।

12. **अपनी कहानी स्वयं लिखने का व्यवसाय (Business of writing your own story)**: हिंदी के महान लेखक मुंशी प्रेमचंद जी ने एक जगह लिखा है "मानव की अभिलाषा है उसका नाम सफेद कागज पर काले अक्षरों में लिखा जाए और लोग उसे पढ़े ये उद्योग आपकी यह ख्वाहिश पूरी कर सकता है। मेरा विश्वास है

डायरेक्ट सेलिंग में सफल होने वाले लोगों पर आने वाले समय में फिल्म बनेंगी जिस प्रकार खिलाड़ियों व अन्य क्षेत्रों के कामयाब लोगों पर बनती है, मैं अपने Interview में मेहमानों से पूछता हूं अगर आप पर फिल्म बनी तो कौन हीरो या हीरोइन होनी चाहिए। मेरी ये बातें शायद आपको बड़ी लगें लेकिन मेरा Vision कहता है ये होगा बस समय लग सकता है। आज आपको क्या मिल रहा है उसकी बजाय क्या मिल सकता है उस पर केंद्रित रहिए। दान देने वाले लोग भी चाहते हैं कि उनके नाम का पत्थर लगे।

13. **सर्वश्रेष्ठ लोगों की संगत (Living in Best Association):** मैंने पिछले 22 सालों में ये महसूस किया है कि 2 तरह की दुनिया है डायरेक्ट सेलिंग वालों की दुनिया व इससे बाहर की दुनिया। एक पारिवारिक व सामाजिक व्यक्ति होने के नाते जब मुझे बाहर की दुनिया में जाना पड़ता है तो कई बार मुझे उस माहौल में घुटन होने लगती है क्योंकि वहां पर जाति, धर्म की बातें अक्सर होती है, संकुचित सोच नजर आती है हाँलाकि मैं उसी दुनिया में पला व बढ़ा हूं लेकिन अब वो दुनिया रास नहीं आती।

2020 में मैंने कुछ महीनों तक अनाज व दूध से बनी हुई चीजें छोड़ दी जिससे 6 महीने में मेरा वजन 78 किलो से घटकर 68 किलो रह गया, उसी समय मुझे एक पारिवारिक कार्यक्रम में जाने का अवसर मिला, मेरे कम वजन व शरीर में आए बदलावों को कुछ इस प्रकार चित्रित किया है "तुम बिल्कुल सूख गए हो, गाल पिचक गई है, बूढ़े की तरह खाल लटक गई है।" ये सारी बातें सही थी लेकिन, मुझे बिल्कुल अच्छी नहीं लगी और उन सब पर बहुत गुस्सा आया। कुछ दिन बाद मुझे Direct Selling की एक Event में जाने का मौका मिला वहां पर मेरे कम हुए वजन को कुछ इस प्रकार चित्रित किया "तुम्हारी उम्र 10 साल कम

हो गई है, जवान होते जा रहे हो, इतना बड़ा Transformation कैसे किया'' क्या बदला देखने का नजरिया व बात करने का ढंग।

हॉस्पिटल में भर्ती एक व्यक्ति का हालचाल पूछने जब लोग जाते हैं तो अनजाने में कहते है बहुत कमजोर हो गए हो, चेहरा पहचान में नहीं आ रहा, कब तक और भर्ती रहना पड़ेगा कितने पैसे लग गए आदि।

लेकिन उसी मरीज का हाल पूछने जब एक डायरेक्ट सेलर जाता है तो कहता है, तुम तो Fighter हो ये बीमारी तुम्हारे सामने क्या है, तुम्हें कुछ नहीं होगा, जल्दी ठीक हो जाओ। फिर तुम्हारी एक Home Meeting करवानी है और अगले महीने बड़ा सेमिनार भी तुम्हें attend करना हैं। अगर चार डायरेक्ट सेलर उससे मिलतें है तो उसे लगने लगा है मैं बिल्कुल सही हूं वैसे ही मुझे अस्पताल में भर्ती करवा दिया है।

अगर आप डायरेक्ट सेलर कि संगत में रहोगे तो बुरी से बुरी परिस्थिति से जल्दी बाहर आ जाओगे और मैं इस तरह की संगत में रहने के लिए कुछ भी कर सकता हूँ।

14. **जीवन भर के लिए सर्वश्रेष्ठ गुरू (Life time free Life Coach):** पुराने जमाने में हर व्यक्ति का गुरु होता था और वह उसमें अटूट श्रद्धा रखते थे। भगवान राम के गुरू थे विश्वामित्र जिनके आश्रम में रहकर उन्होंने प्रारम्भिक शिक्षा ली, अर्जुन के गुरू थे द्रोणाचार्य, स्वामी विवेकानन्द के गुरू थे स्वामी रामकृष्ण परमहंस गुरूओं का महत्व सदियों से चला आ रहा है और आज भी है, लेकिन आज के समय सच्चा गुरु खोजना जो आपको अपने अनुभव व ज्ञान के आधार पर उस समय सच्ची सलाह दे जब आप दोराहे पर खड़े हों या आपको रास्ता ही ना दिखाई दे रहा हो ऐसा पथ-प्रदर्शक ढूंढना मुश्किल है।

Direct Selling में एक व्यक्ति आपका स्पॉन्सर होता है और उसके ऊपर के लोगों को LOS (Line of Sponsers) कहा जाता है। आप इन में से किसी एक व्यक्ति को अपना गुरु (Coach) मान लें और फिर समर्पित भाव से उनके मार्ग निर्देशक (Direction) में काम करते रहें वो चूकि अनुभवी है और बड़ी-बड़ी टीमों का नेतृत्व करते हैं वो आपकी हर उलझन का समाधान देंगे। बड़े-बड़े लोग आज के समय Paid Life Coach रखते हैं लेकिन आपको यहाँ Free Life Coach मिलता है और वो आपको हमेशा सही सलाह देंगे क्योंकि आपकी सफलता में ही उनकी सफलता छुपी है।

15. **एक परिपूर्ण जीवन (A Fullfilled Life):** नौकरी व परंपरागत व्यापार से भी आप बहुत अच्छा पैसा कमा सकते हैं लेकिन Direct Selling एक ऐसा कंपलीट पैकेज है जहां पर आपको एक ही जगह सब कुछ मिल जाता है-ढेर सारा पैसा, समय की आजादी, आर्थिक सुरक्षा, व्यक्तित्व विकास के अवसर, देश दुनिया घूमने का मौका, नए दोस्त और सबसे महत्वपूर्ण अच्छी सेहत। ये इंडस्ट्री न केवल आपको भौतिक सफलता दिलाएगी अपितु आपको दुलर्भ मानसिक शांति भी महसूस कराएगी। सकारात्मक नजरिया, कृतज्ञता का भाव, दूसरों की सहायता के लिए तैयार रहना, बगैर किसी भेदभाव के सबसे मिलना, हर समय सीखने के लिए तैयार रहना, यह Direct Selling के Extra Benefit है जो आपको अन्य किसी उद्योग में नहीं मिलेंगे।

सारांश – अगर आपको एक घन्टे की खुशी चाहिए है तो एक अच्छा सा भोजन कर लीजिए, तीन घन्टे की खुशी चाहिए तो एक अच्छी सी फिल्म देख लीजिए, तीन दिन की खुशी चाहिए तो तीन दिन घूमने चले जाईए, तीन महीने की खुशी चाहिए तो शादी कर

लीजिए लेकिन अगर आपको जिन्दगी भर की खुशी चाहिए तो एक अच्छी सी Direct Selling कम्पनी चुनिए, मेहनत कीजिए व जिन्दगी भर मजे कीजिए। खुशी मनाने के लिए आपको दीपावली, ईद, क्रिसमस व प्रकाश पर्व का इंतजार नहीं करना पड़ेगा आपका हर दिन पर्व (त्यौहार) की तरह बीतेगा। बस शर्त इतनी सी है कि आप सही कम्पनी में हों?

सही कम्पनी कैसे चुनें?

यह बहुत महत्वपूर्ण प्रश्न है इसका जवाब आपको अगले अध्याय में मिलेगा।

****

सही कंपनी का चुनाव कैसे करें ?

सही कंपनी का चुनाव कैसे करें?

(How To Choose Right Company?)

जब हम शेयर मार्केट में पैसा लगाते हैं तो बड़े ध्यान से कम्पनी चुनते हैं उसके तिमाही परिणाम देखते हैं, कम्पनी की Sale व Profit देखते हैं, कैश फ्लो चैक करते हैं, जानकार लोगों से सलाह लेते हैं, हो सकता है हम उस कम्पनी को शेयर खरीद के दो महीने में ही बेच दें। लेकिन जब हम डायरेक्ट सेलिंग कम्पनी का चुनाव करते हैं तो किसी के कहने मात्र से जुड़ जाते हैं कोई विशेष छान-बीन नहीं करते। कम्पनी की बैलेंस सीट नहीं देखते। हमें डायरेक्ट सेलिंग कम्पनी क्यों ध्यान से चुननी चाहिए -

सही कंपनी का चुनाव क्यों जरुरी है ?

1. **डायरेक्ट सेलिंग को लोग रॉयल्टी इनकम के लिए ज्वाईन करते हैं (Direct selling is known for its passive income)** - इसलिए सही कंपनी का चुनाव करना बहुत महत्वपूर्ण है। इस पैसिव इनकम को हम वैसा ही समझ सकते हैं जैसे एक राइटर या लेखक को उसकी पुस्तक की रॉयल्टी के रूप में मिलने वाली इनकम होती है। इसमें एक तरह की धांधलेबाजी भी चलती है, कहीं-कहीं किताबों के मामले में डुप्लीकेसी भी देखी जा सकती है; लेकिन फिर भी हम एक अच्छे पब्लिशर या अच्छी संस्था से जुड़कर एक रेगुलर इनकम रॉयल्टी के रूप में प्राप्त कर पाते हैं। पुस्तक की रॉयल्टी से प्राप्त इनकम एक रेंटल प्रॉपर्टी या किराए के मकान की तरह होती है जिसे आपने किराए पर दे दिया है और प्रत्येक माह आपके पास एक राशि आ जाती है।

एक डायरेक्ट सेलर लोगों को अपनी टीम में जोड़ता है, बिजनेस

की बारीकियां सिखाता है व उनके साथ तब तक काम करता है जब तक वो स्वतंत्र रूप से काम नहीं करने लग जाते और फिर उसी टीम के काम करने से उसको रायॅलटी इन्कम मिलती है अगर वो काम करना बंद कर दे तो भी उसे टीम के द्वारा किये गए काम की वजह से रायॅलटी इन्कम आती है और उसके बाद उसकी अगली पीढ़ी को मिलती हैं।

Passive Income डायरेक्ट सेलिंग का सबसे बड़ा आकर्षण है। इसलिए जॉब वाले या ट्रेडिशनल बिजनेस वाले लोगों को कहा जाता है कि जो कुछ डायरेक्ट सेलिंग में मिल सकता है वो और कहीं नहीं मिल सकता यदि आप पैसिव इनकम लेने के इरादे से किसी कंपनी में आए हैं और आपका इरादा लंबे समय तक काम करने का है लेकिन कंपनी का इरादा लम्बा काम करने का नहीं है और आप ऐसी ही किसी कंपनी में आ गए जहां विजन (Vision) बड़ा नहीं है तो आपका पैसिव इनकम का विजन धरा का धरा रह जाएगा। इसलिए जरूरी यह है कि आप जिस भी कंपनी के साथ जुड़ना चाहते हैं उसका चयन बहुत ध्यान से करें क्योंकि हम पैसिव इनकम के लिए यहां आए हैं और हमारी पैसिव इनकम तभी बन पाएगी जब कंपनी भी एक बड़ा विजन लेकर चल रही हो।

2. **डायरेक्ट सेलिंग पीढ़ी दर पीढ़ी का व्यापार – (Direct Selling is the Business of Generations)**

इसे हम इंश्योरेंस फॉर जनरेशन के रूप में जानते हैं। यानि ये हमारी अगली जनरेशन में ट्रांसफर होता है इस प्रकार इसको डिजाइन किया गया है। दुनिया में जिन देशों में डायरेक्ट सेलिंग पिछले 40–50 सालों से काम कर रही है वहां पर दूसरी–तीसरी पीढ़ी इस बिजनेस को कर रही हैं; दादा जी ने जो फॉर्म भरा था वो फॉर्म नहीं बदला है सिर्फ नॉमिनी बदला है और आज तीसरी पीढ़ी इसे कर रही है इसलिए कंपनी

को चुनते समय यह भी देखना होगा कि क्या उस कंपनी की अगली पीढ़ी इस बिजनेस को चलाने वाली है। तभी तो आपका बिजनेस आगे बढ़ेगा। इसलिए एक सही कंपनी का चुनाव करना बहुत जरुरी है।

3. डायरेक्ट सेलिंग सम्मान और पहचान का बिजनेस है **(Direct Selling is the Business of Respect and Recognition)**

डायरेक्ट सेलिंग में मिलने वाली पहचान (Recognition) और सम्मान (Respect) लोगों को आकर्षित करती है। बहुत सारे लोग इसी रिस्पेक्ट के कारण ही डायरेक्ट सेलिंग में आना चाहते हैं लेकिन यदि आपने सही कम्पनी का चुनाव नहीं किया है, कम्पनी के फाउंडर ठीक नहीं है, तो सम्मान अपमान में व पहचान बदनामी में बदल जाएगी। इसलिए यह बहुत जरूरी है कि हम एक सही कंपनी का चुनाव करें। जिससे लाइफ में हमें दूसरों से अपना चेहरा न छुपाना पड़े, अपना मोबाइल नंबर व घर न बदलना पड़े। साथ ही हमें अपने दोस्तों को भी अलविदा न कहना पड़े, इसलिए जरूरी है कि हम एक ऐसी कंपनी के साथ जुड़ें जिसने अपनी एक अच्छी पहचान कायम की हो।

4. डायरेक्ट सेलिंग को गुणवत्तापूर्ण उत्पादों के लिए जाना जाता है **(Direct Selling is known for Quality Products)**

डायरेक्ट सेलिंग एक मॉउथ पब्लिसिटी बिजनेस है और ये क्वालिटी प्रोडक्ट के लिए जाना जाता है। लोग प्रोडक्ट इस्तेमाल करते है और जब वे इनसे पूरी तरह सन्तुष्ट हो जाते हैं तो दूसरों को इसके बारे में बताते है ये माउथ पब्लिसिटी तभी संभव है जब प्रोडक्ट में क्वालिटी होगी और प्रोडक्ट में क्वालिटी होने के लिए कम्पनी में क्वालिटी होना नितान्त जरूरी है।

क्योंकि अगर कंपनी में क्वालिटी नहीं होगी तो वह क्वालिटी

प्रोडक्ट नहीं बना पाएगी। कंपनी के क्वालिटी प्रोडक्ट न दे पाने की स्थिति में आपका बिजनेस सरवाईव नहीं कर पायेगा, इसलिए कंपनी का क्वालिटी से भरपूर होना बहुत अधिक जरूरी है।

5. परिवार की सक्रिय भागीदारी **(Active Participation of Family)**

डायरेक्ट सेलिंग एक फैमिली बिजनेस है। जैसा कि हम जानते हैं कि कंपनियों में बिजनेस मीटिंग और बिजनेस टूर होते रहते हैं, जिनमें सभी की फैमिली शामिल होती है। तो हमें एक ऐसी कंपनी के साथ जुड़कर डायरेक्ट सेलिंग करनी चाहिए जिसमें हम अपनी फैमिली के साथ शामिल हो सकें, गेट टु गेदर कर सकें। चूंकि यहां फैमिली शामिल हो रही है इसलिए यह ध्यान रखना चाहिए कि हम सही लोगों के साथ जुड़ें, ऐसे लोग जो आपकी फैमिली को अपनी फैमिली जैसा ही समझें। साथ ही डायरेक्ट सेलिंग की सबसे बड़ी इंपॉर्टेंस यह है कि यहां हम ऐसे लोगों के बीच रह कर काम करते हैं जिनकी अपने साथ के लोगों को ऊपर उठाने की सोच होती है मतलब सब एक दूसरे के साथी होते हैं और ऐसे लोग हमें तभी मिलेंगे जब हम सही कंपनी के साथ एसोसिएट होंगे ।

....

अपनी कंपनी की जांच कैसे करें?

(How to Check Your Company)
(Total 100 marks)

आइये जानते हैं कि जिस कंपनी से हम जुड़ना चाहते हैं या जुड़े हैं वो कम्पनी कैसी है? सीधे शब्दों में कहें तो हमें अपनी कंपनी को चेक करना है। यह प्रक्रिया एक तरह से 100 मार्क्स के एग्जाम पेपर की तरह है। यहां बहुत सारे प्रश्न होंगे जिनके ईमानदारी के साथ हमें उत्तर देने हैं या किसी अन्य व्यक्ति से जो आपकी कंपनी के बारे में जानता है इन प्रश्नों के बारे में सलाह ले सकते हैं।

इस तरह कंपनी को चेक करने के लिए इन 100 नंबरों को हम यहां चार पार्ट में बांटते हैं, जहां प्रत्येक पार्ट **25** अंकों का है।

इसमें पहला पार्ट है –

....

1. Profile (प्रोफाइल) (25 marks)

किसी भी कम्पनी को चुनने का सबसे महत्वपूर्ण बिंदु है कंपनी की प्रोफाइल चेक करना जिसको हमने पांच बिंदुओं में बांटा है।

A. **नैतिकता (Ethical Top Management) - 5 marks**

नैतिकता का पैमाना है –

a. **सबके साथ समान व्यवहार (Transparent for All)** - अर्थात सभी के लिए कंपनी में एक समान व्यवहार होना चाहिए। कंपनी में सभी बराबर हैं, किसी के लिए कोई एक्स्ट्रा एडवांटेज नहीं होना चाहिए। हर डायरेक्ट सेलिंग कंपनी को अपने डायरेक्ट सेलर

के साथ बिल्कुल वैसा ही व्यवहार करना चाहिए जैसे पेरेंट्स का अपने सभी बच्चों के लिए एक-समान व्यवहार रहता है। इस संबंध में एक वक्तव्य है कि "Trust is good but Transparency is better" अर्थात विश्वास अच्छी बात है लेकिन पारदर्शिता उससे भी अच्छी बात है।

b. **कंपनी किसी को भी डायरेक्ट स्पॉन्सर न करे (No System of Direct Joining)** - यह बहुत ही इंपॉर्टेंट पॉइंट है मैं आपको इसकी गहराई में ले जाना चाहता हूं। जैसा कि हम जानते हैं कि डायरेक्ट सेलिंग का मूल है कि एक कंपनी एक या दो व्यक्तियों को अपने फ्रंट मे जोड़कर अपनी शुरुआत करती हैं उसके बाद वो लोग आगे और लोगों को जोड़ते चले जाते हैं और नेटवर्क बनता चला जाता है। दुनिया में जितनी भी एथिकल डायरेक्ट सेलिंग कंपनियां हैं वे बाद में लोगों को अपने डायरेक्ट नहीं जोड़ती। वे जुड़ने वालों से कहती हैं कि आप हमारे किसी भी Direct Seller को स्पॉन्सर बनाइए और फिर कंपनी में जुड़ जाइए। लेकिन कुछ कंपनियां ऐसी हैं जो लोगों को स्पेशल प्रिविलेज देती हैं और उन्हें सीधे कंपनी के साथ जोड़ लेती हैं। ऐसे में कंपनी के साथ पूरी ईमानदारी के साथ काम कर रहा डायरेक्ट सेलर अपने आपको ठगा हुआ महसूस करता है। यह डायरेक्ट जॉइनिंग का सिस्टम एथिक्स के खिलाफ है और इस तरह की कंपनियों में ट्रांसपेरेंसी नहीं रह पाती है।

c. **सेटिंग करने वाली कंपनी से सावधान (No System of Power Group & Placement)** - ऐसा देखा गया है कि बहुत सी कंपनियां बड़े लीडर्स को जो दूसरी कंपनी में काम कर रहे होते हैं उनको बहुत से ऑफर पेश करती हैं. कहती हैं कि आपको एक पावर ग्रुप

दे देंगे, चलते हुए ग्रुप के बीच में कहीं सेट कर देंगे। इस तरह की सेटिंग वाली कंपनियां लम्बे समय तक नहीं चलतीं। जिस कंपनी की बुनियाद ही गलत हो उस पर भव्य इमारत कैसे बन सकती है। चूँकि कंपनी में काम करने वाले लीडर्स भी किसी को ऑफर या प्रलोभन दे सकते हैं जिसको रोकना थोड़ा मुश्किल लगता है। लेकिन अगर कंपनी खुद इस प्रकार की चीजों में शामिल होती हैं तो ऐसी कंपनियों से बचना चाहिए।

d. **झूठी इन्कम देने वाली कंपनियाँ उद्योग के लिए खतरा (No System of Retraction of Payout)** - कुछ कंपनियां अपने डायरेक्ट सेलर की इनकम को झूठ दिखाती हैं, पहले ज्यादा पैसा उनके बैंक अकाउंट में ट्रांसफर करती हैं और फिर उनसे वापस कैश ले लेती हैं। और उनके डायरेक्ट सेलर उस झूठी स्टेटमेंट को लोगों को दिखा कर गुमराह करते हैं कि उन्हें बहुत कम समय में इतनी बड़ी इनकम आनी शुरू हो गयी है। इस तरह की फ्रॉड कंपनियां ही डायरेक्ट सेलिंग को बदनाम कर रही हैं। जिनसे हमें दूरी बनानी चाहिए।

e. **MG देने वाली कंपनियों से सावधान (No System of Minimum Guarantee)** - यह मिनिमम गारंटी शब्द अभी हाल में ही प्रचलित हुआ है। इसे संक्षेप में MG कहते हैं। कुछ कंपनियां किसी कंपनी के एक ऐसे प्रसिद्ध व्यक्ति से बातचीत करती हैं जिसका नेटवर्क बहुत बड़ा होता है, उसे बुलाती हैं और कहती हैं कि 'आप अपनी पिछली कंपनी की एक साल की कमीशन स्टेटमेंट दिखाइए और हमसे जुड़िए, हम आपको गारंटी देते हैं कि हम कम से कम इतना पैसा तो आप को हर महीने देते रहेंगे।' ऐसी कंपनियां अपने उन हजारों डायरेक्ट सेलर्स के विश्वास की हत्या कर देती हैं जो ईमानदारी से

बिना किसी MG के वर्षों से काम कर रहे होते हैं। तो यह मिनिमम गारंटी देना कंपनी एथिक्स के खिलाफ होता है। ऐसी कम्पनी एक बार तो तेजी से उठती है फिर धड़ाम से नीचे गिरती है।

f. **नियम के अनुसार ग्रुप को स्थानान्तरित करना (Systematic Shifting)** - यह बहुत ही इंपॉर्टेंट और टेक्निकल पॉइंट है। जैसे कि हम जानते हैं कि एक डायरेक्ट सेलर अपने नीचे ग्रुप बनाता है। माना उसके चार ग्रुप हैं - A, B, C और D किसी कारण से वह डायरेक्ट सेलर कंपनी छोड़ देता है या कम्पनी के नियमो का उल्लंघन करता है और कम्पनी उसकी सदस्यता खत्म कर देती है तो उसके ग्रुपों का क्या होगा? या तो वो ग्रुप वहीं पे रहें व उस व्यक्ति को लगातार इनकम जाती रहे। अगर उन ग्रुपों को कंपनी कहीं दूसरी जगह शिफ्ट करना चाहती है तो रूल के अनुसार उसकी अपलाइन में (LOS) सक्रिय व्यक्ति के साथ डायरेक्ट जोड सकती है और यह जोड़ना किसी भी ग्रुप में नहीं होना चाहिए बल्कि कंपनी के द्वारा पहले से निर्धारित नियमों के अनुसार होना चाहिए, कंपनी मैनेजमेंट को अपनी इच्छा के अनुसार उनकी शिफ्टिंग नहीं करनी चाहिए।

हमने Chat With Surender Vats के Episode no 81 (How to make strong team) में सुनील गुप्ता जी को आमंत्रित किया था उन्होंने बताया की उन्हें सही कंपनी चुनने में एक साल का समय लगा और वो अब उस कंपनी में पिछले 20 वर्षों से काम कर रहे है। आने वाले समय में ऐसी एजेंसीज होंगी जो डायरेक्ट सेलिंग कंपनियों के बारे में पुख्ता जानकारी इकठ्ठा करके एक डायरेक्ट सेलर को उपलब्ध कराएंगी और उसके आधार पर एक डायरेक्ट सेलर कंपनी चुनने का निर्णय लेगा, लेकिन अभी यह काम आपको स्वयं करना होगा।

g. **उत्पादों की कीमत तय करना (Intention Behind Pricing)** - इसका मतलब है कि कंपनियां जब प्रोडक्ट का दाम निर्धारित कर रहीं हैं तो उसके पीछे उनकी मानसिकता क्या है। बहुत सी कंपनियां अपने प्रोडक्ट के दाम उसकी वैल्यू से लगभग दस गुणा रखती हैं। क्योंकि उनका उद्देश्य होता है कि कंज्यूमर से खूब पैसा लो और डायरेक्ट सेलर को खूब पैसा दो, ग्राहक को वह प्रोडक्ट कितने का मिल रहा है वो इसकी परवाह नहीं करते जबकि Direct Selling Rules 2021 के अनुसार ग्राहक को Value for Money प्रोडक्ट मिलने चाहिए। दूसरी तरफ कुछ ऐसी भी कंपनी है जो ग्राहक (उपभोक्ता) को ध्यान मे रख कर प्रोडक्ट की कीमत तय करती है ।

कंपनी की प्रोफाइल के संदर्भ में दूसरा पॉइंट है –

B. **आधारभूत ढांचा (Infrastructure) (4 marks)**

a. **स्वयं की उत्पादक इकाई (Own manufacturing plants)** -

यदि कंपनी का खुद का मैन्युफैक्चरिंग है तो क्वालिटी कंट्रोल उसके हाथ में रहेगा। कंपनी रॉ मटेरियल भी अपने अनुसार उपयोग में ले सकती है। खुद की मैन्युफैक्चरिंग होने के कारण कंपनी अपने प्रोडक्ट वाजिब दाम पर उपलब्ध करवा सकती है। मौजूदा डायरेक्ट सेलिंग कंपनियों में एक प्रतिशत से भी कम कंपनियों के अपने खुद के मैन्युफैक्चरिंग प्लांट हैं। हालाँकि जिन कंपनियों के मैन्युफैक्चरिंग प्लांट नहीं हैं वो भी अच्छी कंपनियां हो सकती हैं, लेकिन यहाँ हम सर्वश्रेष्ठ कंपनी चुनने की बात कर रहे हैं। जिन कंपनियों की अपनी मैन्युफैक्चरिंग होती है हमें उन्हें प्राथमिकता देनी चाहिए।

b. **मुख्य कार्यालय (Headquarter)** - कंपनी का हेड ऑफिस खुद

का है या वह किराए की बिल्डिंग में है, क्योंकि यदि हेड ऑफिस कंपनी का स्वयं का है तो यह एक स्ट्रांग पॉइंट होता है और चूंकि खुद का है इसलिए कंपनी को किराए पर पैसा खर्च करने की जरूरत नहीं पड़ती है। इसलिए कंपनी की जांच करते समय यह पॉइंट बहुत महत्वपूर्ण है। विशेषतः ऐसे दौर में जहाँ **Crypto base** कंपनियाँ बगैर कार्यालय के काम कर रही हो और अचानक गायब हो रही हो।

c. **वितरण–व्यवस्था (Delivery System)** - कंपनी की जांच करते समय डिलीवरी सिस्टम को भी देखना जरूरी होता है। कंपनी जो प्रोडक्ट बनाती है उसे वह कहां रखती है? कहाँ से कंज्यूमर को प्रोडक्ट देती है? कैसे वह प्रोडक्ट को कंज्यूमर तक भेजती है? मेरा मानना है कि कंपनी को ऑनलाइन और ऑफलाइन दोनों तरह से अपने प्रोडक्ट मार्केट में बेचने चाहिए। इससे कंपनी की विश्वसनीयता अधिक बनी रहती है। कंपनी की वितरण व्यवस्था अगर पूरे देश में है व हिन्दुस्तान से बाहर भी उत्पाद उपलब्ध करवाती है तो ऐसी कंपनी को प्राथमिकता देनी चाहिए।

d. **अर्जित धन का निवेश (Business money should stay in Business)** - डायरेक्ट सेलिंग में कंपनियां पैसा कमाने आती है और कमाती भी है। तो कंपनी को इस बिजनेस से होने वाली कमाई को इसी बिजनेस में इन्वेस्ट करके अपने इसी बिजनेस को आगे भी बढ़ाना चाहिए। लेकिन देखा जाता है कि बहुत सारी कंपनीयां एक बिजनेस से होने वाली कमाई को किसी और बिजनेस में इन्वेस्ट करती है। इससे पहले वाले बिजनेस को आगे बढ़ने में कठिनाई होती है। कंपनी द्वारा अपनी डायरेक्ट सेलिंग कंपनी को मजबूत करने से कंपनी के डायरेक्ट सेलर को भी

फायदा पहुंचता है इसलिए कंपनी में जुड़ने से पहले उस कंपनी के संदर्भ में यह विषय अवश्य देखना चाहिए।

e. **तकनीक आधारित ढांचा (Technologically Advanced Infrastructure)** - कंपनी को चाहिए कि वह आने वाली तमाम एडवांस टेक्नोलॉजी को उपयोग में लाएं। कंपनी के सभी एम्प्लॉईज व डायरेक्ट सेलर को आधुनिक तकनीकी सुविधाओं से युक्त संसाधन उपलब्ध कराएं और एडवांस टेक्नोलॉजी को अपनाने पर जोर दें। इस तरह यह एडवांस टेक्नोलॉजी कंपनी के इंफ्रास्ट्रक्चर को मजबूत बनाती है।

कंपनी की प्रोफाइल के संदर्भ में तीसरा पॉइंट है –

C. **लचीलापन व सख्त का संगम (Flexible yet strong Management) (4 Marks)** -

लचीलापन और दृढ़ता किसी भी कंपनी प्रोफाइल के प्रमुख हिस्से हैं। कंपनी में ऐसा मैनेजमेंट होना चाहिए कि वह अपने डायरेक्ट सेलर के साथ लचीला व्यवहार रख सके। यदि कोई कंपनी डायरेक्ट सेलर के साथ हिटलर की तरह सख्त व्यवहार रखती है व फरमान जारी करती रहती है तो डायरेक्ट सेलर लम्बे समय तक ऐसी कंपनी के साथ काम नहीं करेगा क्यूंकि वह हर तरह की आजादी चाहता है इसलिए डायरेक्ट सेलिंग व्यसाय में आया है । इसी के साथ कंपनी मैनेजमेंट को अपने उद्देश्यों व सिद्धांतों पर दृढ़ (strong) भी होना चाहिए।

कुछ कम्पनियां डायरेक्ट सेलर के दबाव में निर्णय लेती हैं और अपने लिए गए निर्णयों को लगातार बदलती रहती है। इसी वजह से वो हर छह महीने में अपना मार्केटिंग प्लान बदलती रहती हैं। इस से भ्रम की स्थिति पैदा हो जाती है। एक डायरेक्ट सेलर को पहला प्लान याद नहीं होता तब तक दूसरा आ जाता है। ऐसा उसी कम्पनी में होता

है जहां कम्पनी का खुद का विजन नहीं है और वह लगातार दबाव में काम करती रहती है लचीलापन व सख्त दोनो का संगम कम्पनी को महान बनाता है।

कंपनी की प्रोफाइल के संदर्भ में चौथा पॉइंट है –

D. डायरेक्ट सेलिंग एसोसिएशन की सदस्य (Member of Direct Selling Association) (4 Marks)

किसी भी कंपनी का एसोसिएशन के साथ जुड़ा होना कानूनी रूप से जरूरी नहीं है क्योंकि एसोसिएशन एक प्राइवेट संस्था है। लेकिन यदि कंपनी किसी एसोसिएशन के साथ जुड़ी हुई है तो वह एसोसिएशन के नियमों के अनुसार काम करने के लिए बाध्य है व उस कंपनी के गलत काम करने की संभावनाएं कम रहती हैं। अगर कंपनी गलत काम करती है तो एसोसिएशन उसे निष्कासित कर देगी, यह डर उस कंपनी पे हमेशा बना रहता है। हमारे देश में मुख्यतः तीन एसोसिएशन काम कर रहीं हैं - IDSA, FDSA व ADSEI- अगर आपकी कंपनी इनमें से किसी भी एसोसिएशन की मेंबर है तो यह एक प्लस पॉइंट है।

कंपनी की प्रोफाइल के संदर्भ में पाँचवा पॉइंट है –

E. कम्पनी का अनुभव (Experience of the Company) (4 Marks)

किसी भी कंपनी का एक्सपीरियंस बहुत महत्वपूर्ण होता है। अगर कंपनी पुरानी है तो सम्भावना है की वो उतार-चढ़ावों से गुजर चुकी है और गलतियां कर के सीख चुकी है। यहाँ यह देखना होता है कि कंपनी कितनी पुरानी है? इसको चार कैटेगरी में बांटा हुआ है जिसके लिए अलग-अलग अंक निर्धारित किये हैं–

- 0 - 2 साल पुरानी कंपनी - 1 अंक
- 2 - 5 साल पुरानी कंपनी - 2 अंक

- 5 - 10 साल पुरानी कंपनी - 3 अंक
- 10 साल से अधिक पुरानी कंपनी - 4 अंक

अनुभवी कंपनी के साथ जुड़ना अधिक बेहतर होता है।

F. उपस्थिति व सम्भावनाएं (Presence & Penetration) (4 Marks)

कंपनी मौजूदा समय में कहाँ कहाँ व्यापार कर रही है व भविष्य में कहाँ तक जा सकती है। कंपनी का प्रोडक्ट बहुत महंगा है तो वो गाँवों के देश भारत में हर जगह नहीं पहुँच सकती। अगर कंपनी के प्रोडक्ट कम कीमत के हैं तो हर गाँव में पहुँचने की संभावना है।

कंपनी प्रोफाइल को देखने का यह अंतिम और सबसे महत्वपूर्ण बिंदु है। यहाँ हमें देखना होता है कि कंपनी की उपस्थिति कहाँ-कहाँ है? और कंपनी कहाँ-कहाँ जा सकती है? उसमें कितनी संभावनाएं हैं?

इस तरह हमने यहां पहले पॉइंट प्रोफाइल पर विस्तार से बात की है। जिसमें हमने इन सभी पॉइंट्स को देखा व समझा है। इसके लिए हमने 25 मार्क्स रखे थे। तो हमें अपनी कंपनी को इन सभी पॉइंट्स के पैरामीटर पर देखते हुए मार्क्स देने चाहिए।

आइये अब कंपनी को चेक करने के क्रम में दूसरा पॉइंट देखते हैं।

....

2. उत्पाद (Products) 25 marks

A- कीमत व गुणवत्ता का संगम (Combination of Price & Quality) (5 marks)

डायरेक्ट सेलिंग में इन दो चीजों का संगम होना बहुत जरूरी है। हमारे देश में किसी भी प्रोडक्ट का प्राइस बहुत ज्यादा नहीं होना चाहिए। आपको शायद एक प्रतिशत ही लोग मिलें जो महंगे प्रोडक्ट्स खरीदते हों और इस्तेमाल करते हों। पर इस एक परसेंट बिक्री पे कोई भी व्यापार नहीं चलता है। बाकी के 98 - 99 प्रतिशत लोग उन प्रोडक्ट्स को कैसे इस्तेमाल कर पाएंगे? एक डायरेक्ट सेलर को सबसे पहले देखना है कि कौन सा प्रोडक्ट बहुत अच्छा है और महंगा भी नहीं है अर्थात उसका प्राइस भी एक आम आदमी के बजट अनुसार है। किसी भी कंपनी का उद्देश्य होना चाहिए कि उसके सभी प्रोडक्ट्स आम जनता इस्तेमाल कर सके। जब कोई कंपनी इस तरह के कॉम्बिनेशन पे अपने प्रोडक्ट देती है तभी वह अधिक समय तक सरवाईव भी कर पाती है। इसलिए डायरेक्ट सेलिंग में इन दो चीजों का संगम होना बहुत जरूरी है।

वैसे तो बहुत मंहगे प्रोडक्ट वाली कम्पनी भी व्यापार करती है पर उनका व्यापार आम आदमी (अवाम) तक कभी नहीं पहुँच पायेगा।

आपके अगर बड़े इरादे और सपने हैं तो आपको एक ऐसी कंपनी का चुनाव करना चाहिए जो अपने प्रोडक्ट्स को इस कॉम्बिनेशन पर रखती हो कि प्रोडक्ट सस्ते हो पर गुणवत्ता से समझौता भी न हो। बेकार उत्पाद चाहे जितनी कम कीमत पर बेचो कम्पनी लंबे समय तक नहीं चल पायेगी और सर्वोच्य गुणवत्ता वाले उत्पाद अगर बहुत महंगे मुल्य पर बेचेगें तो भी कम्पनी लम्बा नहीं चल पाएगीं **"Chat with Surender Vats"** यु टयुब चैनल पर उद्योग के अनुभवी लोगों का इंटरव्यू लेते हुए

अक्सर मैं प्रश्न पूछता हूँ की सही कम्पनी का चुनाव कैसे करें उनके जवाब व मेरे 23 साल के अनुभव के आधार पर मैं कह सकता हूँ कि सही प्रोडक्ट का पता लगाने का एक ही पैमाना है कि आप कुछ लोगों के पास में जाइए जो डायरेक्ट सेलिंग से जुड़े हुए नहीं है और ना ही आपका उनको जोड़ने का इरादा है। आप उनको प्रोडक्ट दिखाइए अगर वो उस प्रोडक्ट को खरीद लेते हैं बगैर बिजनेस अपॉर्चुनिटी के तो इसका मतलब है की आपकी कंपनी और उसका प्रोडक्ट, दोनों ही सही हैं। आपको ऐसी कंपनी में ही जुड़ना चाहिए। अगर एक डायरेक्ट सेलर को अपने कस्टमर को यह बताना पड़े कि अगर आप यह टूथपेस्ट को लेंगे तो आपको कार मिलेगी या साबुन लेने से आपका बड़ा घर बन जाएगा तो फिर वह प्रोडक्ट फेक है, नकली है। उसमें कहीं ना कहीं कोई ऐसी चीज है जो लंबे समय तक जाने में आपको प्रॉब्लम क्रिएट करेगी।

कंबीनेशन ऑफ प्राइस एंड क्वालिटी पर हमने थोड़ा सा वर्क किया और पाया की दूनिया की दो डाटा रिसर्च करने वाली सबसे बड़ी संस्थाएं - EY एवं BCG - ने कुछ आंकड़ों पे काम किया। इन आंकड़ों से हमें पता चलता है कि भारत में 2010 में, जिनकी मंथली इनकम ₹12,500 से कम थी वे एक तरह से स्ट्रगल कर रहे थे। और ऐसे करीब 9 करोड़ स्ट्रगलर्स हमारे देश में थे। 2016 में थोड़ी सी कमी होती देखी गयी। और 2025 में ऐसी संभावना है कि यह 12,500 प्रतिमाह कमाने वाले लोगों का Household रेट कम हो जायेगा।

	Number of households		
Households Type	**2010**	**2016**	**2025**
Elite (More than 1,71,000)	40 Lakh	70 Lakh	1.6 Cr
Affluent (85,000 - 1,71,000)	1.2 Cr	1.7 Cr	3.3 Cr
Aspirers (42,500 - 85,000)	3.1 Cr	4.0 Cr	6.1 Cr
Next billion (12,500 - 42,500)	10.2 Cr	12.1 Cr	14 Cr
Strugglers (Less than 12,500)	9.1 Cr	8.2 Cr	5.5 Cr

Source:EY,BCG

फिर बात करते हैं ₹12,500 - ₹42,500 तक की इनकम वाले वर्ग की - 2016 तक 12.1 करोड़ लोगों की इतनी इनकम थी जो कि 2025 में 14 करोड़ लोगों की हो जाएगी। ₹42,500 - ₹85,000 इनकम वाले लोगों को aspirers कहा गया है। 2025 में 6.1 करोड़ लोग aspirers की इनकम ग्रुप में शामिल होंगे। ₹85,000 से ₹1,70,000 पर मंथ की इनकम वाले affluent ग्रुप, 3.3 करोड़ होंगे और अब आता है Officient ग्रुप - जिन लोगों की इनकम 1,71,000 से ज्यादा होगी वे 70 लाख से बढ़ कर 2025 में 1.6 करोड़ हो जायेंगे। यानि की next billion और strugglers की आबादी हमारे देश में सबसे ज्यादा है। इसलिए प्रोडक्ट खरीदने वाले ये लोग ज्यादा हैं। तो ऐसे में कंपनियों के पास इन वर्गों को ध्यान में रखते हुए प्रोडक्ट्स होने चाहिएं।

कंपनी के प्रोडक्ट इसी तरह होने चाहिएं कि बड़ी जनसंख्या उसे आसानी से खरीद सके और अभी तक जो सामान वे बाहर से लेकर आ रहे थे अब वे बस आपकी कंपनी से ही खरीदें।

इस तरह के प्रोडक्ट होने से लोग एक डायरेक्ट सेलर के साथ जुड़ेंगे और प्रोडक्ट को रिटेल करना भी आसान हो जायेगा।

B. **रोज काम आने वाले उत्पाद (Fast Moving Consumer Goods) (FMCG) (4 marks)**

कुछ डायरेक्ट सेलिंग कंपनियों के पास फास्ट मूविंग कंस्यूमर गुड्स वाले प्रोडक्ट नहीं है। हमारे देश में भी पहले कुछ ऐसी कंपनियां आयीं जिन्होंने लगभग 1 लाख तक के मैट्रेस बेचे। कुछ कंपनियों ने सिर्फ टीवी एवं इन्वर्टर बेचे। अच्छे प्रोडक्ट होने के बावजूद ये कंपनियां टिक नहीं पायीं क्यूंकि ये अधिकांश वर्ग तक नहीं पहुँच पायीं और ना ही इनका रिपर्चेज रेट ज्यादा रहा। इसलिए आप जिस भी कंपनी के साथ रहें, ये जरूर देखें की उसके प्रोडक्ट्स की डिमांड बार-बार आ रही है या नहीं, लोग उसके प्रोडक्ट्स बार बार खरीद रहे हैं या नहीं। जब कंपनी का बिजनेस बड़ा होकर आगे बढ़ेगा तो स्वतः ही हम भी कंपनी से जुड़ कर आगे बढ़ेंगे।

C. **अनोखे उत्पाद (Moats in Products) (4 marks)**

Moats किसे कहते हैं? यह एक ऐसी चीज है जिसके चारों ओर खाई बनी होती है। इस खाई की वजह से वह पर्टिकुलर चीज सुरक्षित रहती है। पुराने समय में राजा-महाराजा अपने महल के चारों ओर गहरी गड्डेनुमा खाई खुदवा कर उसमें पानी भरवा देते थे। इससे उनका महल सुरक्षित रहता था। तो यदि किसी कंपनी के पास कुछ ऐसे प्रोडक्ट हैं जिनकी मार्केट में डिमांड रहती है और उनकी मार्केट में अपनी एक अलग पहचान भी है तो हमें ऐसे प्रोडक्ट को चेक करना चाहिए कि क्या हमारी भी कंपनी में ऐसा कोई प्रोडक्ट है, जिसकी मार्केट में डिमांड है या आने वाले समय में उसकी डिमांड हो सकती है। उदाहरण स्वरुप कुछ ट्रेडिशनल कंपनियां आज भी हैं जिन में से किसी का टूथपेस्ट लोग ज्यादा खरीदते हैं, तो किसी का शहद या फिर नूडल्स। ऐसे ही डायरेक्ट

सेलिंग में भी कुछ कंपनियां हैं जो केवल अपने प्रोडक्ट्स के नाम से जानी जाती हैं। इन कंपनियों ने अपने आगे मोट्स बना लिए हैं। लोग इन कंपनियों को भले ही छोड़ दें पर उनके प्रोडक्ट्स इस्तेमाल करना नहीं छोड़ते। आपको देखना है की क्या आपकी कंपनी में भी कुछ ऐसे प्रोडक्ट हैं जिनमें इतना दम है। अगर है तो बस हमें ऐसी ही कंपनी से जुड़े रहना चाहिए।

D. क्या कम्पनी स्वयं उत्पाद बनाती है (Check Manufactured & Marketed by) (4 marks)

यह बहुत ही आवश्यक पॉइंट है। इसकी चर्चा हमने प्रोफाइल (profile) वाली सेक्शन में भी की थी। यह देखना बहुत जरूरी होता है कि कंपनी की स्वयं की मैन्युफैक्चरिंग है या वह दूसरे के प्रोडक्ट को लेकर केवल मार्केटिंग कर रही है। जब कंपनी खुद की मैन्युफैक्चरिंग, करती है, खुद का रॉ मटेरियल और इंफ्रास्ट्रक्चर इस्तेमाल करती है तो उसका प्रोडक्ट और विश्वसनीय हो जाता है। इस बात को एक रेस्टोरेंट और घर में बने खाने के फर्क से समझा जा सकता है। जब आप रेस्टोरेंट में खाना खाने जाते हैं तो रेस्टोरेंट से जुड़े लोग खाने में इस्तेमाल होने वाले सामान कोशिश करके कम कीमत में ही ले के आते हैं और कभी कभी सस्ते दामों पे उनका फोकस ज़्यादा रहता है, क्यूंकि इसमें कमर्शियल एंगल जुड़ा होता है। लेकिन वही खाना जब आप घर पर खाते हैं तो आपकी मम्मी, बहन, बेटी या बीवी जो भी आपके घर में खाना बना के आपको परोसती हैं सभी सामान अच्छी क्वालिटी से बना होता है क्योंकि इसमे कोई कमर्शियल एंगल नहीं जुड़ा होता। जब कंपनियां बेहतर क्वालिटी के प्रोडक्ट मैन्युफैक्चर करती हैं तो डायरेक्ट सेलर को बेचने में आसानी होती है।

E. **30 दिन के भीतर उत्पाद वापसी का नियम (Thirty Days Return Policy)** (**4 marks**)

Direct Selling Rules 2021 के अनुसार कंपनियों को अपने प्रोडक्ट की सन्तुष्टि (**Satisfaction**) की गारंटी देना अनिवार्य है। मान लीजिये कि कोई व्यक्ति किसी कंपनी डिस्ट्रीब्यूटर से प्रोडक्ट खरीदता है और उसे वापस करना चाहता है तो उस प्रोडक्ट को वापस करने की कंपनी के पास पालिसी होनी चाहिए। आपको भी यह चीज देखनी है की जिस कंपनी से आप जुड़ने की सोच रहे हैं या जुड़े हुए हैं, क्या उस कंपनी की 30-डेज की रिटर्न पालिसी है? अगर ऐसा नहीं है तो ये सरकार के निर्देशों का सरेआम उल्लंघन है।

F. **उत्पाद नेगेटिव प्रोडक्ट लिस्ट का हिस्सा न हो (Product Should not be a part of negative product list)** (**4 marks**)

महाराष्ट्र गवर्नमेंट द्वारा 11th July 2019 को जारी की गयी डायरेक्ट सेलिंग गाइडलाइन्स के अनुसार निम्न प्रोडक्ट अमान्य हैं The Direct Selling entities should not deal with following products or services :—

(i) Monetary Deposits, Investments, Trading in Commodities, Live Stocks

(ii) Life Insurance Policies (Which are not regulated by IRDA)

(iii) Discount Coupons/Vouchers

(iv) Virtual Currencies (like Bitcoin) Crypto currency,

(v) Selling of Websites, Web space, online Education, Online Training

(vi) Get Paid for Clicking, Filling Online Surveys, Online Advertisements

(vii) Online Schemes of Gifting, Helping, Donations

(viii) Tricky Products like Yantras and Tantras should be banned completely.

क्या आपकी कम्पनी उपरोक्त उत्पादों में से किसी उत्पाद को तो नहीं बेच रही है ये सुनिश्चत कर लें, क्योंकि समय–समय पर उपरोक्त उत्पादों में से किसी एक उत्पाद को कम्पनि डायरेक्ट सेलिंग, MLM, Network Marketing आदि के तरीके से बेचती हैं और फिर कुछ महीनों या सालों में करोड़ों रूपये लेकर रातों रात गायब हो जाती हैं या सरकार इन्हें बन्द कर देती है व इनकी वजह से डायरेक्ट सेलिंग बदनाम हो जाती है।

इस समय Crypto Currency जो उपरोक्त नेगेटिव प्रोडक्ट लिस्ट में शामिल है को प्रोडक्ट के रूप में डायरेक्ट सेलिंग के तरीके (Model) से बेचा जा रहा है या ट्रेड किया जा रहा है जो Direct Selling Rules 2021 का उल्लंघन है।

उपरोक्त छः पॉइन्ट में Total 25 अंक हैं आप ईमानदारी से अपनी कंपनी को स्वयं अंक दे सकते हैं।

....

3. मार्केटिंग प्लान (Compensation Plan) (25 marks)

सभी कंपनियों के पास बहुत सारे प्लान होते हैं लेकिन यहां हम तीन प्रमुख प्लानों के बारे में जानेंगे

Open width plan - जिसमें बहुत सारे ग्रुप्स या लेग्स ओपन हो सकते हैं।

Binary plan - इसमें दो ही ग्रुप की कंडीशन होती है। दो से ज्यादा डायरेक्ट ग्रुप नहीं बना सकते हैं।

Hybrid plan - एक तरह से ओपन-विड्थ और बाइनरी प्लान का मिक्सचर है।

इन तीनों प्लानों की चर्चा केवल जानकारी के लिए लिए की गई है। कंपनसेशन प्लान में जो मुख्य बिंदु हैं उनकी चर्चा यहां विस्तार से की जायेगी। कंपनसेशन प्लान में कौन-कौन से पॉइंट्स शामिल हो सकते हैं इसको हम एक-एक कर के देखेंगे –

A. **मार्केटिगं प्लान भारत सरकार के नियमों का पालन करने वाला हो (Compensation Plan Should be According to Direct Selling Rules 2021) (5 marks)**

डायरेक्ट सेलिंग रूल्स 2021 भारत सरकार की वेबसाइट पर उपलब्ध हैं - https://consumeraffairs.nic.in

आप सुनिश्चित करें की आपकी कंपनी रूल्स का 100% पालन कर रही है व Pint No. 4 में बताये गये सभी Documents कंपनी ने अपनी वेबसाईट पर अपलोड कर दिये हैं।

डायरेक्ट सेलिंग रूल्स 2021 में बताएं गए Documents निम्न हैं-

Mandatory maintenance of records.— Every direct selling entity shall maintain at its registered office, either manually or electronically, all such documents as are required under any law for the time being in force, including the following documents or records, as may be applicable, namely :–

(a) Certificate of Incorporation;

(b) Memorandum of Association and Articles of Association;

(c) Permanent Account Number and Tax Deduction and Collection Account Number;

(d) Goods and Services Tax registration;

(e) Goods and Services Tax Returns;

(f) Income Tax Returns;

(g) Balance Sheet, Audit Report and such other relevant reports;

(h) Register of direct sellers;

(i) Certificate of Importer-Exporter code (in case of imported goods)

(j) License issued under the Food Safety and Standards Authority of India Act, 2006 (34 of 2006) for the purposes of manufacture or sale of food items;

(k) License and Registration Certificate issued under the Drugs and Cosmetics Act, 1940 (23 of 1940) for the purposes of manufacture or sale of drugs, including Ayurvedic, Siddha and

Unani drugs and Homoeopathic Medicines;

(l) Certificate of Registration of Trademark.

B. **सभी स्तरों पर पैसे का सही वितरण (Balanced Payout Distribution between consumers, beginners, mid-level and top level leaders) (4 marks)**

कंपनसेशन प्लान के हिसाब से तय होता है कि कंपनी अपने प्रोडक्ट के ऊपर कितना पैसा बांटेगी। और जो पैसा बांट रही है वह कहां-कहां वितरित होगा। पैसे चार जगह बांटे जाते हैं - कंज्यूमर में, बिगिनर्स में मिड-लेवल और टॉप लीडर्स में।

कंज्यूमर्र का बिजनेस से या नेटवर्क से कोई लेना देना नहीं होता है। वे सिर्फ सामान खरीदते हैं। कंपनी को कंज्यूमर्स को बेनिफिट देना चाहिए ताकि वे कंपनी के साथ लम्बे समय तक जुड़े रहें और प्रोडक्ट्स खरीदते रहें।

बिगनर्स ये वे लोग हैं जिन्होंने कंपनी में अभी-अभी शुरुआत की है। उनको एक कॉन्फिडेंस चाहिए होता है कि 'इस कंपनी में काम करने से पैसा आता है।'

मिड-लेवल लीडर्स सबसे ज्यादा फील्ड में रह कर काम करते हैं। इस लेवल पर पैसे का अच्छा डिस्ट्रीब्यूशन होना चाहिए ताकि उनके रनिंग एक्सपेंसेस आराम से निकल जाएँ।

सीनियर लेवल लीडर्स की इनकम व लाइफस्टाइल को देख के कंपनी के हजारों लोग काम करते हैं। इस लेवल पे भी पैसे का अच्छा डिस्ट्रीब्यूशन होना चाहिए ताकि कंपनी में अच्छी इनकम के उदाहरण दिखाई दें।

चारों लेवल पर पैसों का आवश्यकतानुसार सही डिस्ट्रीब्यूशन जरूरी है।

C. **बिजनेस फाईनल करने की समय अवधि (Period of business closing) (4 marks)**

कंपनी में पीरियड ऑफ क्लोजिंग कंपनसेशन प्लान का बहुत बड़ा हिस्सा होता है। यह सभी कंपनियों में अलग–अलग हो सकता है। कहीं पर ये साप्ताहिक (weekly), कहीं पर पंद्रह दिनों में, कहीं पर मासिक (monthly) होता है। DS Rules मे इसके बारें मे स्पष्टता से कुछ नहीं लिखा है पर मेरे अनुभव के अनुसार मंथली क्लोजिंग वाली कंपनियां ज्यादा स्थिर होती हैं। हमें ऐसी कंपनियों को प्राथमिकता देनी चाहिए।

D. **क्या कम्पनी विधि सम्मत/तर्क संगत काम कर रही है? (Is it a legitimate company?) (4 marks)**

डायरेक्ट सेलिंग रूल्स 2021 के अनुसार हर कंपनी को अपनी वेबसाइट पर एक एफिडेविट को अपलोड करना अनिवार्य है जिसमें वह शपथ लेती है की कि वह **Prize Chits and Money Circulation Schemes (Banning)** Act, 1978 के तहत किसी भी मनी सर्कुलेशन स्कीम का हिस्सा नहीं है।

डायरेक्ट सेलिंग कंपनी और मनी सर्कुलेशन कंपनी में एक बहुत बारीक रेखा है जिसको हमें समझना चाहिए। हर कंपनी को इस रेखा की मर्यादा को ध्यान में रखते हुए ही डायरेक्ट सेलिंग करनी चाहिए। DS Rules के अनुसार आपको खुद देखना पड़ेगा कि आपकी कंपनी मनी सर्कुलेशन एक्ट में आ रही है या नहीं ।

E. **नए डायरेक्ट सेलर के पास टॉप लेवल पर लाने का अवसर होना चाहिए (New direct seller should have the opportunity to become the top achiever) (4 marks)**

कंपनसेशन प्लान के इस पॉइंट में हम समझेंगे कि किसी कंपनी

में जब कोई नया डायरेक्ट सेलर जुड़ता है तो उस डायरेक्ट सेलर के पास भी टॉप लेवल पे पहुंचने का मौका होना चाहिए। कंपनी में यह अपॉर्चुनिटी हमेशा खुली होनी चाहिए कि उससे जुड़ने वाला हर नया व्यक्ति टॉप लेवल पर पहुंच सके। यदि ऐसा नहीं है तो कंपनी का प्लान, पिरामिड स्कीम में तब्दील हो जाएगा जिसमें जो लीडर सबसे टॉप लेवल पर है उसी को केवल फायदा होता जाएगा और नए आने वाले डायरेक्ट सेलर को टॉप लेवल पर पहुँचने का मौका ही नहीं मिलेगा। इसलिए कंपनी के कंपनसेशन प्लान में यह शामिल होना चाहिए कि वहां आने वाले हर नए डायरेक्ट सेलर के पास टॉप लेवल पर जाने का मौका हो।

F. **कम्पनी आर्थिक रूप से सुदृढ़ हो (Company should be Profitable) (4 marks)**

अगर कंपनी का वित्तीय प्रबंधन सही नहीं है प्लान के अनुसार ज्यादा पैसा नेटवर्क में बट रहा है और कंपनी घाटे में चलने लग जाती है तो उसे अपना मार्केटिंग प्लान बार बार बदलना पड़ेगा इससे नेटवर्क मे संदेह पैदा है और डयरेक्ट सेलर फोकस होकर काम नहीं कर पाता है। कंपनी को हमेशा प्रॉफिट में रहना चाहिए। मान लेते हैं कि कंपनी को कोई बड़ा घाटा हो जाता है या गवर्नमेंट का कोई नया रूल आ जाता है कि कंपनी को इतने रुपए का बांड लेना पड़ेगा या एफडी (FD) करवानी पड़ेगी। तो ऐसे में यदि कंपनी के पास प्रॉफिट नहीं है या पूंजी नहीं है, तो कंपनी कैसे सरवाइव करेगी? अगर कंपनी को कोई नई टेक्नोलॉजी या सॉफ्टवेयर खरीदना है, इसके लिए भी कंपनी के पास पर्याप्त धन का होना जरूरी है। जब कंपनी आर्थिक रूप से मजबूत होगी तो ही उससे जुड़े हुए डायरेक्ट सेलर भी ग्रो करेंगे।

आइये अब देखते हैं कंपनी को चेक करने के लिए चौथा पॉइंट क्या है?

....

4. एक समान शिक्षा (Common Education) (25 marks)

A. **वैज्ञानिक कार्य प्रणाली (System of systems) (5 marks)**

हर डायरेक्ट सेलिंग कंपनी का काम है कि वह प्रोडक्ट बनाये, उसकी क्वालिटी को कंट्रोल में रखे, डिस्ट्रीब्यूशन करे और अपने डायरेक्ट सेलर्स को पैसे वितरित करें। एजुकेशन सिस्टम बनाना डायरेक्ट सेलिंग कंपनी का काम नहीं है, यह कंपनी के टॉप लीडरशिप का दायित्व है। सीनियर लीडर्स को अपने अनुभव के आधार पर एक ऐसा एजुकेशन सिस्टम बनाना चाहिए जिस पर चलकर हर डायरेक्ट सेलर कामयाब होता चला जाए। यह केवल सिस्टम नहीं अपितु सिस्टम ऑफ सिस्टम्स होना चाहिए।

सिस्टम का मतलब होता है कि यदि कोई भी व्यक्ति उसके अंदर एक बार आ गया तो ऑटोमेटिकली वह आगे बढ़ता चला जाएगा। उदाहरण के रूप में जैसे आप डायरेक्ट सेलिंग कंपनी से जुड़ गए और आपने एक बड़ा नेटवर्क बनाना है आप उसके 6 बेसिक (बुनियादी काम) करेंगे तो आपका नेटवर्क अपने आप बनता चला जाएगा।

नेटवर्क बनने के बाद जब बहुत सारे लोग जुड़ जाते हैं तो फिर एक और सिस्टम होना चाहिए जोकि उन लोगों के अंदर लीडरशिप स्किल्स विकसित कर सके। इसके लिए 8 कोर स्टेपस् होना जरूरी है। क्या नहीं करना है उसके लिए कार्डिनल रूलज होना नितान्त आवश्यक है।

यहाँ सिस्टम ऑफ सिस्टम्स में पहले 6 बेसिक स्टेप्स आएगें फिर 8-कोर स्टेप और फिर 7 कार्डिनल रूल।

6. BASICS

1. Use The Products] Retail The Products And Open Display Wall
2. Make A List Of Dreams And Prospects
3. Contact And Invite
4. Show The Plan And Products
5. Follow Up Within 48 Hours
6. Complete Joining Process And Start With Six Basics

8 . CORE STEPS

1. Set Your Goals
2. Show Minimum 5 Plans in a week
3. Purchase/Retail min- 5000 D.P. Product Monthly
4. Listen to Educational Content of your Education System daily for at least 30 mins
5. Read recommended Books at least for 30 mins daily
6. Attend minimum one Educational Seminar
7. Counsel with your active & growing upline monthly
8. Be Consistent and Be Positive

7. CARDINAL RULES

1. Never do anything new before counseling with your active & growing upline
2. Never pass anything negative to down line & cross line
3. Never mess with anybody's money, ego & family
4. Never Criticize, Condemn & Complain
5. Mind your own business (Don't discuss with crossline)
6. Never use alcohol & smoking in business
7. Never Boast, Lie and Showoff

B. **मीटिगों के विभिन्न स्तर (Should include different type of meetings) (5 marks)**

- **One to one**
- **Home meeting**
- **Weekly meeting**
- **Monthly meeting**
- **Quarterly success Celebration**
- **Annual Function**
- **Distributor Training Workshop (DTW)**
- **Leadership Development Programme (LDP)**
- **Family Trips**
- **Virtual meetings**

ऐसा एजुकेशन सिस्टम होना चाहिए जिसमें ये सारी नॉलेज दी जाए और इन सब पॉइंट्स पे विस्तार पूर्वक बात किया जाये।

C. **रजिस्टर्ड एजुकेशन सिस्टम (Registered Education System) (5 marks)**

Education system रजिस्टर्ड होना चाहिए। और साथ ही इसके उद्देश्य भी क्लियर होने चाहिएँ। जो लोग इस सिस्टम को चलाने वाले हैं उनको इसके उद्देश्यों का पता होना चाहिए। सबको एक समान शिक्षा मिले ये सुनिश्चित करना व अलग-अलग तरह के कार्यक्रम आयोजित करना एजुकेशन सिस्टम के मुख्य कार्य हों।

D. **संगठित नेतृत्व (All Leaders should be United) (5 marks)**

कंपनी के सभी लीडर को एक साथ मिलकर काम करना चाहिए। एक ऐसा स्टेप बाई स्टेप एजुकेशन प्लान तैयार हो जिससे हर डायरेक्ट

सेलर को एक समान शिक्षा मिले चाहे वह देश के किसी भी कोने मे हो और किसी की भी टीम में जुड़ा हो। सीनियर लीडर्ज को अपने ग्रुप से ऊपर उठकर कॉमन अपलाईन की तरह काम करना चाहिए।

E. **सीनियर नेतृत्व द्वारा संचालित शिक्षा व्यवस्था (Education system should be governed by senior leaders)** (**5 marks**)

इसके बारे में हम पहले भी चर्चा कर चुके हैं कि कंपनी के सीनियर लीडर को अपने अनुभवों के द्वारा नए आए हुए लोगों को सिखाना चाहिए। उनके अनुभवों से सीख कर ही नए लोग आगे बढ़ेंगे और कंपनी को आगे बढ़ाएंगे।

इस पूरे चैप्टर में हमने आपको एक सही कंपनी का चयन कैसे करना है ये बताया है। इन 100 मार्क्स में से अब आपको देखना है की आप जिस कंपनी के साथ जुड़े हुए हैं या जुड़ना चाहते हैं उसको 100 में से कितने मार्क्स आये। अगर 70 - 80 के बीच में मार्क्स आते हैं तो आप उस कंपनी को ज्वाइन कर सकते हैं; 100 मार्क्स तो किसी भी कंपनी को मिलना मुश्किल है। जिस प्रकार कोई भी व्यक्ति सम्पूर्ण नहीं हो सकता उसी तरह कोई भी कंपनी या संगठन भी सम्पूर्ण नहीं हो सकता,अगर आप किसी कंपनी में लम्बे समय से जुड़े हुए हैं और उसमे अधिकतर चीजें सही हैं तो ज्यादा सम्पूर्णता के चक्कर में मत पड़िए धैर्य के साथ सिस्टम को फोलो करते हुए काम करते रहिये।

....

कंपनी के साथ संबंध
(Relationship with Company)

1. **Feeling of ownership** - किसी भी कंपनी के साथ जुड़ कर आपको ओनरशिप वाली फीलिंग आनी चाहिए। आपको ये पूर्णतः विश्वास होना चाहिए की आपकी कंपनी बेस्ट है। कंपनी में कहीं भी कुछ प्रॉब्लम हो तो 'मैं हूँ ना' वाली फीलिंग होनी चाहिए, इसे हम एक कहानी के द्वारा समझने की कोशिश करेंगे।

एक कंपनी है जिसमें ऑफिस टाइम खत्म होने पर सभी कर्मचारी ऑफिस से बाहर आते हैं। कंपनी का एमडी (MD) भी ऑफिस से बाहर आता है और अपनी कार में बैठकर जा रहा होता है। इतने में अचानक उसी कंपनी का एक कर्मचारी MD की गाड़ी को हाथ देकर रुकवाता है और गेट खोलकर एमडी (MD) के बगल में बैठ जाता है। गाड़ी में बैठते ही वह MD से कहता है कि, ''देखो दोस्त, 20 साल पहले तुमने और मैंने एक साथ यह कंपनी ज्वाइन की थी और आज तुम इतने ऊंचे ओहदे पर पहुँच गए हो और मैं अभी भी एक अदना सा कर्मचारी ही हूँ।''

एमडी ने अपने दोस्त की बात सुनी और कहा, ''याद है वह 20 साल पहले की घटना जब हमने कंपनी ज्वाइन की थी, तब एक रात तुम और मैं कंपनी ऑफिस से वापस आ रहे थे। तकरीबन 2 km चलने के बाद ध्यान आया की ऑफिस का लाइट और पंखा हम लोग चलता छोड़ आये हैं। जब मैंने तुमसे वापस चल कर लाइट और पंखा बंद करने की बात कही तो तुमने कहा कोई बात नहीं कल सुबह तो ऑफिस आना ही है कल आ के बंद कर देंगे क्या फर्क पड़ रहा है।"

"तुम तो अपने रूम पे चले गए थे पर तब मैंने 2 Km. वापस जाकर ऑफिस की लाइट और पंखा बंद किया था क्योंकि मैं उस समय

भी खुद को कंपनी का मालिक ही महसूस करता था। तुम उस समय भी अपने आपको एक सामान्य कर्मचारी की तरह महसूस करते थे और आज भी वैसे ही हो इसलिए तुम आज भी वही काम कर रहे हो जो 20 साल पहले करते थे।"

हमें अपनी कंपनी के प्रति अपना नजरिया एक ओनरशिप वाला रखना चाहिए। तभी हम आगे बढ़ पाएंगे। मैंने जब डायरेक्ट सेलिंग में शुरुआत की थी तब मेरी अपलाइन हमेशा मेरी सराहना करते थे क्योंकि उन्होंने मुझे कभी अपनी कंपनी के प्रति नेगेटिव होते देखा ही नहीं था। तब तो मैं एक बिगिनर लेवल का डायरेक्ट सेलर था। उस समय भी मैं ओनरशिप को समझता था। और यही फीलिंग मुझे यहाँ तक ले आयी।

2. **Be an Advocate for the Company** - एक वकील की तरह आपको अपनी कंपनी की हमेशा पैरवी करनी चाहिए। अगर आपकी कंपनी किसी एक प्वाइंट पर गलत भी है तो पब्लिक में मत बोलिए, बल्कि आंतरिक रूप से उसका समाधान निकालिये।

3. **No Company is Perfect** -

"इस जहां में किसी को मुकम्मल जहां नहीं मिलता,
किसी को जमीं तो किसी को आसमां नहीं मिलता"

मैं इन लाइनों से पूरी तरह सहमत हूँ, अगर कंपनी ठीक-ठाक है तो उसी में टिके रहिये, क्यूंकि डायरेक्ट सेलिंग टिके रहने का बिजनेस है। हां अगर कहीं कुछ गलत है, तो उसे सुधारने की बात कीजिए, अपने पूरे एफर्ट्स लगाइए ।

जब तांगे में जुड़े हुए घोड़े का ध्यान इधर उधर होने लगता है तो उसका मालिक घोड़े की आँखों के ऊपर ब्लिंकर्स (नजरबंद) लगा देता हैं ताकि उसको सिर्फ अपना रास्ता दिखे और वह फोकस के साथ उसी

ओर चलता जाए। हमें भी अपनी आँखों पर ऐसा ही काल्पनिक नजरबंद लगाना चाहिए ताकि हम अपनी पूरी ऊर्जा काम पर लगा सकें व जल्दी अपने लक्ष्य को प्राप्त कर सकें ।

मैं अपने आप को बहुत सौभाग्यशाली मानता हूं कि मुझे पहली बार में ही एक अच्छी डायरेक्ट सेलिंग कंपनी मिल गई थी जिसमें मैं पिछले 22 वर्षों से जुड़ा हुआ हूँ और एक ही कंपनी में लगातार टिक के काम करने की वजह से पैसे के साथ विशेष सम्मान भी मिला है।

अपनी कंपनी के अंगद बन जाओ

भगवान राम अपनी सेना के साथ लंका पहुँच गए हैं और ये तय है की युद्ध होगा फिर भी युद्ध रोकने के लिए वो एक अंतिम प्रयास करते हैं व अंगद को अपना शांति दूत बनाकर रावण के पास भेजते हैं, अंगद रावण की सभा में भगवान राम का संदेश सुनाते हैं अगर आप सीता माता को लौटा देते हैं तो हम वापस चले जायेंगे युद्ध नहीं होगा व बड़ी हानि होने से बच जाएगी,रावण अंगद का उपहास करता है और कहता है वो बंदरों व भालुओं की सेना से नहीं डरते,अंगद कहता है महाराज माना आप बहुत शक्तिशाली हैं लेकिन आप हमें कम न आंकें,ये कह कर रावण की सभा में अपना पैर जमा देता है और कहता है अगर आपकी सभा में कोई भी इस पैर को हिला देगा तो हम हार मान लेंगे, कोई भी उस पैर को हिला नहीं पाता है, बस आपको अपनी कंपनी का अंगद बनना है बाकि काम अपने आप हो जायेगा।

****

Basics

(बुनियादी कदम)

बड़ा नेटवर्क बनाने के लिए दो चीजों की जरूरत

यदि आप डायरेक्ट सेलिंग में झंडा गाड़ने के लिए तैयार हैं तो आपको पहली चीज क्या चाहिए?

1. सफलता पाने की भूख (Hunger Of Success)

आपके अंदर सफलता पाने के लिए भूख होनी चाहिए क्योंकि ये इंडस्ट्री बहुत बड़ी है। इसमें बहुत सारी चीजें हैं, ये कंप्लीट पैकेज है। इसमें समय, पैसा, पहचान और सुरक्षा सब कुछ है लेकिन अगर आपके अंदर भूख नहीं है तो ये सारी चीजें आपके लिए व्यर्थ हैं।

क्योंकि अगर आपका पेट भरा हुआ है और आपको भूख नहीं है, आपके सामने 56 भोग रख दिए जाएं तो वे भी आपको स्वादिष्ट नहीं लगेंगे। आपको सफलता की भूख होनी चाहिए। अगर आपके अंदर सफलता की भूख है, तभी ये इंडस्ट्री आपके लिए है और तभी आप बड़ा नेटवर्क बना पाएंगे। अन्यथा आप भी दूसरे लोगों की तरह जॉइन करेंगे व छोड़ देंगे, क्योंकि आंकड़े बताते हैं कि पहले ही महीने में 50% से ज्यादा लोग छोड़ देते हैं।

अंतरराष्ट्रीय आंकड़ों के मुताबिक, डायरेक्ट सेलिंग में 90% लोग दूसरे साल में प्रवेश नहीं करते हैं। इसलिए संभवत: आप भी छोड़ देंगे। दूसरे साल में कौन प्रवेश करते हैं? वे जिन्हें सफलता की भूख है, जिन्हें किसी भी कीमत पर सफलता चाहिए वे लोग ही आगे बढ़ते हैं।

2. हमेशा सीखने के लिए तैयार रहिए (Always Be Coachable)

आपको हमेशा सीखने के लिए तैयार रहना चाहिए। आपके अंदर Learning Attitute (सीखने का रवैया) होना चाहिए, क्योंकि ये नई इंडस्ट्री

है। हमारे देश में अभी शुरुआत हुई है। इसमें अभी बहुत सारा काम होने वाला है। इसलिए अगर आप इसको सीखने के लिए हमेशा तैयार रहेंगे। अपलाइन से सीखेंगे, किताबों से सीखेंगे तो यह आपके लिए अच्छा रहेगा। इसलिए हमेशा आप सीखने के लिए तैयार रहिए।

....

सिस्टम क्यों जरूरी है

System: A Set Of Connected Things (सिस्टम: एक साथ जुड़ी हुई चीजों का समूह)

आइए हम बड़ा नेटवर्क बनाने के लिए एक सिस्टम की बात करते हैं। सिस्टम किसे कहते हैं? कुछ चीजें जब कनेक्टेड हैं और उन कनेक्टेड चीजों को जब हम मिलाते हैं तो उसको हम सिस्टम कहते हैं। ये डेफिनेशन (परिभाषा) बहुत महत्वपूर्ण है। हमलोग कहते हैं कि अगर आपको कामयाब होना है तो आप एक सिस्टम को फॉलो कीजिए, सिस्टम से काम कीजिए। तो सिस्टम क्या है? एक साथ जुड़ी हुई चीजों के समूह को सिस्टम कहते हैं।

चीजें जुड़ी हुई हैं। एक के बाद दूसरी, दूसरी के बाद तीसरी और तीसरी के बाद चौथी। उसे हमलोग सिस्टम कहते हैं।

Why System Is Important (सिस्टम की क्यों जरूरत है?)

We Are In A Business Of Duplication (हमलोग डुप्लीकेशन के बिजनेस में हैं)

सिस्टम की इसलिए जरूरत है, क्योंकि हमलोग डुप्लीकेशन के बिजनेस में हैं। यानि कि हम ऐसे काम में है, जो हम करेंगे वही नीचे वाले (Down Line) लोग भी करने वाले हैं। इसलिए हमें सारे काम खुद

नहीं करने हैं। हमें सुपरमैन नहीं बनना है। सुपरमैन तो आप जानते ही हैं, जो सबकुछ करता है, जिसमें बहुत पावर होती है।

अगर आपकी कंपनी में पहले से ही सिस्टम बना हुआ है, तो आपको वही सिस्टम फॉलो करना है। अगर नहीं बना हुआ है तो हम इस पुस्तक में आपको बड़ा नेटवर्क बनाने के लिए एक सिस्टम दे रहे हैं।

सिस्टम के कई रूप हो सकते हैं। जैसे–

Meeting System (मीटिंग सिस्टम)

जैसा कि एक साथ जुड़ी हुई चीजों के समूह को सिस्टम कहते हैं। इसी प्रकार से Meeting System में भी कई तरह की मीटिंग्स हैं, जो आपस में जुड़ी हुई हैं।

- **One To One Meeting:** इसमें हम एक-एक व्यक्ति से मिलते हैं व उसे अपने उत्पादों व व्यापार के बारे में बताते हैं।
- **Home Meeting:** इसमें हम अपने घर पर या हमारे डाउनलाइन डायरेक्ट सेलर के घर पर उत्पादों व व्यापार के बारे में बात करते हैं।
- **Weekly Meeting:** इसमें हम सप्ताह में कोई एक दिन व समय सुनिश्चित करते हैं व आसपास के सभी डायरेक्ट सेलर्स व प्रोस्पैक्ट्स को बुलाते हैं व उन्हें अपने उत्पादों व व्यापार के बारे में बताते हैं।
- **Monthly Meeting (Seminar):** यह महीने का सबसे बड़ा कार्यक्रम रहता है। इसमें 100 किलोमीटर की दूरी तक के लोग आते हैं व बिजनेस का बड़ा रूप देखते हैं।

- **Distributor Training Workshop (DTW):** इस मीटिंग में केवल व्यापार में जुड़े हुए लोग ही शामिल होते हैं और उनको बिजनेस बढ़ाने के लिए आवश्यक दिशा-निर्देश दिए जाते हैं।

- **Recognition Functions (Success Celebration):** हर तीन महीने के बाद इसका आयोजन किया जाता है व इस प्रोग्राम में पिछले तीन महीने में आई सफलताओं को पहचान दी जाती है।

- **Annual Functions (Anniversary Programme):** यह साल का सबसे बड़ा कार्यक्रम होता है व पूरे सालभर की उपलब्धियों को यहां पर सम्मानित किया जाता है।

ये सारी मीटिंग्स एक-दूसरे से जुड़ी हुई हैं। इसलिए इसे 'Meeting System' कहते हैं।

Education System (एकरुप शिक्षा)

उसी प्रकार से एजुकेशन सिस्टम है। हालांकि 'Meeting System' भी एजुकेशन सिस्टम का पार्ट है। लेकिन एजुकेशन सिस्टम में मुख्य रूप से तीन चीजें आती हैं।

A. 6 Basics (छः बुनियादी कदम)

B- 8 Core Steps (आठ महत्वपूर्ण कदम)

C- 7 Cardinal Rules (सात अति आवश्यक नियम)

एजुकेशन सिस्टम का सबसे पहला पार्ट है 6 बेसिक्स, जिसके बारे में हम विस्तार से बात करेंगे।

Basics Are Required Everywhere (बेसिक्स की जरूरत हर जगह पड़ती है)

खेल (Sports): अगर आपको कोई भी खेल गंभीरता के साथ खेलना है, तो आपको उसके बेसिक्स को समझना पड़ेगा व उस पर काम करना पड़ेगा। उदाहरण के लिए अगर आप अच्छे क्रिकेटर बनना चाहते हैं तो आपको क्रिकेट के बेसिक्स समझने होंगे व लगातार उनको फॉलो करना होगा। एक अच्छा बल्लेबाज बनने के लिए आपके हाथ और आपकी आंखों के बीच जितना अच्छा तालमेल होगा, आप उतने अच्छे बल्लेबाज बन पाएंगे। इसलिए पहले दिन से ही आपको बैट देकर क्रीज पर अच्छा मैच खेलने के लिए नहीं भेजा जाएगा। पहले आपको बेसिक्स मजबूत करने पर काम करना पड़ेगा और इसलिए जब आप क्रिकेट सीखने जाते हैं तो बल्ला कैसे पकड़ना है, ये आपको सिखाया जाता है और फिर काफी टाइम तक हवा में ही बैट को धुमाते रहिए। वो एक ही फ्लो में जाना चाहिए। इस प्रकार पहले दिन से ही बहुत सारे बेसिक्स सिखाए जाते हैं। चाहे फुटबॉल हो या क्रिकेट हो, हर गेम में उसी प्रकार से आपको पहले बेसिक्स पर काम करना पड़ेगा। आपके बेसिक्स जितने अच्छे होंगे, मैच में आपका प्रदर्शन उतना अच्छा होगा।

गायन (Singing): अगर आपको गायन सीखना है तो इसमें सबसे पहले सा रे गा मा पा ध नी सा सीखना होगा, क्योंकि शुरुआत ही यहां से है। जो प्रोफेशनल गायक बनते हैं वो बार-बार सा रे गा मा पा ध नी सा का ही रियाज करते रहते हैं। उनको पूरा गीत गाना पहले दिन ही नहीं सिखाया जाता। वे थक जाते हैं, चिढ़ जाते हैं कि हर रोज सा रे गा मा-सा रे गा मा ही चल रहा है। सुबह से शाम तक वही चल रहा है। क्योंकि वो बेसिक है, अगर बेस मजबूत हो गया तो मुश्किल से मुश्किल गीत गाना आसान हो जाएगा। इसलिए सिंगिंग के बेसिक्स हैं और उनको फॉलो किए बिना आप अच्छे सिंगर नहीं बन सकते।

ड्राइविंग (Driving): अगर हम ड्राइविंग करते हैं तो ड्राइविंग के बेसिक्स हैं। अगर आप किसी ड्राइविंग स्कूल से ड्राइविंग सीखेंगे तो पहले ही दिन आपको बताया जाएगा कि आपको क्या करना है। आपको बताया जाएगा कि ये क्लच है, ये गियर है, ये एक्सेलेटर है और ये ब्रेक हैं। आपको बताया जाएगा कि आपको इनको किस प्रकार से बैलेंस करना है।

उसमें जो बेसिक्स बताए जाते हैं, उसमें अगर आपकी मास्टरी होगी तो फिर आप मेन रोड पर गाड़ी ड्राइव कर सकते हैं। इसलिए ड्राइविंग के अपने बेसिक्स हैं।

डायरेक्ट सेलिंग (Direct Selling): उसी प्रकार से डायरेक्ट सेलिंग के भी बेसिक्स हैं। अगर आप डायरेक्ट सेलिंग के बेसिक्स पर काम नहीं कर रहे हैं, अगर आपकी बेसिक्स पर पकड़ नहीं है, तो आपकी टीम की भी पकड़ नहीं होगी और आपकी टीम मजबूत नहीं होगी तो स्वाभाविक रूप से आप बड़ा काम नहीं कर पाएंगे। इसको इस तरह से समझिए कि क्रिकेट में आपने कभी बेसिक्स किए नहीं हैं और आपको सीधे इंडिया की क्रिकेट टीम में शामिल कर लिया जाए और वो भी ऑस्ट्रेलियन क्रिकेट टीम के सामने खडा कर दिया जाय तो आप जाकर क्या करने वाले हैं? आप शायद कुछ नहीं करेंगे। जो भी करेंगे ऑस्ट्रेलिया वाले ही करेंगे।

अगर आपने डायरेक्ट सेलिंग के बेसिक्स नहीं सीखे हैं और बगैर बेसिक्स सीखे आप फिल्ड में लोगों से मिलने के लिए जाते हैं तो आप लोगों के सवालों का जवाब नहीं दे पाएंगे और जल्द ही नेगेटिव होकर बिजनेस को छोड़ देंगे। आपको लगेगा कि बिजनेस करना बहुत मुश्किल है।

6 Basics = Big Network (छः बुनियादी कदम = बड़ा नेटवर्क)

बड़ा नेटवर्क कैसे बनाएं? सिक्स बेसिक्स और बड़ा नेटवर्क ये दोनों एक-दूसरे के पर्यायवाची हैं। ये उतना ही वैज्ञानिक है जैसे H_2O = पानी। अगर आप सिक्स बेसिक्स पर काम करेंगे तो आपका अपने आप बड़ा नेटवर्क बनना शुरू हो जाएगा। आपको केवल 6 बेसिक्स पर लगातार काम करते रहना है। तनाव नहीं लेना है कि बड़ा नेटवर्क कैसे बनाऊं। यह सोचकर नहीं घबराना है कि लाखों लोग टीम में कैसे आएंगे? ये सब स्वतः हो जाएगा।

आपको समझना है कि सिक्स बेसिक्स क्या हैं और यह चेक करना है कि आप इन सिक्स बेसिक्स का पालन 100% पूरी ईमानदारी से कर रहे हैं या नहीं। अगर कर रहे हैं तो अपने आप आपका बड़ा नेटवर्क बनता चला जाएगा।

छः बुनियादी कदम आपके बिजनेस की नींव हैं (Six Basics Are Foundation Of Your Business)

मान लीजिए कि आपको एक 25 मंजिला बिल्डिंग बनानी है। तो उस बिल्डिंग में आपको सबसे पहले बेस मजबूत करना पड़ेगा और इंजीनियर लोग ऐसा बताते हैं कि हमें जितनी ऊंची बिल्डिंग ले जानी होती है एक अनुपात में जमीन के अंदर उसकी नींव खोदनी पड़ेगी।

अगर आपने बेसिक्स को नहीं समझा तो आपकी टीम भी नहीं समझ पाएगी। फिर आपका बड़ा नेटवर्क नहीं बनेगा। लोग आएंगे, जुड़ेंगे और छोड़कर जाते रहेंगे। इसलिए ये फाउंडेशन बहुत महत्वपूर्ण है। मान लीजिए कि आपने एक सुन्दर सा घर बना लिया लेकिन अगर उसकी फाउंडेशन मजबूत नहीं है, तो वह घर हल्के से तूफान व भूकंप में लड़खड़ाकर गिर जाएगा।

6 Basics (छ: बुनियादी कदम)

1. **Use The Products, Retail The Products And Open Display Wall**
2. **Make A List Of Dreams And Prospects**
3. **Contact And Invite**
4. **Show The Plan And Products**
5. **Follow Up Within 48 Hours**
6. **Complete Joining Process And Start With Six Basics**

****

पहला बुनियादी कदमः
उत्पादों का इस्तेमाल करें!

पहला बुनियादी कदमः

उत्पादों का इस्तेमाल करें, बिक्री करें व घर पर उत्पादों का डिस्प्ले करें

(Use The Products, Retail The Products And Open Display Wall)

हमें उत्पादों का इस्तेमाल करना है और उन उत्पादों का रिटेल करना है यानि कि बिक्री करनी है। तो चलिए सबसे पहले 'Use The Products' के बारे में बात करते हैं।

- **ये पूरी तरह से आपके हाथ में है। (It Is Completely In Your Hands)**- जीवन में दो चीजें होती हैं। कुछ चीजें आपके कंट्रोल में रहेंगी और कुछ चीजें आपके कंट्रोल में नहीं रहेंगी। जो आपके कंट्रोल में नहीं हैं, उसे लेकर आप बहुत ज्यादा परेशान मत होइए, ज्यादा तनाव मत लीजिए। जो आपके कंट्रोल में है, आपके हाथ में है उसको बेहतर करने का हमेशा प्रयास करते रहिए। लोग कब जॉइन करेंगे, कब काम करेंगे, कब वो लीडर की तरह सामने आएंगे, ये सब आपके हाथ में नहीं है। यह एक प्रॉसेस है, आप उस प्रॉसेस को फॉलो कर सकते हैं, वो आपके हाथ में है। लेकिन एक चीज जो पूरी तरह से 100% आपके हाथ में है, वो है उत्पादों का इस्तेमाल करना। आपकी कंपनी के पास जो-जो प्रोडक्ट्स हैं, सारे के सारे प्रोडक्ट्स जो घर में इस्तेमाल हो सकते हैं, वो सारे के सारे लेकर आइए और उनका इस्तेमाल करना शुरू कीजिए। 100% प्रोडक्ट यूजर बनिए। कोई बहाना मत बनाइए और पहले जो प्रोडक्ट्स यूज कर रहे थे, उन्हें साइड में रख दीजिए। आपकी कपंनी के प्रोडक्ट्स आपको ब्रांड

एंबैसेडर्स बना देंगे और हकीकत में आप इनके ब्रांड एंबैसेडर्स हैं, उस प्रमोशन से ही आपको पैसा आने वाला है। मैं बहुत डिटेल में नहीं जाना चाहता, सिर्फ आपको यह कहना चाहता हूं कि ये पूरी तरह से आपके हाथ में है। पहले दिन से ही सारे प्रोडक्ट्स इस्तेमाल करना शुरू कर दीजिए।

- **इससे आपका आत्मविश्वास बढ़ेगा (It Is A Confidence Booster)-** जब आप प्रोडक्ट्स यूज करेंगे तब आपको अच्छा लगेगा, क्योंकि डायरेक्ट सेलिंग में यदि आप अच्छी कंपनी में हैं तो आपके प्रोडक्ट्स अच्छे ही होंगे। अच्छे नहीं होंगे तो चल ही नहीं सकते, क्योंकि ये माउथ पब्लिसिटी का बिजनेस है और माउथ पब्लिसिटी हम तभी करते हैं जब किसी भी चीज से हमलोग आश्वस्त होते हैं व संतुष्ट होते हैं। जब आप प्रोडक्ट्स इस्तेमाल करेंगे, जब आप कोट पहनकर और अपनी कंपनी का टाई लगाकर लोगों के बीच जाएंगे, लोग पूछेंगे सामान कैसा है और आप कहेंगे कि ये कोट मेरी कंपनी का प्रोडक्ट है, ये टाई मेरी कंपनी का प्रोडक्ट है। इसलिए अगर आप अपने प्रोडक्ट्स यूज करेंगे तो आपका कॉन्फिडेंस अपने आप बढ़ जाएगा।

- **यह डुप्लिकेशन का बिजनेस है (Business Of Duplication)-** अगर आप केवल मात्र बोलते जा रहे हैं कि प्रोडक्ट यूज करो, प्रोडक्ट यूज करो, प्रोडक्ट यूज करो फिर आपको देखकर नीचे वाले लोग भी कहेंगे प्रोडक्ट यूज करो, प्रोडक्ट यूज करो, प्रोडक्ट यूज करो। अगर आप 100% प्रोडक्ट यूजर बन गए, हमेशा अपने प्रोडक्ट्स इस्तेमाल करते हैं, तो आपके साथ में काम करने वाले लोग जब आपको ऐसा करते हुए देखेंगे तो वो भी 100% उत्पादों का इस्तेमाल करने लग जाएंगे। यह बहुत

आसान है, बस आप अपने आप को चेक कीजिए कि आप 100% प्रोडक्ट यूजर हैं या नहीं।

- **बेचना उत्साह का आदान–प्रदान है (Selling Is Transfer Of Enthusiasm)-** अपने उत्साह को सामने वाले व्यक्ति में स्थानांत्रित करना ही बिक्री है। तो ये उत्साह आएगा कहां से? ये उत्साह आएगा प्रोडक्ट यूज करने से, क्योंकि जब भी हम किसी भी चीज को यूज करते हैं और वो हमें अच्छी लगती है फिर हम उसके बारे में बातचीत करते हैं, उसके बारे में हमलोग दिल से और उत्साह के साथ बातचीत करते हैं। हमने उत्साह के साथ फिल्म की तारीफ की तो फिल्म हिट हो गई। हम किसी डॉक्टर के पास गए, डॉक्टर ने ट्रीटमेंट अच्छा किया तो हमने उत्साह के साथ डॉक्टर की तारीफ की और देखते ही देखते वो बच्चों का डॉक्टर हिट हो गया। डॉक्टर बत्रा के यहां लाइन लगने लगी। हमें किसी रेस्टोरेंट का खाना अच्छा लगा और हमने कहा कि क्या बात है! वेजिटेरियन फूड खाना है तो वहां बढ़िया मिलता है। देखते ही देखते उसके रेस्टोरेंट में भी लाइन लग गई।

जब भी हम उत्साह के साथ किसी भी चीज के बारे में बातचीत करते हैं तो वो जाने-अनजाने में आप उसकी बिक्री बढ़ा रहे हैं। उसी प्रकार से आप प्रोडक्ट यूज कीजिए और यूज करने के बाद आपके अंदर जो आत्मविश्वास बनेगा उससे आप उत्साह के साथ बातचीत कर पाएंगे और सामने वाले व्यक्ति को अपना प्रोडक्ट सेल कर पाएंगे।

प्रोडक्ट्स की बिक्री करें (Retail The Products)

जितना महत्वपूर्ण 100% उत्पादों का इस्तेमाल करना है, उतना ही महत्वपूर्ण प्रोडक्ट को बेचना है। क्योंकि हमलोग डायरेक्ट सेलिंग के

बिजनेस में हैं। इसलिए सेल्स और रिटेल करने में कभी भी आपको संकोच नहीं करना है।

खुदरा बिक्री / बिक्री? (Retailing/Selling?)

जब भी हम रिटेलिंग या सेलिंग की बात करते हैं तो हमारे दिमाग में एक सेल्समैन की तस्वीर आती है कि शायद हमें घर-घर जाकर लोगों की बेल बजानी है और फिर अपने प्रोडक्ट के बारे में बताना है। ये काम किसी को अच्छा नहीं लगता है। लोगों को लगता है कि मैं सारे काम कर लूंगा लेकिन ये वाला काम मुझसे नहीं होगा।

....

हमें प्रोडक्ट बेचना क्यों पसंद नहीं है? (Why Don't We Like Selling Products?)

1. यह हमारे नजरिये की दिक्कत है। (It Is An Attitude Problem) हमें लगता है कि ये फालतू का काम है। अच्छा काम नहीं है। कोई भी काम अच्छा बुरा नहीं होता है। काम सिर्फ काम होता है। शेक्सपियर की एक बड़ी अच्छी कोटेशन है- **'There Is Nothing Good Or Bad- Thinking Makes It So.'** यानि कि कुछ भी अच्छा या बुरा नहीं है। आपकी सोच चीजों को अच्छा या बुरा बना देती है। आप अपने नजरिये को बदलिए। आपको समझना पड़ेगा कि ये सेलिंग का बिजनेस है। शिव खेड़ा जी कहते हैं कि दुनिया में हर इंसान सेल्समैन है। आप जब इंटरव्यू के लिए जाते हैं तो अपने आप को सेल कर रहे होते हैं कि मुझे खरीद लीजिए। आपकी चाहत होती है कि अच्छी तनख्वाह में आपको खरीदा जाए। हर जगह आदमी खुद को सेल कर रहा होता है। एक नेता जब वोट मांगने जाते हैं तो वो भी खुद को बेच रहे होते हैं। वो कहते हैं कि मैंने ये किया है, मैंने वो किया है, मुझे वोट दे दीजिए।

दिक्कत सेलिंग में नहीं है, बल्कि आपके नजरिये में है।

2. मैं किसी को राजी नहीं कर पाऊंगा (I Can't Convince Anyone)- हमें ये लगता है कि मैं किसी को राजी नहीं कर पाऊंगा। लोगों के साथ चिक-चिक नहीं कर पाऊंगा कि ये ले लीजिए वो ले लीजिए। आज तक हमने जो कुछ भी सीखा है, छोटा से छोटा काम भी कभी हमारे लिए बहुत मुश्किल था। मुझे आज भी याद है जब मैं छोटा था तो कई महीनों तक इस चीज की समझ नहीं थी कि कौन सी चप्पल किस पैर में पहना जाए। बहुत छोटा सा काम था लेकिन काफी मुश्किल लगता था। जब मुझे तैरना नहीं आता था तो मुझे लगता था कि सबसे भारी काम स्विमिंग ही है। जब मुझे साइक्लिंग नहीं आती थी तो लगता था ये काम बहुत मुश्किल है। मुझे लगता था कि हवाई जहाज चलाना आसान होगा लेकिन साइक्लिंग मुश्किल है। इसलिए वो सारे काम जब हम सीखकर कर सकते हैं तो सेलिंग भी एक काम है और इसको सीखा जा सकता है। सेलिंग भी एक स्किल है और इस स्किल को हम बढ़ा सकते हैं।

3. फेल होने का डर (Fear Of Failure)- सेलिंग को हमलोग इसलिए पसंद नहीं करते हैं, क्योंकि हमें फेल होने का डर लगता है। हमें लगता है कि लोग मना कर देंगे। इस बात को समझिए कि अगर लोग मना भी करेंगे तो वे आपको शारीरिक रूप से (फिजिकली) हानि नहीं पहुंचाएंगे। केवल आपको मानसिक तौर पर थोड़ा मजबूत रहना है। अगर किसी के पास जाकर आपने प्रोडक्ट के बारे में बातचीत की, बढ़िया सा प्रेजेंटेशन दिया, सारी टेक्निक इस्तेमाल की और सामने वाले ने कहा कि मुझे इसमें दिलचस्पी नहीं है। ऐसे में वो आपको फिजिकली हार्म नहीं कर रहा है। आपको केवल मानसिक तौर पर मजबूत रहना है। आपको तैयार रहना है कि या तो वो हां कहेंगे या ना कहेंगे। ना क्या

है? यह महज हवा है। मान लीजिए कि मैंने बोला हां तो हवा आई और मैंने ना बोला तो भी हवा आई। इसलिए आप विफलता से डरिए मत। आपको 'ना' से नहीं डरना है। हां कहा तो भी अच्छा और ना कहा तो भी अच्छा है। ये दोनों गेम का पार्ट है। आपको डरना नहीं है, क्योंकि आप सेलिंग के बिजनेस में हैं। आपको इस चीज को स्वीकार करना है। सेलिंग की एक प्रक्रिया है, जिसे आप धीरे-धीरे सीखेंगे। सेलिंग की प्रक्रिया इस प्रकार है-

- Planning योजना
- Preparation तैयारी
- Prospecting लोगों की सूची बनाना
- Appointment समय लेना
- Presentation प्रस्तुति
- Follow Up फॉलोअप करना
- Sales Closing बिक्री करना

आप अगर उपरोक्त प्रक्रिया को सही तरीके से करेंगे तो निश्चित रूप से आपके सामान की बिक्री होगी।

आपकी टीम में कम-से-कम हर महीने 1000/2000/5000 या 10000 की खरीददारी का नियम होना चाहिए। एक कल्चर बनाइए कि हर महीने लोग कम-से-कम अमुक कीमत के प्रोडक्ट्स जरूर खरीदेंगे। क्योंकि अगर आप ऐसा करेंगे तो आपकी टीम भी ऐसा करेगी, क्योंकि हमलोग डुप्लीकेशन के बिजनेस में हैं। मैं इसलिए रिटेल करता हूं, क्योंकि मुझे मालूम है मेरे रिटेल करने से मेरी टीम के हजारों लोग उसके फॉलो करेंगे। मान लेता हूं कि मेरी टीम में एक लाख लोग हैं और मैं अगर मंथली एक हजार रुपये का कल्चर अपनी टीम में लेकर

आऊंगा तो सब लोग एक-एक हजार की खरीददारी करेंगे। वहीं, अगर मैं एक हजार की जगह पांच हजार की खरीददारी करूंगा तो मेरी टीम के लोग भी पांच हजार के वॉल्यूम को फॉलो करना शुरू कर देंगे। मैं ज्यादा से ज्यादा उत्पादों की खरीददारी इसलिए करता हूं, क्योंकि जो मैं करूंगा वही मेरी टीम करने वाली है। मैं रिटेल करूंगा तो मैं तरीके सीखूंगा और मैं तरीके सीखूंगा तो अपनी टीम को सीखा पाऊंगा। हमलोग डुप्लीकेशन के बिजनेस में हैं, इसलिए हमें स्वयं प्रोडक्ट्स की रिटेल करनी है व टीम के सामने स्वयं का उदाहरण प्रस्तुत करना है।

....

प्रोडक्ट डिस्प्ले वॉल (Product Display Wall)

एक चीज का आपको और ध्यान रखना है। प्रोडक्ट तो आप इस्तेमाल कर ही रहे हैं। आप अपने घर में प्रोडक्ट का एक डिस्प्ले वॉल बनाइए। एक वॉल सेलेक्ट कीजिए यानि कि आपके घर की वो जगह जहां पर लोग आकर बैठते हैं। विशेषरूप से ड्रॉइंग रूम में। वहां पर आप प्रोडक्ट्स को अच्छे से सजाकर रखिए।

आमतौर पर आप किसी के घर जाएंगे तो आपको ड्रॉइंग रूम में प्रोडक्ट्स दिखाई नहीं देंगे। ड्रॉइंग रूम में साधारणतः आपको क्या मिलता है? कोई ट्रॉफी रखी होगी, बच्चों की कोई शिल्ड होगी या किसी ने अपने फोटो लगा रहे होंगे। ये सब रहता है ड्रॉइंग रूम में लेकिन जब लोग आपके घर में आएंगे और प्रोडक्ट्स देखेंगे तो वे पूछेंगे कि ये क्या है? क्योंकि ये एक नॉर्मल चीज नहीं है। एक कहावत भी है कि **'जो दिखता है वो बिकता है।'** अगर वो दिखेगा तो वो बिक भी जाएगा। आपको बहुत अधिक कोशिश नहीं करनी पड़ेगी। केवल आपको सुन्दर सा प्रोडक्ट डिस्पले करना है।

इसके बहुत फायदे हैं। बहुत सारी कंपनियों में इसकी बहुत अच्छी प्रमोशन होती है। एक कल्चर बना हुआ है कि आप घर पर प्रोडक्ट का डेमो कीजिए। कोई इसे प्रोडक्ट कॉर्नर बोलते हैं और कोई इसे प्रोडक्ट डिस्प्ले वॉल बोलते हैं। ये आपके घर पर होना चाहिए, क्योंकि ये डुप्लीकेशन का बिजनेस है। जो काम आप करेंगे, वही आपकी टीम करेगी। जब आपकी टीम देखेगी कि आपके घर पर प्रोडक्ट डिस्प्ले वॉल है तो वे भी उसी प्रकार से अपने घर पर प्रोडक्ट डिस्पले करेंगे।

****

दूसरा बुनियादी कदम:
सूची बनाएं!

दूसरा बुनियादी कदम

सपनों और संभावित ग्राहकों की एक सूची बनाएं (Make A List of Dreams And Prospects)

हमें दो लिस्ट बनानी हैं। एक अपने सपनों की लिस्ट और दूसरी संभावित ग्राहकों की लिस्ट। तो चलिए पहले अपने सपनों की लिस्ट की बात करते हैं।

....

अपने सपनों की सूची बनाएं

(Make A List Of Dreams)

सूची बनाने फायदे–

1. यह ऊर्जा का सबसे बड़ा स्रोत है (It Is The Biggest Source Of Energy)

There Are Two Types Of People- Lazy And Enthusiastic: आपको दो तरह के लोग मिलेंगे। एक सुस्त और दूसरे उत्साही। अगर आप सुस्त लोगों से मिलेंगे और हाथ मिलाएंगे तो उनका हाथ पकड़कर आपको हिलाना पड़ेगा। क्योंकि वे काफी सुस्त हैं। उनको हमेशा नींद आती रहती है। वहीं, आपको कुछ लोग काफी उत्साही मिलेंगे। उत्साही लोग वे हैं जिनके सपने हैं। उन सपनों की वजह से उनके अंदर उत्साह है। उनसे अगर आप हाथ मिलाएंगे तो जैसे ही आपका हाथ उनसे हाथ को स्पर्श करेगा तो आपको लगेगा कि आपने किसी से हाथ मिलाया है। आपको उनकी एनर्जी का फ्लो दिखाई देगा। फर्क इतना ही है कि सुस्त व्यक्ति के पास सपने नहीं होते हैं और उत्साही व्यक्ति के पास सपने भी होते हैं और उसको विश्वास भी है कि उन सपनों को वो इसी जन्म में नहीं,

बल्कि अगले कुछ महीनों में और वर्षों में पूरा करने वाला है। इसलिए उसके अंदर वो एनर्जी आती है।

अगर आप ऊर्जावान नहीं रहेंगे तो आपकी टीम भी ऊर्जावान नहीं रहेगी। ऊर्जा के वास्तविक स्रोत आपके सपने हैं। आप जब तक यह चेप्टर पढ़ रहे होंगे, आपके अंदर एनर्जी बनी रहेगी। धीरे-धीरे आपकी एनर्जी कम हो जाएगी लेकिन अगर आपके पास सपनों की लिस्ट है तो आप कभी भी ढीले नहीं होंगे। और अगर ढीले होंगे तो आपको उस ड्रीम बुक को देखना है और आपके अंदर एनर्जी आ जाएगी। एक कोटेशन है- जिस प्रकार बिना इंधन के किसी भी वाहन को नहीं चलाया जा सकता, उसी प्रकार किसी भी व्यक्ति को बिना सपने के आगे नहीं बढ़ाया जा सकता। चाहे कितना भी बढ़िया वाहन क्यों ना हो। आप मर्सिडीज बेंज लेकर आइए और उसमें इंधन मत डालिए, वो नहीं चलेगी। उसके साथ एक पुरानी मारुति 800 को खड़ी कर दीजिए। उसमें इंधन है तो वो चल जाएगी। वो मर्सिडीज से भी आगे निकल जाएगी, क्योंकि मर्सिडीज में इंधन नहीं है। इसी प्रकार से अगर एक व्यक्ति बहुत पढ़ा लिखा है, उसकी पर्सनैलिटी अच्छी है लेकिन उसके पास सपने नहीं हैं तो वह उस मर्सिडीज की तरह है जिसमें इंधन नहीं है।

वहीं, एक व्यक्ति जिसकी शैक्षणिक योग्यता ज्यादा नहीं है, वो दिखने में भी ज्यादा आकर्षक नहीं है, उसकी लंबाई भी बहुत अच्छी नहीं है लेकिन बावजूद इसके उसके पास सपने हैं तो वो बहुत आगे निकल जाएगा। हमारे सामने ऐसे बहुत सारे उदाहरण हैं। आपको सुस्त रहना है या उत्साही, ये दोनों ही आपके हाथ में है।

2. यह आपका ध्यान केन्द्रित रखेगा (It Will Keep You Focussed)- जब आपके पास सपने होंगे तो आपका ध्यान केन्द्रित रहेगा यानि कि आप फोकस्ड रहेंगे। आप इधर-उधर नहीं भटकेंगे। बहुत सारी

चीजें हैं जो हमारे ध्यान को भटका सकती हैं। उदाहरण के लिए हमलोग यूट्यूब पर वीडियो देखने के लिए जाते हैं और जैसे ही वीडियो देखना शुरू करते हैं कि दाईं ओर हमें सजेस्टेड वीडियोज की एक लिस्ट दिखती है। हमें कोइ टायटल पसंद आ जाता है या कोई व्यक्ति पसंद जाता है, उसको हम क्लिक करते हैं। वो हमें कहीं और लेकर चला जाता है, ऐसे में हमारा फोकस खत्म हो जाता है। जिस तरह से सोशल मीडिया से आपका फोकस हिलता है, उसी तरह से दूसरे कामों से भी आपका फोकस हिलता है।

अगर आपके पास सपने हैं और आप उन सपनों को लेकर फोकस्ड हैं तो फिर कोई भी बाधा आपका कुछ नहीं बिगाड़ सकती। जो लोग डायरेक्ट सेलिंग में सीरियस हैं, जिनके सपने हैं, उन्हें ना तो इलेक्शन से कोई फर्क पड़ता है और ना ही शादियों के सीजन से। वे फोकस्ड हैं, वे कहीं इधर-उधर नहीं जाते हैं। इसलिए आप ड्रीम्स रखिए ताकि आप एक जगह फोकस्ड रह पाएं।

3. यह डुप्लिकेट करने योग्य है (It Is Duplicable)- आप सपने बनाएंगे और उन सपनों के बारे में बातचीच करेंगे तो आपकी टीम भी ऐसा कर पाएगी। आप इसका महत्व नहीं समझेंगे और इस पर काम नहीं करेंगे तो टीम में भी उसी प्रकार का डुप्लीकेशन होने वाला है।

अपनी ड्रीम बुक बनाइए (Make A Dream Book)

ये बहुत महत्वपूर्ण है। मैंने अपनी ड्रीम बुक 2010 में बनाई थी। मैं 2001 में डायरेक्ट सेलिंग में आया था और उसके बाद ना जाने कितनी बार सुना होगा कि अपनी ड्रीम बुक बनाइए, अपनी ड्रीम बुक बनाइए लेकिन मैंने इसे इग्नोर किया। मैंने कहीं किसी पेपर पर लिख लिया और वो सब करता गया। एक दिन मुझे लगा कि ये बहुत महत्वपूर्ण काम है और मैंने इस पर काम करना शुरू किया। जिस दिन मैंने इस पर काम

करना शुरू किया, उसके बाद बेहद शानदार रिजल्ट मेरे पास थे। परिणामों में बढ़ोतरी हुई और इसी के साथ मेरे जीवन में स्पष्टता आ गई कि मुझे क्या करना चाहिए। एक अलग तरह का सुकून और शांति मिली और मेरा एनर्जी लेवल काफी बढ़ गया।

आपने भी बहुत बार शायद ड्रीम बुक के बारे में सुना है लेकिन अगर आप एक प्रॉपर ड्रीम बुक नहीं बना पाए हैं, तो आज आपके पास मौका है कि आप अभी से ही ड्रीम बुक बनाना शुरू कर दीजिए। एक बढ़िया सुन्दर सी डायरी लीजिए और शुरू कीजिए। एक बेहतरीन फैमिली ड्रीम बुक बननी चाहिए। आपके परिवार में जितने भी सदस्य हैं, सभी को एक साथ बैठाइए और सभी से सपनों के बारे में बातचीत कीजिए। हमने कभी इसके बारे में सुना नहीं है और ना ही हमें कभी ये सब पढ़ाया गया है कि ऐसे सपनों की किताब बननी चाहिए, सपनों के बारे में बातचीत होनी चाहिए और सपनों को लिखना चाहिए। इसलिए सबको शायद ये अजीब लगेगा लेकिन आप एक बार शुरू कीजिए और सबके सपने उसमें लिखिए। आपकी ड्रीम बुक आपकी फैमिली के लिए सोर्स ऑफ एनर्जी बन सकती है।

जब ड्रीमर्स की बात होती है तो डिज़्नी वॉल्ट के संस्थापक वॉल्ट डिज़्नी का नाम सबसे पहले आता है। वॉल्ट डिज़्नी से एक बार किसी ने पूछा कि आप अपनी जिन्दगी में काफी सफल हैं। आपकी सफलता की शुरुआत कैसे हुई थी? कहां से आपने शुरू किया? कब आपको लगा कि आप सफल हो सकते हैं? वॉलट डिज्नी ने कहा कि मेरा शुरूआती बिंदु वो था जब मैं एक पार्क में एक बेंच के ऊपर बैठा था। तब मेरे पास कुछ भी पैसा नहीं था। फिर मैंने सोचा कि मैं एक दिन बेहद सुन्दर जगह बनाने वाला हूं, जिसमें सारी दुनिया के लोग आएंगे, मनोरंजन की चीजें वहां होंगी और वो जगह विशेष रूप से बच्चों को पसंद आने

वाली है। वहां जब मैं बेंच पर बैठा था तो मेरे पास पैसे नहीं थे लेकिन मैंने सपने बनाना शुरू किया।

वो मेरी जिन्दगी का सबसे बड़ा टर्निंग प्वांइट था और उसके बाद चीजें घटित होनी शुरू हुई। सपनों में बहुत ताकत है, बहुत एनर्जी है। आपको भी यह तय करना होगा कि आप किस दिन अपने सपनों के ऊपर काम करना शुरू करते हैं।

प्रसिद्ध समाजसेवी हेलन केलर को जन्म से ही दिखाई नहीं देता था। उन्होंने बहुत सारे काम किए, समाज की काफी सेवा की। इसलिए वो काफी मशहूर हुईं। हेलन केलर से एक बार किसी ने पूछा कि जन्मान्ध होने से भी बुरी बात क्या हो सकती है? आप जन्मान्ध हैं, आपने इस दुनिया में कुछ भी नहीं देखा। इससे भी बुरी बात कुछ हो सकती है क्या? हेलेन केलर ने जवाब दिया, "इससे भी बुरी बात हो सकती है कि एक व्यक्ति की आंखें हैं, उसे दिखाई देता है। वो सुन्दर कार देख सकता है, वो सुन्दर घर देख सकता है लेकिन उसके बावजूद भी अगर वो उस कार को खरीदने का और सुन्दर घर बनाने का सपना नहीं बना रहा है, तो यह बहुत बुरी बात है।"

हेलन केलर ने कहा कि मैं तो देख नहीं सकती हूं, इसलिए मुझे मालूम नहीं कि सुन्दर घर कैसा होता है, मैं उसकी कल्पना नहीं कर सकती हूं लेकिन एक आदमी देख रहा है, वो उसकी कल्पना कर सकता है और फिर भी वो उसे पाने की चाहत नहीं रखता है, उसे अपने ड्रीम में शामिल नहीं करता है तो ये जन्मान्ध होने से भी बुरी बात है।

मैं इसमें एक लाइन और जोड़ना चाहता हूं। एक व्यक्ति के पास आंखें हैं और साथ में वो डायरेक्ट सेलिंग के व्यापार में है। उसको डायरेक्ट सेलिंग की पावर समझ में आ गई है। उसके सामने सफलता

के हजारों उदहारण हैं कि एक आम आदमी किस प्रकार इस व्यापार से खास बन जाता है।

डायरेक्ट सेलिंग एक ऐसा व्यापार है, जहां अपार संभावनाएं हैं और बावजूद इसके आपके सपने नहीं हैं, आप लग्जरी लाइफ नहीं जीना चाहते हैं, फिर तो आपसे दुर्भाग्यशाली व्यक्ति इस दुनिया में कोई नहीं है।

एक आदमी जो नौकरी कर रहा है, उसकी सीमाएं हैं। उसको पता है कि साल में सैलरी में कितनी बढ़ोतरी होने वाली है। वो अगर बड़े सपने नहीं बनाए तो बात समझ में आती है। एक छोटा सा बिजनेसमैन है, जिसकी लिमिटेशन हैं कि कितनी दूर से ग्राहक आएंगे, वो कितना धंधा कर सकता है। वो बड़े सपने नहीं बनाए तो बात समझ में आती है लेकिन एक डायरेक्ट सेलिंग का बंदा, जिसके पास खुला आसमान है, वो कितना भी बड़ा कर सकता है। जो अभी एक ऐसी इंडस्ट्री में है, जो अगले दस साल में तेजी से आगे बढ़ने वाली है। ऐसे में अगर वो सपने नहीं बना रहा है, तो वो सबसे दुर्भाग्यशाली व्यक्ति है।

इसलिए सपनों का काफी महत्व है। यह हम वॉल्ट डिज़्नी और हेलन केलर से सीख सकते हैं। आप अपनी ड्रीम बुक में वो सारी चीजें लिखिए जो आपको जिन्दगी में चाहिएं। ड्रीम से अगला कदम लक्ष्य बनाने का है। फिर धीरे-धीरे हम ड्रीम्स को लक्ष्यों में परिवर्तित करेंगे व उन्हें प्राप्त करने की एक तिथि निर्धारित कर लेंगे। अगर आप अपने ड्रीम्स तक पहुंचना चाहते हैं तो इसके लिए माध्यम है संभावित ग्राहकों की सूची (List Of Prospects).

....

संभावित ग्राहकों की सूची बनाइए (Make A List Of Prospects)

आपको एक और डायरी लेनी है, जिसमें आप संभावित डायरेक्ट सेलर्स और संभावित ग्राहकों के नाम लिखने वाले हैं।

चैट विद सुरेन्द्र वत्स के एपिसोड नंबर 37 में हमारे मेहमान थे सिद्धार्थ जी और चंचल जी। उस एपिसोड का टायटल है- 'इंडिया की नंबर 1 कंपनी कौन सी है?' हमने सिद्धार्थ जी और चंचल जी से पूछा कि क्या आज भी लिस्ट बनाना जरूरी है? क्योंकि चीजें बदल गई हैं। उन्होंने बताया कि हर चीज बदल जाएगी लेकिन लिस्ट बनाने का महत्व कभी नहीं बदलेगा। और डायरेक्ट सेलिंग में लिस्ट का उतना ही महत्व है जितना कि इंग्लिश में A, B, C, D अल्फाबेट्स का है।

संभव ही नहीं है कि आप A, B, C, D अल्फाबेट्स के बिना कोई वाक्य बना सकते हैं। ठीक उसी प्रकार अगर आपको डायरेक्ट सेलिंग में कामयाब होना है तो बगैर नामों की सूची के, बगैर बड़ी लिस्ट के आप कुछ भी नहीं कर सकते। सिद्धार्थ जी डायरेक्ट सेलिंग में 1 करोड़ रुपये से अधिक की मासिक कमाई करने वाले व्यक्ति हैं।

अगर वो ऐसा कह रहे हैं कि लिस्ट के बिना आगे बढ़ना (Survive) काफी मुश्किल है, तो इसे हमें बहुत गंभीरता से लेना चाहिए। वो 20-25 ग्रुप (**Legs**) चलाते हैं, क्योंकि वो लिस्ट के महत्व को जानते हैं व हमेशा अपनी लिस्ट को बढ़ाते रहते हैं। मैं अपने अनुभव से आपको बताना चाहता हूं कि चाहे आपका बिजनेस में कितना भी बड़ा लेवल क्यों ना हो अगर आपने लिस्ट पर काम करना छोड़ दिया तो आपके सामने बहुत सारी समस्याएं आ जाएंगी। वहीं, अगर आप लिस्ट पर काम करते रहें तो सिद्धार्थ सिंह जी की तरह बहुत बड़े इनकम लेवल पर पहुंच जाएंगे।

संभावित डायरेक्ट सेलर्स व ग्राहकों की सूची बनाने के फायदे (Benefits Of Making List Of Prospects)

- **ये बिजनेस की रीढ़ है (Backbone Of The Business)-** ये आपके बिजनेस की रीढ़ की हड्डी है। रीढ़ की हड्डी के बिना क्या कोई आदमी जीवित रह सकता है? बैकबोन यानि कि यह हमारी बॉडी के महत्वपूर्ण अंगों में से एक है। उसी प्रकार से लिस्ट ऑफ प्रोस्पैक्ट्स आपके बिजनेस की रीढ़ की हड्डी है। अगर आपके पास ये नहीं है तो आप बिजनेस में टिक नहीं पाएंगे। आपका उत्पाद व मार्केटिंग प्लान कितना भी बढ़िया क्यों ना हो लेकिन अगर आपके पास लिस्ट नहीं है तो आप सर्वाइव नहीं कर सकते। इस चीज को आप गांठ बांध लीजिए।

- **यह कच्चे माल की तरह काम करती है (List Works As Raw Material)-** आपकी लिस्ट आपके लिए कच्चे माल की तरह काम करती है। अगर ये कच्चा माल है तो पक्का माल क्या है? पक्का माल यानि कि फाइनल प्रोडक्ट हैं आपकी टीम के अचिवर्स। कच्चा माल क्या है? कच्चा माल हैं आपकी लिस्ट में शामिल लोग। पक्का माल तभी होगा जब कच्चा माल होगा। कच्चा माल जितना अधिक होगा उतना अधिक पक्का माल होगा। यानि कि एक रेशियो में पक्का माल बनने वाला है। मान लीजिए कि अगर आपने एक फैक्ट्री लगाई है और उस फैक्ट्री का कैंपस काफी साफ और सुन्दर है। मशीनें जर्मनी से मंगाई गई हैं। इंजीनियर्स आईआईटी से ग्रेजुएट और पोस्ट ग्रेजुएट हैं। सब कुछ है लेकिन रॉ मटेरियल यानि कि मशीनों में डालने के लिए कच्चा माल नहीं है। तो क्या वो सारा का सारा इंफ्रास्ट्रक्चर काम करेगा? बिल्कुल काम नहीं करेगा। फाइनल प्रोडक्ट आएगा

ही नहीं, क्योंकि रॉ मटेरियल ही नहीं है। जिस प्रकार से सब कुछ होने के बावजूद बगैर रॉ मटेरियल्स के काम नहीं होता, उसी प्रकार से आपका प्रोडक्ट नंबर 1 है, आपकी कंपनी नंबर 1 है, आपके अपलाइन दुनिया के सबसे अच्छे अपलाइन हैं लेकिन अगर आपके पास लिस्ट ही नहीं है, लोग ही नहीं हैं, नाम ही नहीं है तो वो सारा का सारा आपके लिए व्यर्थ है। आपके लिए कोई भी चीज नहीं काम करने वाली है। इसलिए ये रॉ मटेरियल आपके पास जितना ज्यादा होगा, उतना अधिक फाइनल प्रोडक्ट आपके पास आ जाएगा। इस बात को हमेशा याद रखिएगा।

- **यह आपके आत्मसम्मान को बढ़ाता है (Increases Your Self Esteem)-** यह आपके आत्मसम्मान और आपके स्वाभिमान को बढ़ाएगी। आपकी लिस्ट जितनी बड़ी होगी, आपके अंदर उतना बड़ा हौसला रहेगा। जब लिस्ट बनाने की बारी आती है तो ज्यादातर लोग प्रॉपर डायरी नहीं लाते हैं, वे केवल एक पेज के पीछे 5 नाम लिख लेते हैं। उन 5 नामों में से जब तीन लोग मना कर देते हैं तो उनको लगता है कि सारी दुनिया खत्म हो गई। लिस्ट में अगर 50 लोगों के नाम लिखे हैं और 20 ने मना कर दिया फिर भी उनको लगता है कुछ नहीं बचा है। अगर आपके पास कम-से-कम 500 लोगों की लिस्ट है और उनमें से 50 लोगों ने लगातार एक के बाद एक मना कर दिया। आप कैलकुलेशन करते हैं तो आपको मालूम है कि 5, 7, 10 लोग ढंग के मिल गए तो नैया पार है। 500 में से सिर्फ 10 ढंग के चाहिए और 50 ने मना किया है तो आप सोचेंगे कि कोई फर्क नहीं पड़ता है 450 अभी बाकी है। इन 450 में से 10 तो मुझे मिल ही जाएंगे। अगर बड़ी लिस्ट है तो आपके हौसले बुलंद रहेंगे। अगर छोटी लिस्ट है तो आप जल्दी निराश हो जाएंगे और

बिजनेस छोड़ देंगे। इसलिए बड़ी लिस्ट बनाइए।

- **यह नंबर का खेल है (It Is A Number Game)-** डायरेक्ट सेलिंग नंबर का खेल है। इसमें अंकों का बहुत महत्व है। जितने ज्यादा नंबर्स होंगे, आपका बिजनेस उतना बड़ा हो जाएगा। जब मैंने बिजनेस की शुरुआत की तो एक बहुत मोटे रजिस्टर में नाम लिखना शुरू किए थे और 500 से ज्यादा नाम मेरी लिस्ट में थे, जब भी मैं किसी व्यक्ति को ज्वाइन करवाता था और उसके बाद जब उसकी लिस्ट बनवाता था तो मैं अपना रजिस्टर उसे दिखाता था और कहता था कि आइए इसी प्रकार से आपके जानकार लोगों की भी एक सूची बनाते हैं।

लिस्ट इसलिए भी बनानी जरूरी है, क्योंकि ये डुप्लीकेशन का बिजनेस है। जब भी आप टीम के सामने लिस्ट की बातचीत कीजिए तो अपनी लिस्ट लेकर जाइए, अपना रजिस्टर या अपनी डायरी लेकर जाइए। अगर आपने एक्सेल में लिस्ट बनाई है तो उनके सामने वो एक्सेल फाइल खोलकर रखिए। उनको बताइए कि ये मेरी लिस्ट है, इसमें इतने सारे लोग हैं। आइए हम आपकी एक लिस्ट बनाते हैं। ये नंबर गेम है। बिजनेस में बहुत सारे लोग कहानियां सुनाते हैं कि मेरा बिजनेस क्यों नहीं चल रहा है, मेरे साथ क्या समस्या है। आप ना तो कहानियां सुनिए और ना ही सुनाइए। आप नंबर्स पर बात कीजिए। आप इस पर बात कीजिए कि आपकी लिस्ट में कितने नाम हैं और कितने नाम आप उनमें शामिल करने वाले हैं। जितने नाम आपकी लिस्ट में हैं, उनमें से कितने लोगों के साथ आपने अपॉइंटमेंट बुक किया। कितने लोगों को आपने प्रेजेंटेशन दिया। कितने नंबर्स को आपने फॉलोअप किया। ये सब कुछ नंबर गेम है। नंबर्स के साथ अगर आप काम करेंगे तो ये बिजनेस बड़ी तेजी से दौड़ने वाला है।

- **चुनिंदा लोगों के साथ काम करने का विकल्प (Choice Of Working With Selected People)-** यदि आपके पास बड़ी लिस्ट है यानि कि ज्यादा नाम हैं तो आपके पास हमेशा च्वाइस रहेगी कि आपको किनके साथ काम करना है। छोटी लिस्ट बनाई और वो खत्म हो गई। ऐसे में जो लोग नेटवर्क में आए, उन्हीं के साथ काम करना आपकी मजबूरी है। इसके अलावा आपके पास विकल्प ही नहीं है। और जो लोग आपके नेटवर्क में आ गए, उनमें से ज्यादातर लोग काम करना नहीं चाहते हैं और आप उनको जबरदस्ती काम करवाना चाहते हैं। वो भी परेशान होते हैं, क्योंकि वो काम करना नहीं चाहते हैं और आप भी परेशान क्योंकि आप उनसे काम करवाना चाहते हैं। ऐसे में आप परेशान हो जाते हैं कि कोई काम कर ही नहीं रहा है।

एक कहावत है कि **'मुर्दे को जिंदा करना बड़ा मुश्किल है और नया पैदा करना आसान है।'** अगर एक आदमी मर गया तो उसे आप कैसे जिंदा करेंगे? ऐसा नहीं कर सकते हैं, बेहद मुश्किल है। साइंस अब तक वो तकनीक नहीं निकाल पाई है कि कैसे मुर्दे को जिंदा किया जा सकता है लेकिन उसकी तुलना में एक नया पैदा करना आसान है। तो उसी प्रकार से आपके नेटवर्क में जब भी प्रॉब्लम आएगी कि लोग नहीं आ रहे हैं, बिजनेस नहीं बढ़ रहा है, उस समय एक नया व्यक्ति आपकी 1000 समस्याओं का समाधान कर सकता है। नया व्यक्ति कहां से आएगा? आपकी लिस्ट से आएगा नया व्यक्ति। अगर आप चाहते हैं कि आप च्वाइस के साथ काम करें, आपके पास हमेशा च्वाइस होनी चाहिए तो आपकी लिस्ट बड़ी होनी चाहिए। तभी आपके पास किन लोगों के साथ काम करना है, ये चुनने के विकल्प रहने वाले हैं।

....

लिस्ट कैसे बनाएं? (How To Make A List)

1. अपनी लिस्ट एक डायरी या एक्सेल में बनाइए (Make Your List In A Diary Or Excel)- बहुत सारे लोग अपने दिमाग में ही लिस्ट बना लेते हैं। आप ऐसा मत कीजिए। आपके मोबाइल में जो नाम हैं, उन्हें बाहर निकालिए और डायरी में लिखिए। अगर आप टेक्नोलॉजी फ्रेंडली हैं तो एक्सेल में लिस्ट बना सकते हैं। नहीं तो अपने देसी तरीके से लिस्ट बनाइए। आपके संभावित डायरेक्ट सेलर्स व ग्राहकों के लिए एक स्पेशल डायरी रखिए।

2. अपनी फैमिली के साथ लिस्ट बनाइए (Make List With Your Family)- जब भी आप लिस्ट बनाएं तो फैमिली के सभी मेंबर्स को पास बैठा लीजिए। जैसे आपने ड्रीम बुक बनाते समय सबको पास में बैठाया था, वैसे ही पास में बैठाकर ये लिस्ट भी तैयार कीजिए। बच्चों और पेरेन्ट्स से कहिए कि हमें अपने सपनों तक पहुंचने के लिए एक और लिस्ट बनानी है। हमें एक काम मिला है कि हमें 500 लोगों के नाम लिखने हैं। आपकी टीम में एक कल्चर होना चाहिए कि 7 दिन के अंदर 500 लोगों की लिस्ट सभी के पास हो व 3 महीने में 2000 लोगों की लिस्ट सभी के पास होनी चाहिए।

अपनी फैमिली के साथ लिस्ट बनाने का मतलब है कि ये एक टीम वर्क है। सबको मिलकर 500 लोगों के नाम लिखने हैं। इसलिए सभी लोग बताएंगे और एक-दूसरे को याद दिलाएंगे। सबको साथ में बैठाइए फिर ये एक इंटरेस्टिंग टास्क हो जाएगा ना कि एक बोरिंग काम। जैसे हम अंताक्षरी खेलते हैं तो उसमें क्या होता है? पहले तो उसमें गाने याद आते रहते हैं फिर धीरे-धीरे लगता है कि जो गाने हमें याद थे वो हम पहले गा चुके हैं और कोई नया गाना याद नहीं आ रहा है। फिर टीम से कोई अन्य व्यक्ति याद दिलाता है। तब हमें लगता

है कि ये तो मुझे बिल्कुल याद नहीं था। ऐसे में लिस्ट बनाना बहुत इंटरेस्टिंग बन जाएगा।

3. इसमें सभी को शामिल कीजिए (Include Everyone)- आप जब भी लिस्ट बनाएं तो उसमें हर किसी को शामिल कर सकते हैं। किसी एक को भी मत छोड़िए। फोर्ड कंपनी के संस्थापक हेनरी फोर्ड के जीवन से संबंधित एक बड़ी अच्छी घटना है। हेनरी फोर्ड ने एक बार जीवन बीमा (Life Insurance) खरीदा और बीमा का प्रीमियम इतना बड़ा था कि वो न्यूजपेपर की हेडलाइन बन गई कि हेनरी फोर्ड ने इतने रुपये का बीमा खरीदा है। न्यूजपेपर में जब यह खबर प्रकाशित हुई तो हेनरी फोर्ड के सबसे करीबी मित्र ने भी इसको पढ़ा, जो हर रोज उनसे मिलते थे और वो भी बीमा एजेंट थे। इसके बाद जब वो हेनरी फोर्ड से मिले तो उन्होंने उनसे शिकायत की कि जब आपको बीमा खरीदना ही था तो मुझसे क्यों नहीं खरीदा? मैं तो आपका दोस्त ही हूं। हर रोज आपसे मिलता हूं और आपको मालूम भी है कि मैं बीमा एजेंट हूं। इस पर हेनरी फोर्ड ने कहा कि आपने कभी मुझे जीवन बीमा के बारे में गंभीरता से बताया ही नहीं।

डायरेक्ट सेलिंग में हमारे साथ अक्सर ऐसा होता है कि जो हमारे नजदीकी लोग होते हैं, उनका नाम हम अपनी लिस्ट में नहीं लिखते हैं। उनको हम बताते भी नहीं हैं। कोई दूसरा व्यक्ति जब उनको ज्वाइन करवा देता है और वो हमें फोन करते हैं कि मैं फलां कंपनी में जुड़ गया हूं और आपके पास आपसे मिलने आ रहा हूं। आप कहते हैं कि मैं तो पहले से ही इस कंपनी में जुड़ा हुआ हूं। तुझे करना ही था तो मेरे साथ क्यों नहीं किया? वो कहता है कि आपने कभी सीरियसली मुझसे इस बारे में बात ही नहीं की। ऐसा इसलिए हुआ क्योंकि आपने लिस्ट में उसका नाम नहीं लिखा था। आपने उसके बारे में पहले से ही राय

बना ली थी कि वो नहीं करेगा और उसे ऐसे ही छोड़ दिया था। यहां हेनरी फोर्ड का उदाहरण ये कह रहा है कि 'Include Everyone' यानि कि जिनको भी आप जानते हैं सबके नाम लिखिए। आप नंबर्स को बढ़ाइए। आपका फोकस नंबर्स बढ़ाने पर होना चाहिए

4. किसी के बारे में भी पूर्वानुमान ना लगाएं। (Do Not Prejudge Anyone)- यह एक बहुत अच्छी और गहरी लाइन लिखी है, इसको समझिए। 'We Are Looking For People Who Are Looking And We Don't Know Who Is Looking.' हम ऐसे लोगों को ढूंढ रहे हैं जो ड्रीमर्स हैं, जो जिन्दगी में कुछ करना चाहते हैं और कुछ लोग हैं जो किसी अच्छे मौके की तलाश में हैं लेकिन हमें नहीं मालूम कि वे कौन लोग हैं, जो अच्छे मौके ढूंढ रहे हैं। जिनके अंदर आग है कुछ करने की। उन्हें केवल एक प्लेटफार्म चाहिए। इसलिए अपनी लिस्ट में सभी को शामिल कीजिए।

SW का नियम **(SW Rule) - 'Some Will Do And Some Will Never Do.'** यानि कि कुछ लोग करेंगे और कुछ लोग कभी नहीं करेंगे। इसलिए आपको उनकी परवाह नहीं करनी है। आपको बगैर किसी के बारे में पूर्वाग्रह बनाए सबको अपनी लिस्ट में शामिल करना है। यह नंबर गेम है, इसलिए आपके पास ज्यादा-से-ज्यादा नंबर्स होने चाहिए।

5. अपना दृष्टिकोण बदलिए (Change Your Perspective From Selling To Sharing To Serving)- जब हम लिस्ट बनाने बैठते हैं तो हम सबके नाम इसलिए शामिल नहीं कर पाते क्योंकि हमें लगता है कि हमारा काम लोगों को जोड़ने का और प्रोडक्ट सेल करने का है। हम सोचते हैं कि मैं उससे मिलूंगा, बातचीत करूंगा, पता नहीं उसको अच्छा लगेगा या नहीं। हमारा यह दृष्टिकोण हमें लिस्ट बढ़ाने से रोकता है। अगर हमारी सोच ये हो जाए कि मुझे तो लोगों की सेवा करनी है।

जैसे भगवान के प्रसाद को लेकर हमारी इच्छा कभी ऐसी नहीं होती है कि खुद ही सारा प्रसाद खा जाऊं। हमें लगता है कि प्रसाद बांटने की चीज है, जितना प्रसाद बांटेंगे उतना हमें पुण्य मिलेगा। इसलिए हम बांटने की कोशिश करते हैं और थोड़ा-थोड़ा सबको देते हैं। इसलिए आपको उसी भाव के साथ लिस्ट बढ़ानी है कि आपके पास प्रसाद है और उस प्रसाद को आपको बांटना है।

डायरेक्ट सेलिंग में अगर आप अच्छी कंपनी में हैं तो इसमें कोई दो राय नहीं है कि आपके पास बेहतरीन प्रोडक्ट्स हैं। अच्छी कंपनी की पहचान ही है कि इनके प्रोडक्ट्स बहुत शानदार होते हैं। अगर आप हेल्थ प्रोडक्ट्स में हैं तो सबको अच्छे हेल्थ प्रोडक्ट की जरूरत है। मार्केट में इतनी मिलावट है कि अच्छे हेल्थ प्रोडक्ट्स लोगों को मिलते ही नहीं है। आम आदमी की पहचान में ही नहीं आएगा कि कौन सा प्रोडक्ट ओरिजिनल है और कौन सा डुप्लीकेट लेकिन आपके पास अच्छे प्रोडक्ट्स हैं, क्योंकि डायरेक्ट सेलिंग में डुप्लीकेट प्रोडक्ट आ ही नहीं सकते। इसलिए लोगों के पास जाकर सेवा करने का आपके पास मौका है। बेहद जरूरी है कि लिस्ट में आप सभी के नाम लिखिए। किसी को भी छोड़िए मत। आपके मन में पहले से जो राय बनी हुई है कि आपको लोगों को ज्वाइन कराना है और प्रोडक्ट सेल करना है, इससे बाहर निकलिए।

6. लिस्ट में अपने से बड़े लोगों को शामिल कीजिए (Bring People Bigger And Better Than You)- आप जब भी लिस्ट बनाएंगे, उस लिस्ट में अपने से बड़े लोगों को जरूर शामिल कीजिए। अपने से बड़े लोगों का मतलब हुआ कि जो आपसे अधिक क्वालिफाइड हैं, जो आपसे ज्यादा प्रभावशाली हैं। जिनकी लिस्ट आपकी लिस्ट से ज्यादा बड़ी है, उन लोगों को आपको अपनी लिस्ट में शामिल करना है। साधारणतः हम ये करते हैं कि जो हमसे बड़ा आदमी है, उससे

बातचीत करना और उसको समझना थोड़ा मुश्किल लगता है, इसलिए हम उसका नाम लिस्ट में नहीं लिखते हैं। जो हमसे प्रभावित हैं, हम उनके नाम जल्दी लिख लेते हैं।

उसका दुष्परिणाम ये होता है कि हमारा बिजनेस निम्न स्तर पर चला जाता है। मान लीजिए आप एक प्रिंसिपल हैं और डायरेक्ट सेलिंग में हैं। आपको बताया गया कि आपको लिस्ट बनानी है तो आप ये करेंगे कि आप टीचर्स के नाम लिखेंगे, क्योंकि टीचर्स प्रिंसिपल की बात को मानते हैं। इसलिए आपने टीचर्स के नाम लिख लिए। अब टीचर्स क्या करेंगे? वो ज्वाइन हो गए, उनसे आप बोलेंगे कि आपको लिस्ट बनानी है तो वे दूसरे प्रिंसिपल के नाम ना लिखकर शायद टीचर्स के ही नाम लिखेंगे या उनके नीचे काम करने वाले स्कूल के चपरासी का नाम लिखेंगे और जब चपरासी जोईन करेंगे तो वे अपनी लिस्ट में स्कूल में सफाई कर्मचारियों के नाम लिखेंगे और सफाई कर्मचारी जोईन करने के बाद उन लोगों के नाम लिखेंगे जिनका सपना सफाई कर्मचारी बनना है। ऐसे में आपकी लिस्ट प्रिंसिपल से शुरू होकर निचले पायदान तक चली जाएगी जहां पर लोगों को आपको यह भी बताना पड़ेगा कि कपड़े कैसे पहनने हैं। आपको यह भी बताना पड़ेगा कि नोट्स कैसे बनाने हैं। वो सारे काम आपको सीखाने पड़ेंगे और ऐसे में काम करना आपके लिए बहुत मुश्किल होता चला जाएगा। जबकि अगर आप ये करें कि एक प्रिंसिपल अपने लेवल के लोगों को या अपने से ऊपर के लेवल वाले लोगों को अगर लिस्ट में लेकर आता है तो उनको कन्विंस करना जरूर मुश्किल है लेकिन एक बार अगर वो कन्विंस हो गए हैं तो उनके साथ में काम करना बहुत आसान है।

एक कहावत है कि **'मूर्ख लोगों को जोईन करवाना आसान होता है लेकिन उनको साथ में लेकर चलना बहुत मुश्किल होता है। जबकि बुद्धि**

मान लोगों को जोईन करवाना मुश्किल होता है लेकिन उनको साथ में लेकर चलना आसान होता है।'

मूर्ख लोगों से मेरा मतलब ये नहीं है कि जो लोग प्रिंसिपल से नीचे हैं वे मूर्ख हैं। मैं ये कहना चाहता हूं कि जो बुद्धिमान लोग हैं, उनको साथ में लेकर आना आपके लिए मुश्किल हो सकता है लेकिन एक बार यदि आपने उनको कन्विंस कर दिया, उनको World Federation Of Direct Selling Association (WFDSA) का डेटा समझ में आ गया, उनको कैल्क्यूलेशन समझ में आ गई, उनको अगर आपने विजन ऑफ डायरेक्ट सेलिंग इन इंडिया बता दिया है तो फिर वो ऐसा काम करेंगे कि उन्हें पीछे मुड़कर नहीं देखना पड़ेगा। क्योंकि उन्हें पहले से सफलता के सिद्धातों के बारे में पता है। वे अनुशासित रहते हैं, प्रभावशाली हैं तो अपने आप काम करते चले जाएंगे। ये छठा पॉइंट ये कह रहा है कि आपको कोशिश करनी है कि आपकी लिस्ट में आपको अपने से बड़े स्टेट्स वाले लोगों को जरूर शामिल करना है।

7. व्हाट्सएप्प, फेसबुक, असोसिएशन्स और फोटो एलबम आदि जैसे टूल्स का इस्तेमाल कीजिए (Use Tools Like Whatsapp] Facebook] Associations] Photo Album etc.)- आप बहुत सारे व्हाट्सएप्प ग्रुप्स में जुड़े हुए हैं, जिनमें शामिल लोगों की संख्या हजारों में है। आप उनको अपनी डायरी या एक्सेल में लिखें। फेसबुक में आपके काफी फ्रेंड्स हैं, धीरे-धीरे उनसे संपर्क बढ़ाएं व उनके फोन नंबर लेकर अपनी लिस्ट में शामिल करें। आप किसी संस्था या एसोसिएशन से जुड़े हैं, वहां बहुत सारे लोग हैं, उनकी लिस्ट निकालिए। आपके घर में आपकी पुरानी फोटो एलबम्स हैं, उसमें देखिए आपको बहुत सारे ऐसे नाम मिलेंगे, चेहरे दिखेंगे जिनको आप भूल गए थे वे याद आ जाएंगे। ये वास्तव में बहुत अच्छा टूल है।

8. मेमोरी जॉगर टेक्निक का इस्तेमाल कीजिए (Use Memory Jogger Technique)- मेमोरी जॉगर टेक्निक यानि कि एक शब्द लीजिए जैसे- FRIENDS. जब आप

'F' को अपने जहन में उतारेंगे तो ख्याल आएगा कि आपके दोस्त कौन-कौन हैं? बचपन के दोस्त, स्कूल/कॉलेज के दोस्त और मौजूदा दोस्त सबके नाम लिखिए। दूसरा लेटर है।

'R' यानि कि Relatives. अब सारे रिश्तेदारों के नाम लिखिए। तीसरा लेटर है।

'I' यानि कि Institutes. आपके साथ शैक्षणिक संस्थानों में जो लोग पढ़े हैं और जिन्होंने आपको पढ़ाया है उनके नाम लिखिए। इसके बाद है।

'E' यानि कि Enjoyable Persons & Employees. इसका मतलब है आपके सर्कल में जो खुशमिजाज व्यक्ति हैं उनके नाम अपनी लिस्ट में शामिल कीजिए।.साथ ही नौकरी पेशा वाले लोगों के नाम भी आपके जहन में आने शुरू हो जाएंगे। उनको भी लिस्ट में शामिल कीजिए।

'N' यानि कि Neighbours. इसमें बचपन से लेकर अब तक के आपके सारे पड़ोसी आ जाएंगे।

'D' यानि कि डॉक्टर्स। इसमें देखिए कि आपके जानने वालों में कौन-कौन लोग डॉक्टर्स हैं। आप D से शुरू होने वाले और भी वर्ड्स ले सकते हैं। इसके बाद अंतिम लेटर है।

'S' यानि कि स्ट्रैंजर्स (अजबनी), जो आपको राह चलते मिलते हैं।

मोटे तौर पर मेमोरी जॉगर टेक्निक का यही मतलब है कि आपको एक-एक वर्ड पर जोर देना है और सोचना है वे लोग कौन-कौन हैं? 'S' से आप ये भी सोच सकते हैं कि स्पेक्ट्स (Spects) यानि कि चश्मा

लगाने वाले कौन लोग आपके कॉन्टैक्ट में हैं। उन लोगों के बारे में भी सोचिए जिनके बाल थोड़े कम हैं। फिर थोड़े मोटे लोगों के बारे में सोचना शुरू कीजिए तो बहुत से नाम आपके जहन में आ जाएंगे। इसी प्रकार से दिमाग में आने वाले एक-एक नाम आपको याद आने लगेंगे। इसलिए जैसा मैंने कहा था कि फैमिली के साथ आप लिस्ट बनाइए। ये आपके लिए काफी दिलचस्प काम हो जाएगा।

9. लिस्ट एरिया के अनुसार बनाएं (List Should Be Area Wise)- ध्यान रहे कि जब भी आप लिस्ट बनाएं तो वो एरिया वाइज हो यानि कि एरिया के अनुसार हो। अब एरिया वाइज लिस्ट बनाएंगे कैसे? मान लीजिए कि आप दिल्ली में रहते हैं तो आपने ऊपर में लिखा दिल्ली और उसके बाद दिल्ली के अलग-अलग इलाकों की लिस्ट बनाई। जैसे-जनकपुरी, यमुना पार्क, रोहिणी और द्वारका आदि। इस तरह से आप एरिया वाइज लिस्ट बना सकते हैं। इसका फायदा ये है कि मान लीजिए जनकपुरी में हमारा ओपन प्रोग्राम है, तो आप अपनी लिस्ट से जनकपुरी निकालेंगे और वहां के लोगों को कॉल और मैसेज करेंगे। ऐसे में अगर आप एरिया वाइज लिस्ट बना रहे हैं तो आपको काम करने में आसानी होगी।

10. आपकी लिस्ट हमेशा बढ़ती रहे (List Should Be In Growing Mode)- आपकी लिस्ट जिंदा होनी चाहिए। जिंदा लिस्ट का मतलब है कि उसमें नए नाम जुड़ रहे हैं और मुर्दा लिस्ट यानि कि आपने लिस्ट में जो-जो नाम लिखे थे, आपने पहले एक महीने में उसमें खूब काम किया लेकिन उसके बाद आपने उस पर काम करना छोड़ दिया। बेहद जरूरी कि आपकी लिस्ट में नए-नए नाम जुड़ते रहें।

....

अपनी लिस्ट को बढ़ाते रहिए (Expand Your List)

हमेशा प्रॉस्पैक्टिव रहिए (ABP: Always Be Prospective)- प्रोस्पैक्टिव रहने का मतलब है आप ट्रेन में सफर कर रहे हैं, शादी में जा रहे हैं, बच्चों की पीटीएम **(Parents Teachers Meeting)** में जा रहे हैं, हमेशा प्रोस्पैक्टिव रहिए। जब भी कोई व्यक्ति आपको सामने मिलता है तो आपके दिमाग में ये आना चाहिए कि ये मेरा प्रोस्पैक्ट है। ये प्रोडक्ट ले सकता है, ये डायरेक्ट सेलर बन सकता है, ये लीडर बन सकता है। इस तरह के ऑटो डायलॉग आपके मन में आने शुरू हो जाने चाहिए। जैसे ही इस तरह के ख्याल आपके मन में आने लगेंगे आप उनसे रिश्ता बनाना शुरू करेंगे।

'Always Be Prospective' में दो टूल्स आपकी सहायता कर सकते हैं। पहला- नोटपैड और दूसरा बिजनेस कार्ड। जब भी ऐसे कोई लोग आपसे मिलते हैं, उनके नाम पूछिए और अपनी डायरी में लिखिए। आपके पास छोटी सी फिजिकल डायरी होनी चाहिए, जिसे मैं बहुत अधिक इस्तेमाल करता हूं। दूसरा तरीका है बिजनेस कार्ड्स। आपके पास आपके बिजनेस कार्ड्स होने चाहिएं। बिजनेस कार्ड्स को देने में आप कंजूसी मत बरतिए। आप अपने बिजनेस कार्ड्स को खूब बांटिए। बिजनेस कार्ड्स थोड़ा सा अलग बनवाइए। महंगा ना भी हो तो चलेगा लेकिन थोड़ा आकर्षक हो। जब भी आप किसी को बिजनेस कार्ड दें तो उन्हें लगे कि हां इसमें कुछ तो बात है। इस प्रकार आपकी लिस्ट जिंदा रहेगी व उसमें नए नाम जुड़ते रहेंगे। आपकी लिस्ट बढ़ती रहनी चाहिए, अगर आपकी लिस्ट रूक गई तो समस्याएं बढ़ जाएंगी और लिस्ट अगर बढ़ती रही तो आपके सामने कभी समस्याएं नहीं आने वाली हैं।

अजनबी लोगों से कैसे बात करें? (How To Interact With

Strangers?)- अपनी लिस्ट को ग्रोइंग मोड में रखने के लिए आप बहुत सारे अजनबी लोगों से मिलें। ये अजनबी लोग आपको बस में, ट्रेन में या रास्ते पर मिलेंगे। इन लोगों से आपको किस प्रकार बातचीत की शुरुआत करनी है, उसके बारे में हम बताएंगे। लेकिन सबसे पहले यह जानना बेहद जरूरी कि क्या आप डायरेक्ट सेलिंग को लेकर सीरियस हैं? यदि हां, तो सीरियसनेस के कुछ पैमाने हैं। वो ये कि अगर कोई व्यक्ति आपसे दो गज की दूरी पर है और उसको देखकर आपके अंदर में प्रोस्पैक्टिंग का ख्याल नहीं आ रहा है, आपका दिल नहीं धड़क रहा है तो दिक्कत है। आप यह मत देखिए कि वो पुरुष है या महिला। आप ये देखिए कि वो आपका प्रोस्पैक्ट बन सकता है। आपको गंभीरता के साथ उन लोगों से बातचीत करनी है, जो दो गज की दूरी के दायरे में आ जाते हैं।

आइए अब जानते हैं कि अजनबी लोगों के साथ आप कैसे बातचीत करेंगे

(A) मुस्कुराहट के साथ शुरु करते हुए बातचीत को आगे बढ़ाएं (Start With A Smile And Lead The Conversation)- मुस्कुराहट के साथ आपको बातचीत की शुरुआत करनी है। बातचीत के दौरान जेंडर का ध्यान रखते हुए मर्यादा में रहना है। सामने वाला शायद चुप हो जाएगा लेकिन आपको बातचीत को लीड करना है। आपका मकसद होना चाहिए कि सामने वाले व्यक्ति की आप सहायता करें, उसकी सेवा करें, उसे उसके सपनों तक पहुंचाएं। इसलिए उसी एटीट्यूड के साथ आपको बातचीत को आगे बढ़ाना है।

(B) सामने वाले व्यक्ति की बातें ध्यान से सुनिए (Listen To The Person Carefully)- सामने वाले व्यक्ति को आप ध्यान से सुनिए। एक कहावत है- 'Listening Is Caring' यानि कि सुनना परवाह करना है।

आप ध्यान से सुनेंगे तो सामने वाले को लगेगा कि ये आदमी बहुत सही है, बहुत केयरिंग है। हर आदमी अपनी बात कहना चाहता है, कुछ सुनाना चाहता है लेकिन लोग सुनना नहीं चाहते हैं। सुनने वालों की बड़ी कमी है और अगर आप धैर्य के साथ सुनने वाले हैं तो सामने वाला व्यक्ति आपको अच्छा मानेगा। फिर वो आसानी से आपको अपना नंबर दे देगा।

(C) छोटे—छोटे सवाल पूछिए (Ask Small Questions)- जब आप बातचीत को आगे बढ़ा रहे होंगे तो छोटे-छोटे प्रश्न पूछिए। जैसे- 'सर, आप कहां रहते हैं?' उनका जवाब सुनिए और रिस्पॉन्ड कीजिए। फिर पूछिए कि 'सर आपके शहर की खास बात क्या है?' ऐसे छोटे-छोटे प्रश्न पूछकर आप उस बातचीत को आगे बढ़ाइए।

(D) अपनी बॉडी लैंग्वेज का इस्तेमाल कीजिए (Use Body Language)- आपका बॉडी लैंग्वेज बढ़िया होना चाहिए। ऐसा नहीं होना चाहिए कि आपने बातचीत शुरू की और कोई फोन कॉल आ गया, आप उसमें बिजी हो गए। आपकी बॉडी लैंग्वेज ऐसी होनी चाहिए कि आप दूसरों से थोड़ा अलग दिखें, विदा लेते समय आप उनको अपना कार्ड दीजिए और अपनी डायरी निकालकर उसमें उनका नंबर लिख लीजिए। जरूरी नहीं है कि आप केवल बिजनेस और प्रोडक्ट्स की ही बातचीत करें। आपका लक्ष्य होना चाहिए कि आप उनसे एक रिलेशन बनाएं, उनका नंबर लें और अपना नंबर उन्हें दें।

11. 7 दिनों के अंदर सभी डायरेक्ट सेलर्स को उनकी लिस्ट बनाने में मदद करें (Help All Direct Sellers To Build Their List Within 7 Days)- अपनी टीम में एक कल्चर शुरू कीजिए कि आपको हर हाल में 7 दिनों के अंदर अपने सभी डायरेक्ट सेलर्स की लिस्ट बनवानी है। जैसे ही कोई व्यक्ति जोईन करता है, 7 दिनों के अंदर कम-से-कम उसकी 500 लोगों की लिस्ट बननी चाहिए। ऐसा कीजिए कि यह काम एकदम अनिवार्य हो जाए। अब ऐसा करेंगे कैसे?

डॉक्टर सुरेखा भार्गव ने एक बहुत अच्छी चीज बताई है कि 'जब हमलोग किसी व्यक्ति को जोईन कराते हैं तो उन्हें कहते हैं कि कल हम आपसे मिलने आ रहे हैं। हम उनके पास जाते हैं और हमारा एक ही मकसद होता है कि हम उनकी लिस्ट बनवाएं। जब हम उनकी लिस्ट बनवाते हैं तो सामने वाले व्यक्ति थोड़ा आनाकानी करते हैं लेकिन हम अपनी लिस्ट लेकर जाते हैं और उन्हें दिखाते हैं। एक रजिस्टर साथ में लेकर जाते हैं जिसे उन्हें गिफ्ट कर देते हैं। उसी रजिस्टर में नाम लिखते हैं और पहले दिन से ही हमारा मकसद रहता है उनकी लिस्ट बनवाना।' डायरेक्ट सेलिंग में ये बहुत महत्वपूर्ण काम है। जॉइनिंग के पहले या दूसरे दिन लिस्ट ऑफ ड्रीम्स एंड लिस्ट ऑफ प्रोस्पैक्ट्स बन जानी चाहिए। उसी के बाद सारे काम होने वाले हैं। इसलिए आप भी अपने यहां इस तरह के कल्चर की शुरुआत कीजिए।

यह नंबर गेम है (It's A Number Game)

जैसा कि मैंने आपको बताया था कि ये नंबर गेम है। इसलिए नंबर्स पर ध्यान रखिए।

- Prospects List- आपके प्रोस्पैक्ट्स लिस्ट में कितने नाम हैं?
- How Many New Prospects Are You Adding To Your List Weekly? (आप अपनी लिस्ट में सप्ताह में कितने नए नाम जोड़ रहे हैं?)- आपके पास इसकी लिस्ट होनी चाहिए कि आपने सप्ताह में कितने नए नाम अपनी लिस्ट में जोड़े हैं।
- How Many Appointments Does One Take From Prospect List? (आपकी लिस्ट में जो नाम हैं, उनमें से कितनों के साथ आप अपॉइंटमेंट ले रहे हैं?) यह बेहद जरूरी है। यानि आपने नंबर्स को ध्यान में रखकर काम करना है।

संख्या के साथ काम करने के फायदे

(Benefit of Numbers)

(A) संख्या पर केन्द्रित रहें (Focus On Numbers)- जब आप नंबर्स के ऊपर काम करेंगे तो इधर-ऊधर भटकेंगे नहीं। अन्यथा हम कहां-कहां भटकते रहते हैं पता नहीं चलता और बहुत सारा समय व्यर्थ गवां देते हैं। जब हम किसी डायरेक्ट सेलर से बात करते हैं तो व्यापार की बात करते-करते पॉलिटिक्स में चले जाते हैं, फिर फिल्मों में घुस जाते हैं और 2 घंटे ऐसे ही बर्बाद हो जाते हैं। लेकिन जब आप नंबर्स पर बातचीत करेंगे तो आपका ध्यान केन्द्रित रहेगा व कम समय में आपकी उत्पादकता (प्रोडक्टिविटी) बढ़ जाएगी।

(B) यह आपको समाधान केन्द्रित बनाता है (Makes You Solution Oriented)

जब आप नंबर्स पर बातचीत करेंगे तो आप सॉल्यूशन ओरिएंटेड रहेंगे। अन्यथा गिले-शिकवे, शिकायत और दोषारोपण चलता रहेगा कि आप कुछ नहीं कर रहे हैं। पिछले महीने से आपका बिजनेस 20000 से नहीं बढ़ रहा है। जब आप नंबर्स पर बातचीत करेंगे और नंबर्स बढ़ेंगे तो सारी चीजें अपने आप ही ठीक होने लगेंगी। ऐसे में आप सॉल्यूशन ओरिएंटेड काम करने लग जाएंगे।

अनुपात (Ratio)

नंबर्स के बीच के सम्बन्ध को अनुपात (रेशियो) कहते हैं। रेशियो बहुत महत्वपूण टर्म है, जिसे हम हिन्दी में अनुपात कहते हैं। एलन पीज अपनी किताब 'सवाल ही जवाब है' में रेशियो और उसके नियम के बारे में काफी बात करते हैं। वो कहते हैं दुनिया में औसत का नियम कभी फेल नहीं होता।

Change In The First Number Changes The Next Numbers (रेशियो में ये होता है कि अगर पहला नंबर बदल जाएगा तो बाकी के नंबर्स अपने आप बदल जाएंगे।): याद रखिए ये बेहद महत्त्वपूर्ण लाइन है। इसलिए आपको हमेशा पहले वाला नंबर बदलना है। पहले वाला नंबर बदलेगा तो बाकी नंबर्स अपने आप बदलते चले जाएंगे। आइए जानते हैं कैसे।

अपने अनुपात को समझिए (Understand Your Ratios)

जिस तरह से गाड़ी की एक औसत गति सीमा होती है और उसकी माइलेज होती है। यानि कि वो कितने डीजल या पेट्रोल में कितने किलोमीटर चलती है। उसी प्रकार हर आदमी की अपनी एक रेशियो होती है। हर आदमी को मालूम होनी चाहिए कि मेरी रेशियो क्या है? जैसे एक आदमी 100 लोगों को फोन करके अपॉइंटमेंट लेता है, जिनमें से केवल 20 लोग ही अपॉइंटमेंट के लिए राजी होते हैं।

दूसरा व्यक्ति 100 लोगों को फोन करके अपॉइंटमेंट लेता है तो 40 लोग अपॉइंटमेंट के लिए राजी हो जाते हैं। तीसरा व्यक्ति 100 लोगों को कॉल करता है तो 70 लोग अपॉइंटमेंट के लिए हामी भर लेते हैं। यहां आप समझिए कि किस प्रकार से रेशियो में अंतर आ रहा है।

आपको अपना रेशियो जानना है कि आप कितने लोगों से मिलते हैं? और जितने लोग आपकी लिस्ट में हैं, उनमें से कितने लोगों से आप अपॉइंटमेंट लेने में सफल होते हैं? और जिनसे अपॉइंटमेंट लेते हैं, उनमें से कितने लोग बिजनेस में जोईन करते हैं। इसलिए आपको ये देखना है कि आपका अपना रेशियो क्या है।

जोईन करने का रेशियो (Ratio of Joining 100:60:20)

मान लेते हैं कि आपकी लिस्ट में 100 लोग हैं। आपने उनसे अपॉइंटमेंट लेने का प्रयास किया तो केवल 60 लोग अपॉइंटमेंट के लिए

राजी हुए। आपने उन्हें प्रेजेंटेशन दिया और फिर फॉलोअप किया तो उनमें से केवल 20 लोग जोईन हुए। तो आपका रेशियो बना 100:60:20. अगर आपको 20 लोगों की जॉइनिंग करानी है तो 100 लोगों से बात करनी पड़ेगी। यदि 100 लोगों की जॉइनिंग करवानी है तो 500 लोगों से बात करनी पड़ेगी व रेशियो आएगा 500:300:100.

हो सकता है कि कोई दूसरा व्यक्ति 100 लोगों से बात कर रहा है, 40 लोग उसे अपॉइंटमेंट दे रहे हैं और 40 में से सिर्फ 4 लोग ही जुड़ रहे हैं। तो उसका अनुपात होगा 100:40:4. अगर उसे 20 लोगों की जॉइनिंग करानी है तो उसे 500 लोगों से बातचीत करनी पड़ेगी और रेशियो आएगा 500:200:20.

इसलिए आपको समझना है कि आपका रेशियो क्या है। आपकी जॉइनिंग का रेशियो क्या है और जॉइनिंग के बाद रेशियो ऑफ लीडर्स क्या है?

लीडर्स का रेशियो (Ratio Of Leaders 100:50:10)

मान लेते हैं कि आपकी टीम में 100 लोग जोईन हो गए हैं। अब जो 100 लोग जुड़े हैं, वो सारे कभी काम नहीं करेंगे। तो उन 100 लोगों में से हो सकता है 50 लोग ही कुछ ना कुछ एक्टिविटी करें। थोड़ा प्रोडक्ट खरीद लेंगे, एक-दो मीटिंग में आ जाएंगे।

50 लोगों ने थोड़ी-बहुत एक्टिविटी की और धीरे-धीरे कुछ लोग उनमें से बिजनेस छोड़ते चले गए और साल के अंत में केवल 10 लोग ही काम करने वाले बचे। संभावना है कि ये 10 लोग आपके मजबूत लीडर बनेंगे। तो आपका लीडरर्स का रेशियो बनता है 100:50:10. इस प्रकार से आपको अपने लीडर्स के रेशियो को समझना है।

चार तरह के डायरेक्ट सेलर्स (Four Types Of Direct Sellers)

हमारे बिजनेस में कुल चार प्रकार के डायरेक्ट सेलर्स हैं। आपको देखना है कि आपका डायरेक्ट सेलर कौन सी कैटेगरी में है।

पहली कैटेगरी– पहली कैटेगरी में वो डायरेक्ट सेलर्स आते हैं जो इस बिजनेस को सिर्फ सामने वाले को खुश करने के लिए जोईन करते हैं। कोई उनके पीछे पड़ा हुआ था 'जोईन कर लो-जोईन कर लो।' वो केवल पीछा छुड़ाने के लिए ही जोईन करते हैं।

दूसरी कैटेगरी– इस कैटेगरी में वो डायरेक्ट सेलर्स आते हैं जो केवल प्रोडक्ट यूजर बनकर रह जाते हैं। उन्हें नेटवर्क बनाने में बिल्कुल विश्वास नहीं होता और ना ही वो कभी किसी मीटिंग में आते हैं।

तीसरी कैटेगरी– तीसरी कैटेगरी में वो डायरेक्ट सेलर्स आते हैं जो बहुत बड़ी-बड़ी बातें करते हैं कि मैं ये करने वाला हूं, वो करने वाला हूं, तूफान मचा दूंगा, भूचाल लाने वाला हूं, अगले महीने देख लेना क्या करूंगा लेकिन वो सिर्फ कहेंगे, कुछ करेंगे नहीं। इन्हें 'लुक्स लाइक एग' (Egg) कहते हैं।

अगर आप पत्थर के एक टुकड़े को बिल्कुल अंडे के साइज का काटें व उस पर अंडे के जैसा ही कलर कर दें तो वह दूर से देखने में हूबहू अंडे जैसा दिखेगा लेकिन वह अंडा नहीं है। अगर आप मुर्गी को उस पत्थर पर बार-बार बैठाएंगे और महीनों तक बैठाकर रखेंगे तो भी उसके अंदर से बच्चा नहीं निकलेगा। इस कैटेगरी के लोग ऐसे ही होते हैं। आप उनपर जितनी मेहनत कीजिए वो कुछ भी करने वाले नहीं हैं।

चौथी कैटेगरी– चौथी कैटेगरी में वो डायरेक्ट सेलर्स आते हैं जो वास्तव में काम करते हैं। ये वो लोग होते हैं जो सिस्टम को फॉलो

करेंगे व बड़े विजन के साथ में लगातार काम करते रहेंगे। यही आपके भविष्य के लीडर्स बनेंगे।

आपकी टीम में जितने भी डायरेक्ट सेलर्स हैं, उनको इन चारों कैटेगरीज में डिवाइड कर लीजिए।

अपने रेशियो में सुधार लाइए
(Improve Your Ratios)

जब आपको अपना रेशियो मालूम चल जाए तो फिर रेशियो को सुधारने पर काम कीजिए।

निगरानी करने से सुधार संभव है (Monitoring Make The Improvement Possible)

जब आप किसी भी चीज को मॉनिटर करना शुरू कर देते हैं, उसके ऊपर ध्यान देना शुरू करते हैं तो आपके सुधार की संभावनाएं बढ़ जाती हैं। ये हर क्षेत्र में बढ़ती है। उदाहरण के लिए साइंटिस्ट्स को ही ले लीजिए। साइंटिस्ट्स क्या करते हैं? वे चीजों को मॉनिटर करते हैं। कोविड वेव में जब वैक्सीन आई तो ट्राइल हुए, मॉनिटर किए गए। मानव पर प्रयोग करने से पहले अन्य प्राणियों पर वैक्सीन को टेस्ट किया गया। फिर उसे मॉनिटर किया गया। जब भी हम मॉनिटर करते हैं तो इससे हमारी परफॉर्मेंस बेहतर हो जाती है।

साइंटिस्ट्स के अलावा स्पोर्ट्स पर्सन भी इस पर काम करते हैं। स्पोर्ट्स पर्सन अपनी स्पीड को बढ़ाते हैं। अपनी स्पीड को मॉनिटर करते हैं, अपनी मोमेंट को चेक करते हैं। उसी प्रकार से स्टूडेंट्स भी वही काम करते हैं। तीन घंटे का एक पेपर होता है। जब पेपर आता है तो टीचर क्लास के बच्चों को पेपर देते हैं और वो पेपर साढ़े तीन घंटे में खत्म होता है तो हमें लगता है कि अपनी स्पीड को हमें थोड़ा बढ़ाना पड़ेगा।

फिर हमलोग साढ़े तीन से तीन घंटे पर आते हैं। फिर हम ये कोशिश करते हैं कि 2 घंटे 45 मिनट में हमारा पेपर खत्म हो जाए ताकि हमें पन्द्रह मिनट रिवीजन करने के लिए मिल जाएं। इसलिए जब भी हमलोग मॉनिटरिंग करेंगे तो हमारी सुधार की संभावनाएं बढ़ जाएंगी।

उपरोक्त चीजों के बारे में हमें जानकारी मिल गई है लेकिन जब तक हम इसे अपने काम में शामिल नहीं करेंगे, तो हमारे परिणाम बेहतर नहीं होंगे।

....

अपनी लिस्ट को कैटेगरी में बांटिए
(Categorize Your List)

मान लेते हैं कि 7 दिन के अंदर आपने 500 लोगों की लिस्ट बना ली है। तो अब इस लिस्ट को आपने तीन कैटेगरी में बांटना है।

पहला– हॉट लिस्ट (Hot List) : उन 500 में से कुछ लोगों को हॉट लिस्ट में लेकर आएं। हॉट लिस्ट में उन लोगों को लेकर आइए जो लोग इस बिजनेस के लिए बहुत उपयुक्त हैं। हॉट लिस्ट में शामिल करने वाले लोगों की पहचान करने के कुछ पैरामीटर्स हैं।

(A) सपने देखने वाले लोग (Dreamers)- 500 लोगों में से उन लोगों को आप हॉट लिस्ट में शामिल करेंगे जो ड्रीमर्स हैं, जो बड़े-बड़े सपने देखते हैं, बड़ी-बड़ी बातचीत करते हैं कि मुझे गाड़ी, बंगला, ये-वो चाहिए। ऐसे ड्रीमर्स लोग हमारे लिए बहुत उपयुक्त हैं। सबसे पहले हमें उनसे बातचीत करनी है।

(B) बड़ी लिस्ट वाले लोग (People With Huge List)- ऐसे कुछ लोग आपके सर्कल में होंगे जिनके पास पहले से ही बड़ी लिस्ट है। उनका लोगों से काम पड़ता रहता है, वो समाजसेवा से जुड़े हुए हैं। कुछ

लोग राजनीति में हो सकते हैं। इस प्रकार के लोगों को आप अपनी हॉट लिस्ट में रखिए।

(C) प्रभावशाली लोग (Influential People)- इसके बाद वे लोग जो प्रभावशाली हैं। ऐसे लोग जो कोई बात अगर बोलते हैं तो बाकी लोग उसको ध्यान से सुनते हैं और उनके साथ रहना और काम करना भी पसंद करते हैं। इसलिए प्रभावशाली लोग भी आपकी हॉट लिस्ट में होने चाहिएं।

(D) जरूरतमंद लोग (People In Need)- ऐसे लोग जिनको काम की तलाश है। और वे डायरेक्ट सेलिंग से संबंधित काम को बेहतर तरीके से कर सकते हैं।

उपरोक्त लोगों को आप अपनी हॉट लिस्ट में शामिल कर लें।

दूसरा: वॉर्म लिस्ट (Warm List)- हॉट लिस्ट के बाद दूसरे नंबर पर आता है वॉर्म लिस्ट। वॉर्म लिस्ट में वे लोग हैं जिनकी लिस्ट थोड़ी छोटी है व सपने भी छोटे हैं। हॉट लिस्ट के बाद आप इन लोगों से मिलना शुरू करेंगे।

तीसरा: कोल्ड लिस्ट (Cold List)- कोल्ड लिस्ट में वे लोग हैं जिनके हमने इसलिए नाम लिख दिए क्योंकि ये नंबर गेम है। ज्यादा-से-ज्यादा नंबर बढ़ाने थे, ज्यादा नाम लिखने थे, अपलाइन को बताना था कि देखो एक सप्ताह के अंदर मेरे पास 500 लोगों की लिस्ट है। कोल्ड लिस्ट में कुछ अजनबी यानि कि स्ट्रैंजर्स भी हो सकते हैं। कोशिश ये होनी चाहिए कि धीरे-धीरे हम कोल्ड लिस्ट को वॉर्म और हॉट लिस्ट में बदलें। आपकी जो लिस्ट बन रही है, उस पर काम करने के लिए आपको उसे हॉट, वॉर्म और कोल्ड लिस्ट में कैटेगराइज करना है। फिर धीरे-धीरे इसको अपडेट करते चले जाना है।

लिस्ट के चार गियर्स (Four Gears Of Lists)

(A) पहला गियर–हॉट लिस्ट (First Gear& Hot List): हॉट लिस्ट में वे लोग भी रहेंगे जो आपके क्लोज हैं। वे लोग जिन पर हमें भरोसा है कि ये तो जुड़ ही जाएंगे। उदाहरण के लिए हमारे करीबी रिश्तेदार हमारे हॉट लिस्ट वाले लोग हैं। हमारी हॉट लिस्ट हमारी गाड़ी का पहला गियर है। पहले गियर में जब गाड़ी चलती है तो स्पीड कम होती है, इंधन भी अधिक खर्च करती है लेकिन आपको पहला गियर लगाना ही पड़ेगा। और फर्स्ट गियर में अक्सर ऐसा होता है कि जिन पर आपने भरोसा किया था, जो आपकी फर्स्ट लिस्ट में थे, वो आपके साथ काम नहीं करेंगे। कोई बात नहीं है, जरूरी यह है कि आपको शुरुआत वहीं से करनी है।

(B) दूसरा गियर–वॉर्म लिस्ट (Second Gear& Warm List): वॉर्म लिस्ट हॉट लिस्ट से बड़ी होती है। इसमें ज्यादा नाम हैं। इसलिए आपको इस पर काफी देर तक काम करना पड़ेगा। अब जब आप वॉर्म लिस्ट में जाएंगे तो सेकेन्ड गियर में आपकी गाड़ी चलेगी। थोड़ी सी स्पीड बढ़ेगी।

(C) तीसरा गियर– कोल्ड लिस्ट (Third Gear& Cold List): कोल्ड लिस्ट सबसे बड़ी होगी। 500 में से संभवत: 400 लोग इसी लिस्ट का हिस्सा होंगे। जब उस लिस्ट में गाड़ी जाएगी तो आपकी स्पीड अपने आप बढ़ जाएगी।

(D) चौथा गियर–स्ट्रैंजर्स (Fourth Gear& Strangers): चौथी गियर में आपकी गाड़ी तब स्पीड में जाएगी जब आप स्ट्रैंजर्स पर काम करना शुरू करेंगे। वो लोग जो आपको कहीं-ना-कहीं रास्ते में मिले हैं या किसी के रेफरेंस के माध्यम से आपके पास आए हैं, जिनको आप

नहीं जानते हैं। वो लोग जिस दिन आपके बिजनेस में आना शुरू करेंगे या आप फोकस्ड होकर ऐसे लोगों पर काम करना शुरू करेंगे तो वे लोग आपके लिए बड़ा बिजनेस करेंगे।

मैं आपको ईमानदारी के साथ बता रहा हूं कि मेरी हॉट लिस्ट में जो लोग थे वे बहुत अधिक काम नहीं कर पाए या मैं उनसे बहुत ज्यादा काम नहीं करा पाया। आज मेरा कारोबार अगर बड़ा हो रहा है तो वो उन लोगों से हो रहा है जो मेरी लिस्ट का हिस्सा ही नहीं थे। जो अजनबी थे। या तो वे किसी रेफरेंस के माध्यम से आए थे या किसी ने उन्हें जोईन कराया था। जोईन कराके वो उन्हें छोड़कर चले गए। फिर मैंने उनके साथ आगे काम किया। वहां से मुझे ज्यादा बिजनेस आ रहा है लेकिन आप सीधे चौथे गियर में नहीं जा सकते हैं। आपको पहले गियर यानि कि हॉट लिस्ट से शुरू करना पड़ेगा।

अगले पेज पर लिस्ट बनाने का परफॉर्मा दिया गया है-

लिस्ट बनाने का परफॉर्मा

S.No.	Date	Name	Mobile	City/State	Occupation	Activity	Follow Up 1	Follow Up 2	Follow Up 3	Follow Up 4	Follow Up 5	Startup
1												
2												
3												
4												
5												
6												
7												
8												
9												
10												
11												
12												
13												
14												
15												
16												
17												
18												
19												
20												

ये परफॉर्मा है और आपको इसी प्रकार से लिस्ट बनानी है। इसमें कुछ कॉलम्स आपको दिखाई दे रहे हैं। लिस्ट में पहले आप सीरियल नंबर लिखिए, फिर तारीख लिखिए। मॉनिटर करने के लिए तारीख बहुत महत्वपूर्ण है। आप जान पाएंगे कि सप्ताह में कितने लोग जुड़े हैं।

फिर लिखिए मोबाइल नंबर, शहर और राज्य का नाम, पेशा (Profession)। पेशा लिखना इसलिए भी जरूरी है कि जब आप अपने अपलाइन को अपनी लिस्ट दिखाएंगे तो पता चलेगा कि किस-किस पेशे के लोग आपकी लिस्ट में हैं। अब आपको लिखना है एक्टिविटी। यानि कि आपने अपॉइंटमेंट लिया है या नहीं लिया है। अपॉइंटमेंट मिली है तो एक्टिविटी क्या है वो लिखिए। उसके बाद 'Follow Up 1' से लेकर 'Follow Up 5' तक आपको अलग-अलग कॉलम में लिखना है।

जब भी किन्हीं व्यक्ति का नाम हमने लिस्ट में लिखा है तो उनके साथ पांच फॉलोअप्स होने चाहिएं। उनका नाम लिखने के बाद हम उनसे अपॉइंटमेंट लेंगे और फिर उनको प्रेजेंटेशन देंगे। ऐसा नियम है कि प्रेजेंटेशन के बाद हमें उनसे पांच बार फॉलोअप करना चाहिए।

हम इन कॉलम्स में लिखेंगे कि पहले फॉलोअप में क्या हुआ, दूसरे, तीसरे, चौथे और पांचवे फॉलोअप में क्या हुआ। हर फॉलोअप के बाद शायद हमें अगले फॉलोअप की तारीख मिलेगी। इसी प्रकार से आपको लिस्ट बनानी है ताकि आगे चलकर व्यक्ति के स्टार्टअप करने तक ये पूरी शीट आपके काम आएगी।

अब हमलोग बिल्कुल लास्ट में हैं और लास्ट में मैं आपको बताना चाहता हूं कि हर व्यक्ति की लिस्ट में कुछ-ना-कुछ ऐसे लोग होते हैं जो उनके बिजनेस को नेक्स्ट लेवल तक लेकर जाएंगे। जिस प्रकार से ताश में 52 पत्ते होते हैं और उन 52 पत्तों में 4 इक्के होते हैं। उसी तरह से आपको चार इक्के चाहिएं।

अगर आपको 4 इक्के चाहिएं तो आपको ताश के 52 पत्तों को खोल-खोलकर देखना पड़ेगा और जिस दिन आप 52 पत्तों को खोल-खोलकर देख लेंगे तो आपको 4 इक्के मिल जाएंगे। कभी-कभी ऐसा भी होगा कि आप 10 पत्ते खोलेंगे और आपको 10 पत्तों में ही 4 इक्के मिल जाएं लेकिन ऐसा भी हो सकता है कि पहले 48 पत्तों में से आपको एक भी इक्का ना मिले।

ठीक उसी प्रकार से आपकी लिस्ट में भी वो चार लोग हैं जो आपके बिजनेस के इक्के साबित होंगे। हो सकता है वो पहले पचास लोगों में ही आपको मिल जाएं और यह भी हो सकता है कि 490 लोगों के बाद आपको मिलें लेकिन उम्मीद रखनी है कि आपकी लिस्ट में आपके चार इक्के हैं।

गोल्डमाइन (Goldmine)

आइए हमलोग गोल्डमाइन का उदाहरण लेते हैं। जो लोग सोने के खान में खुदाई करने जाते हैं, उनको बहुत सारी मिट्टी हटानी पड़ती है और बहुत सारी मिट्टी हटाने के बाद कहीं जाकर थोड़ा सा सोना मिलता है। उसी प्रकार से जो आपकी प्रोस्पैक्ट्स की लिस्ट है, जिसमें आपने 500 लोगों के नाम हैं। उन्हीं 500 लोगों में से कुछ सोने जैसे लोग हैं।

ये वो लोग हैं जो आपकी बिजनेस के डायमंड्स बनेंगे लेकिन उसके लिए आपको मिट्टी हटानी पड़ेगी। मिट्टी से मेरा तात्पर्य है कि आपको अपनी लिस्ट के हर व्यक्ति से होकर गुजरना पड़ेगा। उनसे अपॉइंटमेंट लेना पड़ेगा, उनको प्रेजेंटेशन दिखाना पड़ेगा, फॉलोअप करना पड़ेगा। हो सकता है ये सब करने के बाद भी आपको सफलता ना मिले लेकिन उसके बाद आप उन लोगों तक पहुंचेंगे जो आपके बिजनेस में डायमेंड बनेंगे। इसलिए आपको इसी एटीटयूड के साथ काम करना है।

सफलता स्पीड से प्यार करती है (Success Loves Speed)

अगर आप तेजी से काम करेंगे तो यह काम बहुत आसान है, क्योंकि डायरेक्ट सेलिंग मोमेंटम बेस्ड बिजनेस है। इसमें मोमेंटम चाहिए, इसमें तेजी चाहिए। अगर आप केवल 10 लोगों की लिस्ट बनाएंगे तो जल्दी थककर बैठ जाएंगे। आपको लगेगा कि 6 महीने हो गए, दो साल हो गए मगर कुछ नहीं हो रहा है।

लेकिन जब आप स्पीड के साथ काम करेंगे, अपनी लिस्ट में नाम जोड़ते जाएंगे तो देखेंगे कि जिस स्पीड के साथ आपकी लिस्ट बढ़ रही है, उसी स्पीड के अनुपात में आपको अपॉइंटमेंट्स भी मिल रहे हैं, उसी स्पीड के साथ प्रेजेंटेशन भी दिखाए जा रहे हैं और उसी अनुपात में नई जॉइनिंग भी हो रही हैं।

जिन लोगों ने स्पीड को अपना साथी बनाया है, उन्होंने ही डायरेक्ट सेलिंग में इतिहास रचा है।

****

तीसरा बुनियादी कदम: संपर्क करना

तीसरा बुनियादी कदम: सम्पर्क करना व आमंत्रित करना (Contact & Invite)

मैं मानता हूँ कि अब तक आपने उन लोगों की लिस्ट बना ली होगी, जिन से आपको सम्पर्क करना है। पिछले अध्याय में हमने ये बहुत अच्छे से चर्चा किया कि 500 लोगों की लिस्ट कैसे बनानी है। साथ-साथ मैं ये भी उम्मीद करता हूँ कि आपने अपनी लिस्ट में से हॉट, वॉर्म और कोल्ड लीड्स भी कैटेगराइज कर लिया होगा।

अब हम बात करते हैं कांटेक्ट और इन्वाइट कैसे किया जाता है। जो लिस्ट में लोग हैं, उनसे कांटेक्ट करना और उनको बिजनेस या प्रोडक्ट प्रेजेंटेशन के लिए आमंत्रित करना, सबसे महत्वपूर्ण काम है। इस बिजनेस में आपकी अपलाइन बहुत सारा काम आपके लिए करती है। वह आपके लिए प्लान दिखा सकती है, फोलोअप कर सकती है लेकिन जब बात कांटेक्ट करने की आती है तो ये काम सिर्फ आप ही कर सकते हैं। ये काम आपकी अपलाइन नहीं कर सकती है। इसलिए इसे बहुत अच्छे से और तुरंत सीखना अनिवार्य है। अगर इस काम को सीखने में आपने देरी की तो बाकी के कामों में भी देर होगी और जिस गति से आप अपना बिजनेस चलाना चाहते हैं, उस रफ्तार पर नहीं चल पायेगा।

जब मैंने डायरेक्ट सेलिंग बिजनेस स्टार्ट किया था, उस समय मैं बहुत अनाड़ी था। कैसे प्रॉपर अपॉइंटमेंट लेनी है, किस से कैसे बात करनी है, यह सब मुझे नहीं आता था।

मैं हरियाणा के जीन्द जिले से हूँ। हमने निर्णय किया कि हम अपनी अपलाइन के साथ मेरे गाँव जाकर लोगों को बिजनेस प्लान दिखाएंगे। गाँव में कोई होटल या रेस्टोरेंट नहीं होता है। ऐसे में हमने सबको चौपाल पर इकठ्ठा कर लिया था। अमूमन चौपाल में लोग तब

जमा होते हैं जब कोई नेता या सरकारी अधिकारी आते हैं। जब हमने लोगों को बुलाया तो सभी गाँव वाले ऐसा ही कुछ सोच के इकठ्ठा भी हुए थे। तकरीबन 20-25 लोग एकत्रित हो गए थे। वहां पर बिजनेस प्लान शेयर करने बाद गाँव वालों के प्रश्नों के बौछार से ऐसा लग रहा था कि वे मेरे अपलाइन की खिल्ली उड़ा रहे हैं। वह मेरे लिए एक बहुत बड़ी लर्निंग थी की हमारा कांटेक्ट करने का तरीका हमारी ऑडियंस के हिसाब से सही नहीं था।

उस दिन से मैंने कांटेक्ट और इन्वाइट पर कैसे काम किया जाता है, इस विषय पर काम करना शुरू किया। साथ ही देशभर के सफल व्यक्तियों से सीखा और आज आप से वही लर्निंग साझा कर रहा हूँ।

सम्पर्क करना व आमंत्रित करना (Contact & Invite) एक कौशल है, जिसे हम सीख सकते हैं। ये कोई गॉड गिफ्टेड चीज नहीं है। इस स्किल को डेवलप करने में आपका सबसे बड़ा साथी आपका फोन होता है।

कांटेक्ट एंड इन्वाइट के क्रम में आने वाली परेशानी

अब हम यहां बात करेंगे कि कांटेक्ट एंड इन्वाइट की प्रक्रिया में कहां-कहां परेशानी होती है और उस परेशानी को कैसे दूर किया जा सकता है।

1. **डर और झिझकः** कांटेक्ट एंड इन्वाइट प्रक्रिया को आत्मसात करते ही हमें डर और झिझक को अपने आप से दूर करना होगा।

हमें डर रहता है कि अगर हम लोगों से मिलेंगे, उनसे बातचीत करेंगे तो वे मना कर देंगे। हमारी बेइज्जती हो जाएगी। असफलता का

डर हमें लगा रहता है। ये याद रखिये कि डर आपको कुछ भी नया करने से रोकता है। आपके उत्साह को ये जीरो की कैटेगरी में ले के आ जाता है। आपको एक उदाहरण देकर समझाते हैं।

एक शेर को पकड़ने के लिए शिकारी तरह-तरह के जतन करता है। कुछ लोग हाथियों पर आते हैं। आवाज करते हैं। ढोल-नगाड़े बजाते हैं, ताकि शेर बाहर निकल के आये। जब शेर बाहर निकल कर आता है तो एक जाल बिछा के शिकारी पहले से तैयार रखता है। ये जाल एक तरफ से खुला होता है, ताकि शेर इसमें आ जाए बाकी की तीनों तरफ से बंद होता है। शेर इतनी सारी आवाजें सुनकर डर जाता है और घबराहट में आके जाल में फंस जाता है। सबसे ताकतवर प्राणी अपने ही घर में कैद हो जाता है और अपने आपको सरेंडर कर देता है।

लेकिन उसी समय अगर कोई दूसरा शेर आकर इस डरे हुए शेर को हौंसला बँधाये की "घबरा मत, दोस्त। ये तो बस एक छोटी सी बात है। पिछले दिनों इन शिकारियों ने मुझे भी ऐसे ही फंसाने का प्रयास किया था। डरो मत, आगे बढ़ो, तुम आजाद हो सकते हो।"

अगर ऐसी कोई आवाज उस डरे हुए शेर तक किसी तरह पहुँच जाये तो आपको क्या लगता है, यह डरा हुआ शेर प्रयास करके उस धागे के जाल को तोड़ के बाहर नहीं आ सकता? बिलकुल आ सकता है। है ना ?

ठीक इसी डरे हुए शेर की तरह हम भी अपने प्रॉस्पेक्ट को कॉल करने से पहले हजार बार सोचते हैं - पता नहीं सामने वाला क्या कहेगा? क्या होने वाला है? ऐसे बहुत सारे विचार हमारे मन में आते हैं, जिनकी वजह से हम आगे बढ़ने का प्रयत्न छोड़ देते हैं। किसी के 'पता नहीं क्या कहेगा' के विचार से हम डर के हार मान लेते हैं। तो बस आपको

डर से दो-दो हाथ करना है, क्योंकि डर के आगे........जीत है।

डर की बात हमने कर ली। अब दूसरे प्वाइंट पर भी नजर डालते हैं। जहाँ डर होगा वहाँ झिझक होगी। झिझक एक प्राकृतिक स्वभाव है जो डर के ही कारण उत्पन्न होती है। बहुत सारे लोगों में फियर ऑफ रिजेक्शन होता है। इसलिए वे फोन उठा के किसी को कॉल नहीं करते या कॉल करने में सकुंचाते हैं। इस सकुंचाने को सेल्स काल्स रिलकटेंस भी कहा जाता है।

किसी भी व्यक्ति के झिझक के दो ही कारण हो सकते हैं - पहले से ही यह मान लेना की सामने से नकारात्मक जवाब मिलेगा। वह क्या सोचेंगे। यह जो सोचने की प्रक्रिया है, यह केवल हमारे दिमाग का भ्रम है। सामने वाला व्यक्ति ये सब नहीं सोचता है। झिझक हमारी सफलता के लिए एक बहुत बड़ा अवरोधक है।

मुझे याद है, मैं शुरुआत में किसी से मिलने चला भी जाता था तो मुझे समझ नहीं आता था कि मैं अपनी बात की शुरुआत कहाँ से करूँ। बहुत बार मैं लोगों के पास से चाय पी के वापस चला आता था। उनसे यह बता ही नहीं पाता था कि मैं उनसे किस वजह से मिलने आया हूं। ऐसा ही झिझक देखने को मिलता है, जब हम डायरेक्ट सेलिंग बिजनेस का प्लान शो करने के लिए अपने प्रॉस्पेक्ट को कांटेक्ट करने की कोशिश करते हैं।

चलिए मान लेते हैं कि आपके पड़ोसी को आपको सुबह के तीन बजे कॉल करना है। तो आप सीधे कह देंगे कि 'नहीं-नहीं ये सही टाइम नहीं है, हमारे पड़ोसी क्या सोचेंगे। वे डिस्टर्ब हो जायेंगे।' ऐसे ही विचार हमारे मन में आते हैं, लेकिन अगर आपके पड़ोसी के घर में सुबह 3 बजे आग लग जाती है और आप उस समय जगे हुए हैं, आपने उनकी रसोई से धुआँ देख लिया है, तो क्या आप तब भी उनको कॉल नहीं करेंगे?

बिल्कुल करेंगे। यह आपका धर्म भी है और आपके पास एक मजबूत कारण भी है।

अपने पड़ोसी की सहायता के लिए आप हर कोशिश करेंगे कि किस तरह उनका घर जलने से बच जाये और उन्हें किसी प्रकार की हानि ना हो। आप उनको कॉल करेंगे, दरवाजा खटखटाएंगे और अगर वे तब भी ना उठे तो आप बाकी पड़ोसियों को सचेत व एकत्रित करके उनका दरवाजा भी तोड़ने का प्रयत्न करेंगे। जब तक आप ये ना देख लें आपके पड़ोसी सुरक्षित हैं तब तक आप उनको बचाने का हर एक प्रयास करेंगे।

ऐसा आप क्यों करेंगे? क्यूंकि आपके पास एक स्ट्रांग रीजन है। आपको लगता है कि सबसे पहले आपके पड़ोसी की जान बचानी जरूरी है। एक स्ट्रांग रीजन जिससे आप स्वयं कॉफिडेंट हैं, आपके दिमाग से डर, झिझक सब बाहर निकाल देता है।

डायरेक्ट सेलिंग बिजनेस में भी जब आप के पास एक स्ट्रांग वजह होती है, जिसके वजह से आपके अंदर एक आत्मविश्वास आएगा कि 'मैं जिसे भी कॉल करूंगा, उसे बुरा नहीं लगेगा।'

यह वजह हमारी अलग-अलग हो सकती है। जैसे कि आपके पास उपलब्ध प्रोडक्टस में क्या-क्या यूनिक सेलिंग प्वाइंट (USP) हैं, आपको अपने पास लिख के रखना है। आप यह काम अभी भी कर सकते हैं। एक पेन और नोटबुक लीजिये और उसमें वे तीन ऐसे कारण (USP) लिखिए जो आपको प्रोडक्टस में हैं, जिससे आप मोटीवेट होंगे और ये उत्पाद आपके प्रोस्पैक्ट को लाभ पहुचाएंगे।

आपकी कम्पनी के उत्पाद व मार्केटिंग प्लान के निम्न लाभ प्रोस्पैक्ट को आकर्षित कर सकते है।

A. **रोग प्रतिरोधक क्षमता बढ़ाने वाले उत्पाद (Immunity Booster Products):—**

जब से कोविड आया है तब से लोग इम्यूनिटी को लेकर बहुत गंभीर हो गए हैं। लगभग सभी डायरेक्ट सेलिंग कंपनियां इम्युनिटी से रिलेटेड प्रोडक्ट्स बनाती हैं, जिससे लोगों की सेहत और इम्यूनिटी अच्छी रहती है, लोगों को विश्वसनीय जगह से ऐसे उत्पाद चाहिएं आपका फोन काल उनकी सहायता कर सकता है।

B. **वाजिब दाम में असली उत्पाद (Original Products in reasonable rate):—**

आप लोगों को बता सकते हैं कि कैसे आपकी कंपनी के प्रोडक्ट्स के प्राइस मार्केट रेट से कम हैं या मार्केट के बराबर रेट के हैं। उत्पादों में नकली उत्पाद होने का डर हमेशा बना होता है क्योंकि वहाँ पर बीच में बहुत सारे लोग हैं जबकि डायरेक्ट सेलिंग में उत्पाद सीधे कम्पनी से आते हैं तो नकली होने की सारी सम्भावनाएँ खत्म हो जाती हैं और 100% शुद्ध व असली उत्पाद ही मिलते हैं वो भी वाजिब दामों पर।

C. **बिजनेस की संभावना (Business & Opportunity):—**

प्रोडक्ट देने के साथ जब आप अपने प्रॉस्पेक्ट को यह कहेंगे कि, "इस प्रोडक्ट के अलावा कंपनी आपको उनके साथ बिजनेस करने का अवसर दे रही है।" ऐसे में आपको क्या लगता है कोई मना करेगा? दो पैसे एक्स्ट्रा सबको चाहिएं। है ना ? साथ ही ये भी बताइये कि ये ऐसी बिजनेस अपॉरचुनिटी है, जिसे 21वीं सदी का व्यवसाय भी माना जाता है।

जब ऐसे स्ट्रांग कारण के साथ आप अपने प्रॉस्पेक्ट्स से बात करेंगे तो ना ही आपको किसी भी चीज का डर होगा और ना ही कोई झिझक।

सेलिंग के एक्सपर्ट्स ने कुछ ऐसे कारण ढूंढे, जिनकी वजह से लोग किसी से कांटेक्ट नहीं करते। जैसे लोग असफलता से डरते हैं, बेइज्जती से डरते हैं। इन में से एक मेन प्वाइंट सामने आया कि लोग सोचते हैं कि सामने वाला व्यक्ति क्या सोचेगा? जब हम किसी से कांटेक्ट करने के लिए फोन उठाते हैं, ये सबसे बड़ा अवरोधक बन के सामने खड़ा हो जाता है। यह एक साइकोलॉजिकल अटैक है। जिसे साइको बबल भी कहा जाता है।

जब भी इस प्रकार के विचार आपके मन को विचलित करें तो आपको बस यह सोचना है कि आपका प्रॉस्पेक्ट आपके फोन से खुश होने वाला है। आपको पॉजिटिव सोचना है। अगर आप अपने विचारों को नेगेटिव ही रखेंगे तो आपको असफलता का सामना करना पड़ सकता है। इसलिए अपने विचारों को पॉजिटिविटी की ओर ही ले कर जाएँ। बस ऊपर दी हुई तीन वजह याद रखिये और अपने मन को बार-बार बताइये ये कारण सुन के वह व्यक्ति खुश होने वाला है।

छोटी आवाज पर नियंत्रण रखें।

मैं आपको अभी एक और बात से अवगत कराना चाहता हूँ। जब आप अपने दिमाग को पॉजिटिव विचारों के निर्देश भेज रहे होंगे तो संभावना है कि आपके मन में बैठी 'छोटी आवाज' इसका विरोध करे। इस छोटी आवाज का काम ही है कि हमें हतोत्साहित करते रहना। जब हमारा एक मन यह कहेगा कि हमारा प्रॉस्पेक्ट खुश होने वाला है। हम उसकी सहायता करना चाहते हैं। आप प्रसाद की तरह इस अवसर को लोगों को बांटना चाहते हैं, दूसरी ओर से ये धीमी आवाज में दबे पाँव आप तक आएगी और आपसे कहेगी, "नहीं, नहीं, ये गलत है। वह व्यक्ति नाराज हो जायेगा। पता नहीं वह क्या सोचेगा।" तो जब ऐसी आवाज आपके मन में आने लगे तो बस आपको इतना करना है कि

इस छोटी आवाज को दबा के रखना है। आगे नहीं बढ़ने देना है। बस अपने आप से पॉजिटिव कन्वर्सेशन करते रहना है। दूसरी वजह जो हमें संपर्क करने से रोकती है

2. **कौशल का अभाव (Lack of skill):**

हम प्रॉस्पेक्ट से बात करने की हिम्मत जुटा लें पर हमें परिणाम नहीं मिलते। ऐसा इसलिए होता है क्यूंकि डर और झिझक तो हट गया पर अभी हमारे पास वे स्किल्स नहीं हैं जिनकी हमें लोगों से कांटेक्ट करने के लिए जरूरत है। अब जब हमें परिणाम नहीं मिलता है तो कुछ कॉल्स करने के बाद हम आगे किसी से भी कांटेक्ट करना बंद कर देते हैं। एक लकड़हारा था। उसने नयी-नयी जॉब पकड़ी थी। नौकरी के पहले ही दिन उसने 10 पेड़ की लकड़ियां काट डालीं। मालिक बहुत खुश हुआ। फिर जैसे-जैसे दिन बीतते गए, लकड़हारे का लकड़ी काटने का काम कम होता गया। वह बेचारा पिछले दिन से अधिक मेहनत करता पर अंततः उसे रिजल्ट नहीं दिखता। नौकरी को अभी एक ही हफ्ता बीते थे की वह केवल 2 ही पेड़ की लकड़ी मुश्किल से काट पाया था। नौकरी का टाइम ओवर होने पर जब मालिक ने ये नोटिस किया तो लकड़हारे को बहुत डाँटा और फटकार लगायी, "तुम निकम्मे हो। मन से काम नहीं करते बस यहाँ आते हो और चले जाते हो।" मालिक की बात सुन के लकड़हारा रुआंसा हो गया और उसने मालिक को अपनी व्यथा बताई कि, "मालिक, मैं लकड़ी काटने का प्रतिदिन प्रयत्न करता हूँ और पिछले दिनों से अधिक मेहनत करता हूँ, फिर भी मुझसे अधिक लकड़ियां नहीं कट पा रही है। मुझे समझ नहीं आ रहा मैं क्या करूं?" मालिक को उस बेचारे लकड़हारे पर थोड़ी सी दया आयी। फिर मालिक ने पूछा की, "क्या तुमने अपनी कुल्हाड़ी पर धार लगायी थी?" लकड़हारे ने गर्दन हिलाई और कहा मैं लकड़ी काटने में

इतना व्यस्त हू कि कुल्हाड़ी पे धार लगाने का समय ही नहीं मिलता?

हम भी कुछ इसी प्रकार से अपने बिजनेस या प्रोफेशन में करते हैं। मेहनत तो बहुत करते हैं पर अपने स्किल्स की वृद्धि पर काम नहीं करते। जिन लोगों के पास अपने प्रोफेशन अनुसार स्किल्स नहीं होते वह एक फोकस के साथ आगे नहीं बढ़ पाते हैं। पर मुझे पता है कि आप अगर ये चेप्टर पढ़ रहे हैं तो आप आलरेडी फोकस्ड हैं और अपने स्किल को बढ़ाने में लगे हुए हैं। बस सही डायरेक्शन में चलते रहिये।

....

प्रोफेशनल की तरह अपॉइंटमेंट लें।

हमें एक प्रोफेशनल व्यक्ति की तरह अपॉइंटमेंट लेनी चाहिए। जो लोग गंभीरता के साथ इस बिजनेस को करते हैं उन्हीं को यह बिजनेस गंभीरता के साथ पैसा देता है। जैसे हम गली का क्रिकेट खेंले या फिर प्रोफेशनल क्रिकेट खेलें। गली का क्रिकेट खेलेंगे तो हमें कुछ मिलता नहीं है, लेकिन यदि हम प्रोफेशनल क्रिकेट खेलेंगे तो बहुत सारा पैसा व पहचान मिलेगी लेकिन इसके लिए पहले प्रोफेशनल लोगों से सीखेंगे। तो ठीक इसी तरह से हमे डायरेक्ट सेलिंग के प्रोफेशनल लोगों से सही सम्पर्क करने का प्रोफेशनल तरीका सीखना पड़ेगा।

डायरेक्ट सेलिंग बिजनेस सभी को अट्रैक्ट करता है, लेकिन बहुत कम लोग ऐसे हैं जो इसे प्रोफेशनल तरीके से करते हैं। इसीलिए डायरेक्ट सेलिंग में बहुत कम लोग सफल होते हैं। हमें हर काम को प्रोफेशनल तरीके से करने की कोशिश करनी चाहिए। विशेष रूप से अपॉइंटमेंट लेने या कॉन्टेक्ट करने का काम हमें प्रोफेशनल तरीके से करना चाहिए। आगे हम प्रोफेशनल और एमेच्योर लोगों में अंतर देखेंगे।

Sr. No.	नौसिखिए **(Immature)**	पेशेवर **(Professional)**
1	ये मूडी व आलसी होता है। उसका मूड होगा तो बात करेगा नहीं तो नहीं करेगा।	ये मूडी और आलसी नहीं होते हैं। हमेशा उत्साह से भरे रहते हैं, सेल्फ मोटिवेटेड होते हैं। क्योंकि उनके अपने लक्ष्य हैं। उनके पास अपना काम करने का तरीका है। तो इसलिए उनको अपलाइन के मोटिवेशन की जरूरत नहीं होती है।
2	"की फर्क पैन्दा है" वाला नजरिया। आज नहीं तो कल संपर्क कर लेंगे।	उनका आज का अपना एजेंडा होता है, जिसे उनको आज ही पूरा करना होता है।
3	"मैं सब कुछ जानता हूँ" वाला नजरिया	हमेशा सीखने के लिए तैयार रहते हैं।

इमैच्योर और प्रोफेशनल्स में ये बेसिक डिफरेंस होते हैं।

फोन पर बातचीत की शुरुआत कैसे करें?

यह बहुत छोटे-छोटे पॉइंट्स होते हैं। इनमें से कुछ पॉइंट्स को हम फॉलो भी करते हैं और कुछ पॉइंट्स को जल्दबाजी में इग्नोर कर जाते हैं। इसलिए हमें इनको भी बात करते समय ध्यान रखना चाहिए।

1. परिचय दें **(Give short introduction)** सबसे पहले फोन पर अपने बारे में संक्षेप में बताएं।

2. इजाजत लें **(Permission to talk)** इसके बाद उनसे बात करने की अनुमति लें। सामने वाला व्यक्ति ट्रैफिक में फंसा हो सकता है या किसी मीटिंग में इसलिए इजाजत लें क्या मैं आपसे दो मिनट बात कर सकता हूँ, ध्यान रहें अगर दो मिनट बोला हैं तो बात दो मिनट में ही खत्म हो जाए।

3. हाँ मिलने वाले प्रश्न पूछें **(Ask such questions whose reply is yes)** और ऐसे सवाल पूछें जिनसे की उत्तर हां में ही हो।

समय कैसे लें (How to take appointments)

जब हम किसी व्यक्ति से अपॉइंटमेंट ले रहे हैं तो हम उसको किसी एक मुख्य अप्रोच से बात करेंगे। हर अप्रोच का एक स्क्रिप्ट होना चाहिए। मतलब आपके पास लिखी हुई स्क्रिप्ट होनी चाहिए। यह उसी तरह होता है जैसे एक एक्टर को डायरेक्टर के द्वारा डायलॉग की स्क्रिप्ट दी जाती है और एक्टर राइटर के द्वारा लिखे हुए डायलॉग को फीलिंग्स के साथ पढ़ता चलता है। तो इस तरह हर अप्रोच की एक स्क्रिप्ट हमारे पास होनी चाहिए। आगे कुछ अप्रोच के बारे में हम देखेंगे –

1. **Direct Approach** - इसमें हम किसी भी व्यक्ति से सीधे तौर

पर बातचीत करते हैं। उदाहरण **"हैलो रमेश क्या मैं आपसे दो मिनट बात कर सकता हूँ आप हमेशा बड़ा सोचते हैं और कुछ नया करने की बात करते है मेरे पास एक बहुत अच्छा अवसर (Opportunity) है वो मैं आपके साथ साझां करना चाहता हूँ आज शाम को मिलें या कल सुबह"**।

2. **Take Opinion Approach** – इस अप्रोच में हम अपने से सीनियर या अनुभवी लोगों से सलाह लेते हैं। उनसे बातचीत करके हम अपने नए काम के बारे में उन्हें बताते हैं। उदाहरण **"मेरे सर्कल में आपसे अनुभवी व बुद्धिमान व्यक्ति और कोई नहीं है मैं एक नया काम करने की सोच रहा हूँ उसके बारे में मुझे आपसे सलाह लेनी है आज शाम को मिलें या कल सुबह"**।

3. **Indirect Approach** – यह अप्रोच हमारे क्लोज रिलेशन में काम करता है। जिसमें हम अपने प्लान फोन पर शेयर नहीं करते हैं।हम उस व्यक्ति के साथ अपॉइंटमेंट किसी अन्य बहाने से लेते हैं और फिर बाद में अपनी बात भी उससे शेयर कर देते हैं। उदाहरण **"रमेश आप से मिले हुए बहुत दिन हो गये गप्पें मारने का मन है व एक खास बात भी करनी है कब मिलें आज शाम को या कल सुबह"**।

4. **Expansion Approach** – यह अप्रोच तब काम करती है जब आप अपने शहर या राज्य से बाहर निकल कर बिजनेस करना चाहते हैं। तो आप उस जगह के व्यक्ति से अपॉइंटमेंट लेते हैं। उदाहरण **"हैलो रोहित मैंने दिल्ली में एक नया बिजनेस शुरू किया है इसे मैं आगरा में करना चाहता हूँ आप तो बचपन से ही आगरा में रहते हैं इसलिए मुझे आपकी सलाह चाहिए। मैं आपको मीटिंग के लिए एक लिंक भेज रहा हूँ"**।

5. **Reference Approach** – जब हम कुछ लोगों से मिलते हैं तो उनको न तो हमारे प्रोडक्ट में व न प्लान में इंटरेस्ट होता है उनसे

हम उनके जानकार लोगों की सूची मागँते हैं फिर उनसे संपर्क करते हैं उदाहरण "हैलो रोहित तुम मुझे नहीं जानते मेरा नाम रमेश है मुझे आपका नंबर हमारे कॉमन दोस्त रवि गुप्ता अध्यापक से मिला है उन्होनें मुझे बताया हैं कि आप जिन्दगी में बहुत बड़ा करना चाहते हो और मेरे पास आपके लिए एक अवसर है वो मैं आपसे साझा करना चाहता हूँ आज शाम को मिलें या कल सुबह"।

उदाहरण के लिए उपरोक्त पाँच अपरोच आपको बताई गई हैं और भी बहुत सारी अपरोच हो सकती हैं आपने यह तय करना है कि किस व्यक्ति के साथ किस अपरोच से बात करें।

सही तरीके से समय कैसे लें

(How to take quality appointments)

अब हमें इस बात पर ध्यान देना होगा कि हमें किसी व्यक्ति के साथ Quality (विशिष्ट) अपॉइंटमेंट कैसे लेनी चाहिए। इससे संबंधित कुछ बिंदुओं की चर्चा हम नीचे करेंगे ।

1. **सकारात्मक नजरिया (Positive Atitude)** – हमें किसी से बात करते समय पॉजिटिव एटीट्यूड बनाकर रखना चाहिए। यदि हम पॉजिटिव एटीट्यूड के साथ बातचीत करेंगे तो हमारा मकसद पूरा होगा। लोग आपको मना नहीं कर पाएंगे। मन में सोचिए सामने वाले व्यक्ति को अच्छे उत्पादों की जरूरत है, वह आपके फोन से खुश होगा, परमात्मा ने आपको दूसरे लोगों की सहायता करने का अवसर प्रदान किया है इस तरह के चिंतन से साथ बात शुरू करें।

2. **सही वेश भूषा (Proper Dress)**– हमेशा किसी से बात करते समय हमें एक प्रॉपर ड्रेस पहनना चाहिए। चाहे हम किसी से

वीडियो कॉल पर बात कर रहे हों या ऑडियो कॉल पर। हमें प्रॉपर ड्रेस गेटअप में होना ही चाहिए। प्रॉपर ड्रेस गेटअप में होने पर हमारी बातचीत का अंदाज बदल जाता है।

एक रेडियो स्टेशन के श्रोताओं की संख्या दिन प्रतिदिन घटती जा रही थी और वह बंद होने के कगार पर आ गया था। प्रबंधकों ने अन्तिम प्रयास के लिए एक अनुभवी व्यक्ति से गिरती हुई श्रोताओं की संख्या को बढ़ाने के लिए सुझाव मांगें। उस व्यक्ति ने पहले कारण खोजे क्यों श्रोताओं की संख्या घटती जा रहीं है फिर सुझाव दिया कि सभी कर्मचारी सही वेश भूषा पहन के बन-ठन के आएं और विशेषता रेडियो जौकी दुल्हे व दुल्हन की तरह सज धज के कार्यालय आएंगे। कार्यालय में बड़े-बड़े दर्पण **(Mirror)** लगा दिए ताकि वो अपनी ड्रेस व चेहरा दिन में बार-बार देख सकें। कर्मचारियों को यह सुझाव तर्क विहिन लगा फिर भी उन्होंने आदेश का पालन किया। सब ने जब दर्पण में अपने आपको देखा तो उनका आत्मविश्वास बढ़ गया रडियो जौकी ने उत्साह के साथ बात करना शुरू किया और देखते ही देखते श्रोताओं की संख्या बढ़ गई। हालांकि उनका चेहरा रेडियो पर दिखता नहीं था फिर भी उनकी ड्रेस ने अपना काम किया। उसी तरह फोन पर बात करते हुए आपकी अच्छी वेश-भूषा सामने वाले को दिखेगी नहीं लेकिन उसका असर आपके परिणामों पर दिखेगा।

3. **मुस्कुराते हुए बात की शुरूआत करें (Start with Smile)**— फोन पर बातचीत करते समय अपने चेहरे पर स्माइल रखिए। यह स्माइल एक पॉजिटिव मैसेज सामने वाले को देती है और आपकी आवाज के माध्यम से उस तक पहुँच जाती है।

4. **हाल–चाल पूछें (Know their well being)**– बातचीत करते समय हमें संक्षेप में सामने वाले के हालचाल लेने चाहिएं और फिर अपनी बात करनी चाहिए। यह बात करने का बहुत अच्छा तरीका होता है।

5. **तारीफ करें (Compliment them)**– बातचीत करते समय हमें सामने वाले की तारीफ करनी चाहिए। जो - जो बातें उनकी हमें अच्छी लगती है और वह बातें दूसरों को भी प्रभावित करती हैं तो उन बातों के लिए हमें सामने वाले को कॉम्पलीमेंट देना चाहिए।

6. **किसी एक अपरोच के साथ बात करें (Invite with anyone approach)**– उस व्यक्ति के साथ कौन सी अपरोच सही रहेगी वो सोचें व उपरोक्त अपरोचों में से किसी एक का इस्तेमाल करें।

7. **समय व स्थान सुनिश्चित करें (Take conformation)**–मिलने का समय व स्थान दुबारा से दोहराएं। ठीक है तो शाम छः बजे हम आपके घर मिल रहे हैं।

8. **वायदा करवा लें (Take commitment)**– अगर आप उन्हें **Zoom** मीटिंग का लिंक भेज रहे हैं तो कहे कि कृपया आप अपना विडियो ऑन करके रहिए। अगर आप किसी फिजिकल मीटिंग के लिए बुला रहे हैं तो अनुरोध करें कि वो फोन को साईलेन्ट करके बैठेंगे।

9. **सकारात्मक माहौल में बातचीत खत्म करें (End the call on a positive note)**–

चाहे हमें उस बातचीत में कुछ भी खराब लगा हो, फिर भी हमें बातचीत का अंत एक सकारात्मक माहौल में करना चाहिए।

10. **जरूरी जानकारी तुरन्त दें (Send any required information)**—

जब भी हम किसी के साथ बातचीत करते हैं और उस बातचीत में हम उसे कोई डॉक्यूमेंट भेजने वाले होते हैं या फिर उसे बुलाने के लिए लोकेशन भेजने वाले होते हैं तो यह काम हमें बातचीत के ठीक बाद तुरंत ही कर लेना चाहिए। नहीं तो हम किसी दूसरे काम में व्यस्त हो जाएंगे और भूल जाएंगे।

....

अपॉइंटमेंट (समय) लेने के स्वर्णिम बिंदु

Golden Rules of Appointment

यह अध्याय बहुत ही महत्वपूर्ण है। इसमें सम्पर्क करने व आमंत्रित करने के कुछ रूल्स बताएं गए हैं। जो मैनें पिछले 23 सालों में सीखे हैं।

1. **बातचीत की कमान अपने हाथ में रखें** (Hold command over the conversation)- आपको किसी से बातचीत करते समय बातचीत की कमांड अपने हाथ में रखनी चाहिए। कहने का मतलब है कि मान लेते है कि आपको किसी से मिलना है तो आपने कहा 'मुझे आपसे मिलना है बताइए कब मिलें हम'। यह कहने से ही कमांड आपके हाथ से चली गई है। उसने तय करना है कि मिलना है या नहीं अगर आप कहें **"मुझे आपसे मिलना है आज शाम को मिले या कल सुबह"** अब उसे चुनना है कि वो शाम को मिलना चाहता या सुबह, ध्यान रहे एक-एक डायलॉग महत्वपूर्ण है।

2. **हर समय दो विकल्प दीजिये (Always give two options)**- हमेशा बातचीत में दो ऑप्शन को सामने रखना चाहिए। जैसे अगर किसी से मिलना है तो उनसे कहें कि, मुझे आपसे मिलना है, मैं

सुबह मिंलु या शाम को मिंलु।

3. **भावुक न बनें (Don't be emotional)-** फोन पर डायरेक्ट सेलिंग के बारे में, अपनी कंपनी के बारे में तथा अपने उत्पादों के बारे में भी बात न करें। अगर सामने वाला व्यक्ति ढंग से बात नहीं करता है व साफ-साफ मना कर देता है तो उसे व्यक्तिगत तौर पर मत लीजिए।

4. **संक्षेप में बात करें (Use KISS principle)-** आपकी बात 90 सेकंड में खत्म होनी चाहिए, सामने वाले व्यक्ति से पहले ही बोल दें कि थोड़ा जल्दी में हूँ संक्षेप में बात करूँगा। **KISS** सिद्धान्त कहता है **"Keep it short and simple"**

5. **ये संख्याओं का व्यापार है (It's a number game)-** प्रतिदिन कम से कम 10 लोगों से सम्पर्क करके उनसे समय लेने का लक्ष्य होना चाहिए अगर आप तेजी से अपने सपनों तक पहुँचना चाहते हैं तो 20-25 लोगों से प्रतिदिन बात करें व समय लें। इस दौरान हमें यह नहीं सोचना चाहिए कि कितने लोगों से अपॉइंटमेंट मिल रही है।

6. **ईमानदार रखें (Be Honest)-** समय लेने कि लिए झूठ का सहारा न लें। किसी भी चीज को छुपाएं नहीं।

7. **सहजता के साथ बात करें (Make them comfortable)-** सामने वाले व्यक्ति के साथ आपका जिस तरह का सम्बन्ध है उससे उसी लहजे में बात करें ज्यादा औपचारिकता न दिखाएँ।

8. **बातचीत को आगे बढ़ाएँ (Take conversation forward)-** आजकल बहुत सारे लोग समय लेने के लिए फोन करते है बैंक वाले, प्रोपर्टी वाले, बीमा वाले आदि इसलिए लोग सम्पर्क

करने वालों के प्रति नकारात्मक रवैया रखते हैं। इसके लिए आप मानसिक रूप से तैयार रहें। आपको निम्न प्रकार के नकारात्मक जवाब मिल सकते हैं।

नेगेटिव रिप्लाई – जब हम किसी व्यक्ति से बातचीत करते हैं तो हम देखते हैं कि वह हमसे बातचीत करना नहीं चाह रहा है। वह जल्दी ही फोन कट करने के बारे में सोचता है और एक नेगेटिव अप्रोच वाला एटीट्यूड हमें दिखाता है। कुछ नेगेटिव रिप्लाई इस प्रकार के होते हैं:

A. **मैं संतुष्ट हूँ** – जब आप किसी से बात करते हैं तो वह कहता है कि उसके पास जितना है उसी में वह संतुष्ट है। इसे हम उदाहरण के माध्यम से ऐसे समझ सकते हैं कि आप एक कंपनी के एंप्लॉय हैं और आप अपना प्रोडक्ट कंज्यूमर को बेचना चाहते हैं, लेकिन वह आपकी बातचीत से बचने के लिए आपको रिप्लाई देता है कि उसके पास जो पहले से प्रोडक्ट है वह उससे सटिस्फाइड है।

B. **समय नहीं है** – कभी कभी कुछ लोग आपसे बात करते हुए कह देंगे कि उनके पास समय नहीं है।

C. **मैं आपसे संपर्क करूंगा** – कुछ लोग बातचीत के दौरान बहुत ही फॉर्मल तरीके से आपको मना करते हैं। वे कहेंगे कि मैं आपसे जल्दी ही संपर्क करूंगा, लेकिन वे आपसे कभी बात नहीं करेंगे।

D. **दोबारा फोन मत करना** – कुछ लोग गलत तरीके से बातचीत करते हुए कहेंगे कि दोबारा फोन मत करना। ऐसी बातों से परेशान नहीं होना चाहिए और न ही ऐसी बातों को पर्सनल लेना चाहिए। धोबी को मालूम है कि उसके पास कभी भी धुले हुए कपड़े नहीं आएंगे इसलिए वो गन्दें कपड़ों से परेशान नहीं होता वैसे ही आप ये मान ले कि आपको बहुत अच्छा रिस्पोन्स नहीं मिलेगा और

इसी तरह के जवाब आपको सुनने को मिलेंगे।

E. **मुझे और जानकारी चाहिए** – कुछ लोगों को आपकी बात अच्छी लगेगी इन्हे आपसे और जानकारी चाहिए उन्हें जानकारी उपलब्ध करवा दें।

बातचीत में इन 4 चीजों का इस्तेमाल करना चाहिए

(i) **सहमति जतायें** – जब भी किसी से बात करें तो वह व्यक्ति जो भी बोले उस में अपनी सहमति जतायें चाहे वह व्यक्ति कितना भी नेगेटिव बात कह रहा हो।

(ii) **लाभ बताएं** – उस व्यक्ति से बात करते हुए उसे उनके लाभों के बारे में अधिक बताएं।

(iii) **तारीफ करे** – व्यक्ति से बात करते हुए उससे जुड़ी हुई हर उस चीज की तारीफ करें जो उसे खुशी प्रदान करती हो।

(iv) **पुनः निमंत्रण दें** – उसके मना करने के बाद भी उसे दोबारा से आमंत्रण दें।

अब इस बातचीत को हम एक उदाहरण के द्वारा समझने की कोशिश करेंगे कि कैसे इन चारों का इस्तेमाल करते हुए हम बातचीत कर सकते हैं। सामने वाला व्यक्ति कहता है मेरे पास समय नहीं हैं -

उदाहरणः आप जैसे सफल व्यक्ति के पास समय की कमी हमेशा रहेगी। (सहमति)

लेकिन अगर आप 20 मिनट का समय निकालेंगे तो यह आप के समय का बेहतर निवेश होगा। (लाभ)

आप जैसा सफल व्यक्ति इतना टाइम मैनेज कर सकता है। (तारीफ)

आपके लिए शनिवार सही रहेगा या रविवार (पुनः निमंत्रण)

इस तरह हम एक पॉजिटिव कर्न्वसेशन के द्वारा सामने वाले व्यक्ति को मिलने के लिए या अपना समय देने के लिए राजी कर सकते हैं।

9. **डेट, टाइम और स्थान को फिर से कन्फर्म करें (Reconfirm Date, Time & Place)**- किसी व्यक्ति से अपॉइंटमेंट लेने के बाद उससे मिलने का समय, स्थान, डेट और टाइम दोबारा से कन्फर्म कराना चाहिए। इससे उस व्यक्ति को भी एक विश्वास हो जायेगा कि आप उससे मिलने के लिए बहुत अधिक उत्सुक है।

इसे हम एक उदाहरण के द्वारा देख सकते हैं:

"तो ठीक है सर 7 मार्च, रविवार सुबह 10 बजे आपके घर हाउस नंबर– 2415, सेक्टर 5, गुरुग्राम में मिलेंगे। आपसे मिलकर मुझे बहुत अच्छा लगेगा। मैं अपने कैलेंडर में नोट कर लेता हूं 7 मार्च, रविवार सुबह 10 बजे आपके घर हाउस नंबर– 2415, सेक्टर 5, गुरुग्राम।"

10. **सम्पर्क नहीं तो बिक्री नहीं (No Call = No Sale)**- यह प्वाइंट नेटवर्क को लेकर बहुत ही महत्वपूर्ण है। यदि आप किसी को कॉल नहीं करेंगे तो आपका नेटवर्क नहीं बनेगा। नो कॉल का मतलब ही है कि आप काम नहीं कर रहे हैं। जब आप काम नहीं करेंगे तो आप पैसे नहीं कमाएंगे और जब पैसे नहीं कमाएंगे तो कुछ भी जीवन में नया नहीं करेंगे। आपका प्रोडक्ट, प्लान, अपलाईन कितने भी अच्छे हों अगर आप कॉल नहीं करेगे तो कुछ नहीं होगा।

11. **ग्रुप कॉलिंग का सिस्टम तैयार करें (Develop a system of group calling) -** आपको अपनी Team में एक ऐसा सिस्टम डेवलप करना चाहिए, जिससे आपकी कंपनी को ज्वाइन करने वाला हर नया व्यक्ति सही तरीके से सम्पर्क करना सीख सके। इसके लिए आपको चाहिए कि आप अपने ग्रुप की एक मीटिंग बुलाएं और नए ज्वाईन हुएं साथियों को बुलाएं। इस मीटिंग में वो सभी साथी आएंगे जिन्होंने पिछले महीने बिजनेस ज्वाईन किया है।

इस मिटिंग में आप पहले सीनियर लोगों को बोलेंगे कि वे अपने फोन का स्पीकर ऑन करके अपनी लिस्ट के लोगों को कॉल करें। नए जॉईन साथी ध्यान से इस वार्तालाप को सूनेंगे। इसके बाद नए जॉईन साथी स्पीकर ऑन करके अपनी लिस्ट के लोगों से बात करेंगे, उनसे गलतियां होंगी लेकिन आप पहले उन्हें बधाई दीजिए कि उन्होंने शुरूआत कर दी है और उन्होंने जहां गलतियां की है वो उन्हें बताएं व लिस्ट के अगले व्यक्ति से बात करने के लिए कहें इस तरह सभी व्यक्ति अपनी-अपनी लिस्ट के लोगों से बात करेंगे।

इस तरह का वर्क कल्चर टीम में डवेल्प कीजिए कि हर नया व्यक्ति इसी तरह से चीजें सीखे। इससे यह होगा कि आने वाला हर नया ग्रुप पुराने ग्रुप से सीखता जायेगा और वो नेटर्वक बनाता जाएगा। इस विषय पर बहुत ज्यादा काम करने की व टीम को सिखाने की आवश्यकता है।

पीए, गार्ड व रिसेप्शनिस्ट को कैसे हैंडल करें?

यदि आपको किसी कंपनी से बल्क ऑर्डर लेना है या फिर आपको किसी प्रभावशाली व्यक्ति को अपनी कंपनी में जोड़ना है तो इसके लिए उस कंपनी या व्यक्ति से मिलना होगा। इसके लिए आपको उसके पीए, गार्ड या रिसेप्शनिस्ट से होकर गुजरना होगा। तो हमें यह सीखना होगा कि पीए, रिसेप्शनिस्ट क्यों होते है और हमें इनको कैसे हैंडल करना है।

सबसे पहले जान लेते हैं कि पीए, रिसेप्शनिस्ट का काम क्या होता है –

पीए, रिसेप्शनिस्ट का काम होता है अपने मालिक के समय को बचाना। जब वह अपने मालिक के समय को बचा पाएंगे तो अपने आप ही मालिक का पैसा भी बच जाएगा। पीए, रिसेप्शनिस्ट को इस बात की ट्रेनिंग दी जाती है कि वह अपने मालिक को बहुत व्यस्त बताएं। उनके बॉस जितना बिजी हैं, उससे दस गुना ज्यादा व्यस्त बताना उनकी जॉब का हिस्सा होता है।

पीए तीन चीजें जानना चाहता है।

1. आप कौन हैं?
2. क्या उनका बॉस आपको जानता है?
3. क्या आपके मिलने से बॉस खुश होगा या उन्हें कोई फायदा मिलेगा?

पीए को कैसे डील करें

1. **नाम से बुलाएं (Don't use prefix, call by first name)**- जब कभी हमें किसी कंपनी या प्रभावशाली व्यक्ति से मिलना है और हम

उनके पीए से बात करते हैं। इस दौरान हमें यह ध्यान रखना चाहिए की हम उस प्रभावशाली व्यक्ति का नाम बिना किसी आदरसूचक शब्दों के साथ कहें। इससे यह होता है कि उसका पीए या रिसेप्शनिस्ट यह समझने में देरी नहीं करेगा की आप उसके बॉस को पहले से जानते हैं या फिर आपका उनके साथ फ्रेंडली व्यवहार है। इसीलिए आदरसूचक शब्दों के प्रयोग से बचना चाहिए।

2. **आदेश दें (Give order in polite way)**- इसके बाद पीए या रिसेप्शनिस्ट से बात करते समय आपको उसे बहुत ही सहज अंदाज में अपनी बात का ऑर्डर देना है। आपको इस तरह से अपनी बात कहनी है कि उसे लगे कि आप उसे ऑर्डर भी दे रहे हैं लेकिन वह आर्डर, ऑर्डर की तरह नहीं लगे।

3. **औपचारिक भाषा का इस्तेमाल न करें (Don't use formal language)**- साथ ही पीए या रिसेप्शनिस्ट से बात करते समय कभी भी फॉर्मल लैंग्वेज का यूज नहीं करना चाहिए। उदाहरण के लिए आप इस तरह बात न करें – ''अगर आप बात करवाएंगे तो आपकी बड़ी कृपा होगी'', आपको बहुत ही कैजुअल लैंग्वेज में अपनी बात करनी चाहिए ''रमेश मूझे विवेक से जरूरी बात करनी है जल्दी बात करवाईये''। बात हमेशा संक्षेप में करें व धन्यवाद जरूर कहें।

4. **समय का ध्यान रखें (Don't call from 9am to 5pm)**- कभी भी आपको अपॉइंटमेंट लेने के लिए सुबह 9:00 बजे से लेकर शाम 5:00 बजे तक कॉल नहीं करनी चाहिए। क्योंकि अधिकांशतः प्रभावशाली व्यक्तियों या फिर कंपनी के मालिकों का फोन केवल सुबह 9 से शाम 5 तक ही पीए या रिसेप्शनिस्ट के पास होता है। इसके बाद उनका फोन उनके पास ही रहता है। इसलिए हमें उन्हें

केवल ऑफिस टाइम से पहले या बाद में कॉल करनी चाहिए। ताकि आपकी सीधी बात हो जाए। मैंने बहुत बार ऐसा किया है।

5. **पर्सनल नंबर के लिए कहें (Ask for personal number)**- यदि आपको पीए या रिसेप्शनिस्ट को बार-बार कॉल करने पर भी अपॉइंटमेंट नहीं मिल रहा है तो आपको संबंधित व्यक्ति के पर्सनल नंबर की मांग करनी चाहिए। इससे भी आप उस व्यक्ति से सीधे तौर पर जुड़ सकते हैं।

तो यहां तक जो पूरा कन्वर्सेशन था वो उन उन लोगों के लिए है, जिनसे हमें तुरंत अपॉइंटमेंट लेनी होती है। हम उन लोगों को तुरंत अपना बिजनेस समझाना चाहते हैं। अपना प्लान बताना चाहते हैं। आगे हम बातचीत करेंगे उन लोगों से जिनसे हमें केवल एक रिलेशन बिल्डअप करनी है। जिससे भविष्य में जरूरत पड़ने पर हम उनसे जुड़ सकें व अपना प्लान दिखा सकें ये सभी लोग हमारी कोल्ड लिस्ट का हिस्सा होते हैं। इनसे बातचीत करते समय कुछ चीजों का ध्यान दें।

इसको लेकर कुछ सुझाव इस प्रकार हैं:

सुझाव–

1. विशेष मौके पर उन्हें मैसेज भेजें, न कि हर रोज Good Morning वाले मैसेज
2. ऐसे समय की प्रतीक्षा करें जब उन्हें आप कॉम्प्लीमेंट दे सकते हैं विशेषकर Social Media पर
3. उनको सतर्कता के साथ सुनें

4. मदद करने का एटीट्यूड डेवलप करें

5. एक बार बात होने के बाद उन्हें कोल्ड लिस्ट से वार्म लिस्ट में डाल लें।

6. अगर उनके साथ बात करने में किसी प्रकार की समस्या है तो 90 दिन के बाद फिर से उनसे संपर्क करें क्योंकि 90 दिन के बाद हर किसी की परिस्थिति बदल जाती है।

7. सबसे अहम बात यह है की आप हर व्यक्ति के साथ अच्छा संबंध नहीं रख सकते हैं, ये बात अपने जेहन में जरूर रखें

यहां हमने बात कि कैसे किसी व्यक्ति से संपर्क करना है और कैसे उसका अपॉइंटमेंट लेना है। अगले अध्याय में अब हम बात करने जा रहे हैं कि कैसे हम उस व्यक्ति को, जिससे टाइम और अपॉइंटमेंट लिया है, अपने बिजनेस का प्लान बताएं, कैसे उत्पाद के बारे में प्रेजेन्टेशन दें।

****

चौथा बुनियादी कदम: प्लान दिखाना

चौथा बुनियादी कदमः उत्पादों के बारे में बताना व प्लान दिखाना

(Share the Products and Plan)

★ प्लान दिखाना सामने वाले व्यक्ति का इंटरेस्ट चेक करना है। (Showing of plan is not convincing it is sharing)

जब हम किसी व्यक्ति को अपना प्लान दिखाते हैं तो हमें यह नहीं सोचना चाहिए कि वह व्यक्ति हमारे प्लान से कन्वींस हो जाए। हमारा उद्देश्य केवल अपने प्लान को बेहतर तरीके से सामने वाले को शेयर करना होना चाहिए।

★ प्लान हमेशा आसान होना चाहिए ताकि हर व्यक्ति इसे समझ कर आगे दिखा सके। (It should be simple because it needs to be duplicable)

जब हम किसी व्यक्ति को अपना प्लान दिखाते हैं तो हमें उसे बहुत ही सिंपल तरीके से दिखाना चाहिए। उसमें कहीं भी कठिन शब्दावली का प्रयोग नहीं करना चाहिए। इससे यह होगा कि सामने वाला व्यक्ति आपके प्लान को आसानी से समझ पाएगा।

किसी भी व्यक्ति को प्लान दिखाने के लिए हमारे पास 5 तरह के स्थान आसानी से उपलब्ध हैं जो इस प्रकार हैं–

1. जूम मीटिंग
2. वन टू वन मीटिंग
3. होम मीटिंग
4. वीकली मीटिंग
5. ओपन मीटिंग व मंथली सेमिनार

प्लान दिखाने के लिए खुद को तैयार करना है (Prepare yourself)

1. उत्साहित रहें (**Enthused**): मशहूर मुक्केबाज मोहम्मद अली जब रिंग में उतरते थे तो वे अपने आप को जोर जोर से कहते थे "आई एम द बेस्ट, आई एम द चैम्पियन, आई एम द बेस्ट, आई एम द चैम्पियन"। इस प्रकार वो अपने आप को उत्साहित करते थे, मैंने पिछले एक साल में बहुत मेहनत की है, बहुत पसीना बहाया है, आई एम द बेस्ट, आई एम द चैम्पियन ठीक इसी तरह आप भी अपनी ताकतों (**strength**) को याद करते हुए उत्साह से भर कर प्लान दिखाएं क्योंकि **"Selling is transfer of enthusiasm"**।

अगर आप अपने उत्साह को सामने वाले व्यक्ति में स्थानांतरित कर सकते हैं तो आप उसे उत्पाद बेच सकते हैं व अपने साथ जोड़ सकते हैं।

2. **नियत (Intension of giving):** "जाकी रही भावना जैसी, प्रभु मूरत देखी तिन तैसी"

प्लान दिखाते समय आपकी भावना ये नहीं होनी चाहिए कि उसके ज्वाइन होने से आपको कितना लाभ होगा अपितु ये हो कि अगर वह ज्वाइन कर लेता है तो उसे स्वास्थ्यवर्धक असली उत्पाद मिलेंगे व अगर उसने एक गंभीर व्यवसाय के रूप में इसे ले लिया तो उसकी जिंदगी बदल जाएगी। आप उसकी बहुत बड़ी सहायता करने के लिए उसे ये उत्पाद व मार्केटिंग प्लान दिखा रहे हैं।

3. **मुस्कुराता चेहरा (Smiling face):** आपके चेहरे से लगना चाहिए कि आप इस काम से बहुत खुश हैं, तभी सामने वाला व्यक्ति

आपके साथ जुड़ना चाहेगा, क्योंकि "कायरता जिस चेहरे का श्रृंगार करती है, एक मक्खी भी उस पर बैठने से इंकार करती है।"

4. **उद्योग, कम्पनी व उत्पादों पर पूर्ण विश्वास (Faith in Industry, Company and Products):** पुस्तक के आरम्भ में हमने "हिन्दुस्तान में डायरेक्ट सेलिंग का भविष्य" विषय पर विस्तार से बात की है, दिए गए आंकड़ों के आधार पर आपको भरोसा होना चाहिए कि आप दुनिया के सबसे बड़े उद्योग डायरेक्ट सेलिंग उद्योग को कर रहे हैं। "क्या आप सही कंपनी में हैं।" इस अध्याय के अनुसार अगर आपकी कम्पनी को **80** अंक भी मिले हैं तो भी आपको अपनी कम्पनी पर विश्वास होना चाहिए। आपने उत्पादों का इस्तेमाल किया है और अगर आप सन्तुष्ट हैं तो सन्तुष्टि के भाव व विश्वास आपके चेहरे पर झलकने चाहिएं।

5. **आकर्षक बनें (Well dressed and groomed):** अगर आपकी कम्पनी के पास पहनने वाले उत्पाद हैं तो वही पहनकर जाएं व बातचीत में बता दें कि ये उत्पाद हमारी कम्पनी के हैं। ध्यान रहे आपने अच्छे से दांतों को साफ किया हुआ है व बाल भी सही ढंग से हैं।

6. **पहले से तय वाक्यों से शुरुआत करें (Start with written script and health awareness):** जब मैंने बिजनेस की शुरुआत की तो मैं बहुत उत्साह के साथ किसी से मिलने जाता था ये सोचते हुए कि उसे प्लान दिखा के ज्वाइन करवाऊंगा, उसकी लिस्ट बनवाऊंगा व उसे रॉयल्टी पर लेकर जाऊंगा। लेकिन मिलने के बाद मैं सोचता रहता कि कहाँ से शुरू करूं और ऐसे सोचते-सोचते चाय पीकर वापस आ जाता।

बाद में मैंने सीखा कि हमारे पास पहले से एक स्क्रिप्ट तैयार हो जिसे हमें हुबहु बोलना है। मेरी स्क्रिप्ट है -

"जैसा कि आप जानते हैं आज के समय में हर 10 में से 5 व्यक्ति स्वास्थ्य सम्बन्धी समस्याओं से जूझ रहे हैं। एक का ब्लड प्रेशर हाई रहता है, तो दूसरे को दिल से सम्बंधित बीमारी है, तीसरा मोटापे से परेशान तो चौथे को शुगर की समस्या है, पांचवा शारीरिक कमजोरी की वजह से तनावग्रस्त है, ऐसी समस्याएं इसलिए आ रही है क्योंकि हम जो भोजन ग्रहण करते हैं उसमें बहुत सारी मिलावट है व पोाक तत्वों का नितान्त अभाव है। मैं अपने आप को बहुत सौभाग्यशाली समझता हूं कि मैं एक ऐसी कंपनी से जुड़ा हूं जो स्वास्थ्य से संबंधित बेहतरीन उत्पाद बनाती है। क्या आप स्वस्थ जीवन जीना चाहते हैं।"

अब मैं उपरोक्त लाइनों से अपनी बात शुरू करता हूं। कोई भी संशय नहीं रहता कि कहां से शुरू करना है। आपके पास भी आपकी कंपनी के उत्पादों के अनुसार एक स्क्रिप्ट होनी चाहिए।

प्रेजेंटेशन किट – आपके पास पेशेवर लोगों की तरह हमेशा एक किट होनी चाहिए जिसमें निम्न चीजें हों -

1. गुड क्वालिटी बैग - जिसमें आप सारे उत्पाद व अन्य समाग्री रख सकें।
2. डायरी और पेन - प्लान दिखाने के लिए
3. फिजिकल प्रोडक्ट - डेमो करने के लिए
4. प्रोडक्ट कैटलॉग - जिसमें कम्पनी के सारे उत्पाद हों
5. टेस्टीमोनियल ऑफ प्रोडक्ट - जिन लोगों को उत्पादों के इस्तेमाल से विशेष लाभ हुआ हो उनके फोटो व उनके बारे में अन्य जानकारियाँ।

प्लान दिखाते समय ध्यान रखें

1. वेबसाइट या मोबाईल ऐप के माध्यम से अपने मार्केटिंग प्लान को दिखाऐं।

2. कंपनी के प्रोफाइल का वीडियो और बिजनेस में सफल लोगो की सक्सेस स्टोरी दिखाऐं।

3. अपनी अपलाइन के बारे में बताइये (**Draw your line of sponsors**)**:** विशेषतः वन टू वन मीटिंग व होम मीटिंग में अपने अपलाइनों के नाम व प्रोफेशन, उनके पिन लेवल के साथ पेपर पर जरूर दर्शाएं और कहें अगर आप इस व्यवसाय को लेकर गंभीर हैं तो मैं और ये सारे अपलाइन आपकी सहायता करने के लिए तैयार हैं।

4. पुनः सम्पर्क करने वाली किट (**Follow up kit**)**:** इस किट में प्रोडक्ट कैटलॉग, मार्केटिंग प्लान बुक व कोई एक पुस्तक जो उस व्यक्ति के लिए उपयुक्त हो होनी चाहिए। यह किट मीटिंग में आये हुए हर व्यक्ति को दें, उनका नाम नोट कर लें व उपरोक्त सामग्री को प्रमोशन के साथ उन्हें सौंपें व कहें कि कल या परसो मैं इसे आपसे वापस ले लूंगा।

फॉलोअप किट ये सुनिश्चित कर देती है कि आपने इन सब लोगों से शीघ्र ही वापस मिलना है।

प्लान को हमें दो भागों में बांटना चाहिए। पहले भाग में उत्पादों के बारे में बात करें व व्यक्ति की इच्छा जानें अगर वह व्यापार के रूप में इसे करना चाहता है तो उसे दूसरा भाग जिसमें कुछ गणना (**Calculation**) होगी वो भी दिखाएँ।

....

प्लान के चार भाग

1. परम्परागत व्यापार बनाम डायरेक्ट सेलिंग (**Traditional marketing vs Direct selling**): भूमिका के लिए आप वस्तु विनिमय प्रणाली (**Barter system**) के बारे में बात कर सकते हैं। पुराने समय में जब पैसा ज्यादा प्रचलन में नहीं था तब एक वस्तु के बदले दूसरी वस्तु दी जाती थी। समय के साथ उससे बेहतर व्यवस्था आई जिसमें हमें सामान के बदले पैसा मिलने लग गया व उस पैसे का हम जब चाहें अपनी सुविधानुसार सामान खरीद सकते थे। इस व्यवस्था का प्रारूप कुछ इस प्रकार से है

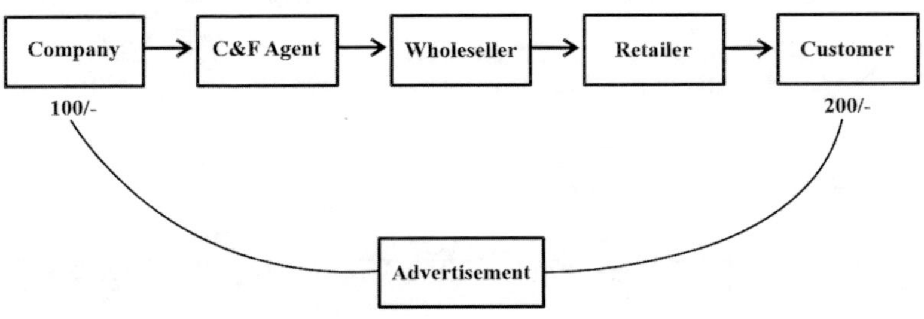

उपरोक्त व्यवस्था में ग्राहक के पास सामान विभिन्न माध्यमों से पहुँचता है व इसकी जानकारी पहुँचाने के लिए विज्ञापन का भी इस्तेमाल किया जाता है इसलिए उत्पादों की कीमत बढ़ जाती है तथा बीच वाले लोगों की वजह से नकली सामान की भी सम्भावना हमेशा बनी रहती है।

उपरोक्त व्यवसाय में सबसे महत्वपूर्ण कड़ी हैं ग्राहक, लेकिन उसके अलावा सभी को फायदा मिल रहा है जबकि ग्राहक का नुकसान हो रहा है। इसलिए अब एक नई व्यवस्था आई है जिसे डायरेक्ट सेलिंग या नेटवर्क मार्केटिंग या मल्टी लेवल मार्केटिंग भी कहते हैं। इसका प्रारूप कुछ इस प्रकार है -

इस नई व्यवस्था में बीच वाले लोगों का व विज्ञापन का खर्च बच जाता है। कंपनी उस बचे हुए पैसों को डायरेक्ट सेलर्स में एक सिस्टम के तहत बांट देती है।

डायरेक्ट सेलिंग के निम्न लाभ एक डायरेक्ट सेलर को होते हैं:

(1) **100%** शुद्ध उत्पाद

(2) वाजिब दाम/उचित मूल्य

(3) **15** से **20%** का रिटेल लाभ

(4) व्यापार करने का अवसर

इसलिए हर समझदार व्यक्ति परम्परागत व्यवस्था के स्थान पर डायरेक्ट सेलिंग व्यवस्था से जुड़ना पसंद करता है।

आप प्लान दिखाते समय डायरेक्ट सेलिंग के इतिहास के बारे में भी अवश्य बताएं-

- डायरेक्ट सेलिंग की सही शुरुआत **1959** में अमेरिका में हुई।
- **1990** के बाद यह उद्योग भारत में आया।
- हमारी कंपनी की शुरुआत -------- वर्ष में हुई।
- **28** दिसंबर **2021** को डायरेक्ट सेलिंग रूल्स **2021** के आने के बाद भारत में इस उद्योग को कानूनी मान्यता मिल गई।

प्लान दिखाते समय दूसरा बिंदु है –

2. कम्पनी परिचय (**Company profile**):

यहाँ पर आप कंपनी के निम्न बिन्दुओं को कवर करें-

- कंपनी की शुरुआत कब हुई
- कंपनी के संस्थापक (**Founder**) कौन है
- कंपनी का ढाँचा (**Infrastructure**)
- उत्पाद (**Product**)

अगर कंपनी की प्रोफाइल का कोई वीडियो है तो वो दिखा सकते हैं।

3. कंपनी से जुड़ने का तरीका (**Process of Joining**): जुड़ने के लिए जिन दस्तावेजों (**Documents**) की आवश्यकता है वो बता दें, और अगर व्यक्ति इच्छुक लग रहा है तो उसी समय ट्रायल क्लोज करते हुए उससे दस्तावेज ले लेवें।

4. कंपनी से जुड़ने के लाभ (**Benefits of joining**)

A. असली व शुद्ध उत्पाद

B. **10** से **20 %** रिटेल लाभ

C. व्यापार करने का अवसर

D. देश- दुनिया में घूमने के मौके

E. व्यावहारिक व अनोखी शिक्षा

नोट: प्लान दिखाने के बाद सभी व्यक्तियों को उनके नाम नोट

करके उनको फॉलोअप किट जरूर दें ताकि बाद में आप हर व्यक्ति से दोबारा सम्पर्क कर सकें। क्योंकि आंकड़े बताते हैं केवल **10%** लोग प्लान देखने के बाद ज्वाइन करते हैं जबकि **90%** लोग फोलोअप के बाद जुड़ते हैं। अगले अध्याय में हम इस पर विस्तार से बात करेंगे।

****

पांचवां बुनियादी कदम: पुनः सम्पर्क करना (Follow Up)

पाँचवां बुनियादी कदमः पुनः सम्पर्क करना (Follow Up)

आंकडे बताते हैं कि 90 प्रतिशत लोग Follow Up के बाद जुड़ते हैं।

Follow UP (Question Handling)- फॉलोअप को हमलोग क्वेश्चंन हैंडलिंग भी कहते हैं, क्योंकि जब आप प्रेजेंटेशन दिखाते हैं तो आप बोलते हैं और सामने वाला सुनता है वह बहुत ज्यादा प्रश्न नहीं पूछता है।

फॉलोअप वह समय है जब आप सामने वाले को उत्पाद देकर पैसा लेना चाहते हैं या जॉइनिंग करवाने के लिए उनसे पेपर (KYC) लेना चाहते हैं, उनसे जब आप डॉक्यूमेंट्स मांगते हैं तो उस समय काफी सवाल आते हैं इसलिए इसको क्वेश्चन हैंडलिंग भी कहते हैं। इसके बारे में हमलोग जानेंगे।

पहले इस कोटेशन को आप ध्यान से पढ़िए।

'पुरस्कार "परिणामों" को मिलते हैं, "प्रयासों" को नहीं'।

अब तक हमने जो भी प्रयास किए हैं, जो चार बुनियादी कदम (Basic Step) किए हैं- उत्पादों का इस्तेमाल करना, नामों की सूची तैयार करना, उनसे मिलने का समय लेना और प्लान दिखाना वो सब प्रयास हैं। इस चीज का प्रयास हैं कि हम लोग एक आधार (Base) बनाएं कि हम कैसे सामने वाले व्यक्ति को जोईन करवा लें, परिणाम लेने का जो सही समय है वो आपको फॉलोअप से मिलता है।

आपकी मेहनत फॉलोअप के जरिये फल में बदलने वाली है। इसके लिए बेहद जरूरी है कि आपका ध्यान इसमें बहुत ज्यादा होना चाहिए।

प्लान देखने के बाद केवल 10% लोग ही जोईन करते हैं, जबकि 90% लोग फॉलोअप के बाद जोईन करते हैं। (Only 10% people join after showing the plan, and 90% people will join after Follow up.)

अंतरराष्ट्रीय आंकड़े बताते हैं कि जब हम किसी को प्लान दिखाते हैं तो सिर्फ 10 प्रतिशत लोग ही तुरन्त जोईन करते हैं, 90 प्रतिशत लोग तब जोईन करेंगे जब हम उन्हें फॉलोअप करेंगे।हमें एक व्यक्ति को कम से कम पाँच बार फॉलोअप करना चाहिए ।

पहला फॉलोअप प्रेजेंटेशन के तुरन्त बाद करना चाहिए, यह थोड़ा सा आक्रामक (Aggressive) दिखता है लेकिन अगर आप जल्दी से अपने लक्ष्यों तक पहुँचना चाहते हो तो आप को यह करना चाहिए ।

प्लान दिखाने के 48 घंटे के अंदर हमें दूसरा फॉलोअप करना है (The 48 Hour Rule: Follow Up within 48 hours.) अगर व्यक्ति अब भी जोईन नहीं करता है तो हमें उसके तीन फॉलोअप और करने चाहिए।

कई बार फॉलोअप करना पड़ सकता है। क्योंकि 90 प्रतिशत जॉइनिंग फॉलोअप से आती है या 90 प्रतिशत प्रोडक्ट सेल भी फॉलोअप से ही होता है। इसका मतलब यह है कि फॉलोअप बहुत ज्यादा महत्वपूर्ण है।

फॉलोअप ना सिर्फ प्रोडक्ट बेचने या जॉइनिंग के लिए बल्कि जिन्दगी में हर जगह फॉलोअप से ही परिणाम आते हैं।

आपने किसी व्यक्ति को पैसा उधार दिया है और वह सज्जन आदमी है। उसकी ठीक नीयत है, वो पैसा लौटाना चाहता है लेकिन उसके लिए भी आपको फॉलोअप करना पड़ता है।

अगर आप उसको फॉलोअप नहीं करते हैं, बातचीत नहीं करते हैं तो सामने वाला आपको उतनी गंभीरता से नहीं लेता है। दूसरे लोग अगर फॉलोअप करेंगे तो उनका भी उन्होंने पैसा देना है तो पहले उनका चुकाएंगे और बाद में आपका चुकाएंगे।

आपका खुद का पैसा जो आपने उधार दिया है वो बगैर फॉलोअप के नहीं आता और अगर आप फॉलोअप करेंगे तो आ जाता है। मेरा इस प्रकार का अनुभव रहा है, आपका भी इस प्रकार का अनुभव रहा होगा।

चैट विद सुरेन्द्र वत्स में हमलोग बहुत बड़ी बड़ी पर्सनैलिटीज को बुलाते हैं। सारे के सारे सेलिब्रिटीज हैं, लाखों फॉलोअर्स हैं उनके। अब तक के हमारे जो मेहमान रहे हैं उसमें डॉक्टर विवेक बिंद्रा जी रहे हैं जिनके 21-22 मिलियन सब्सक्राइबर्स हैं। डॉक्टर उज्जवल पाटनी जी रहे हैं, संतोष नायर जी व सोनू शर्मा जी रहे हैं।

इस प्रकार के बड़े बड़े नाम जो हमारे यहां आए हैं वे फॉलोअप की वजह से आए हैं। हमने उनको फॉलोअप किया। बार-बार फॉलोअप किया और कई लोगों को आप यकीन मानिए मैंने स्वयं 50 से ज्यादा बार फॉलोअप किया। उसके बाद वो आए, क्योंकि वो पहले जानते नहीं थे कि चैट विद सुरेन्द्र वत्स क्या है। इसके ऑब्जेक्टिव क्या हैं, किसलिए चैनल शुरू किया गया है और सब अपने आप में बहुत व्यस्त हैं और उनके पास समय भी उतना नहीं रहता है।

तो फॉलोअप से हमलोग इतने सारे सफल लोगों को हमारे शो पर लेकर आ पाए हैं। जिन टेक्निक्स से हमने उन्हें इंटरव्यू के लिए आमंत्रित किया वो प्रमाणित टेक्निक्स मैं आपको बताने जा रहा हूं।

वो टेक्निक जॉइनिंग में भी काम करेगी, सेलिंग में भी काम करेगी और वो जिन्दगी के हर क्षेत्र में काम करने वाली टेक्निक्स हैं और इसलिए डॉ. विवेक बिंद्रा ने हमारे शो पर एपिसोड नम्बर 75 में बोला था कि मैं चाहता हूं कि अपने संतान को डायरेक्ट सेलिंग जरूर करवाऊं ताकि वो बहुत सारी प्रैक्टिकल शिक्षा यहाँ से ले व बाद मे उसे अपने जीवन मे लागू करे।

डायरेक्ट सेलिंग से आपको जिन्दगी की बहुत प्रैक्टिकल एजुकेशन मिलती है, जो जिन्दगी के हर क्षेत्र में काम आती है। जैसे सेलिंग की स्किल्स हैं, फॉलोअप की स्किल्स हैं, इन स्किल्स को ना केवल आप किसी को अपना सामान बेचने में इस्तेमाल कर सकते हैं, बल्कि यदि सामने वाले से सामान खरीदते समय भी आपने इन टेक्निक को ध्यान में रखा है तो सामान को कम कीमत में खरीद भी सकते हैं।

जिसको मैं अक्सर इस्तेमाल करता हूं विशेषकर जब कोई महँगा प्रोडक्ट खरीदता हूं कोई प्रॉपर्टी, कोई बड़ी गाड़ी या कोई महंगी गैजेट खरीदता हूं तो ये टेक्निक वहां पर भी काम आती है।

पांच तरह के फॉलोअपस होते हैं (Five Follow)

1. प्लान दिखाने के तुरन्त बाद (Immediately after plan)

2. 48 घंटे के अंदर (Within 48 hours)

3. तीन और फॉलोअपस (3 more follow ups)

पाँच बार फॉलोअप करना चाहिए। पहला फॉलोअप है प्लान समझाने के तुरन्त बाद, जैसे हमने किसी को मार्केटिंग प्लान दिखाया उसके तुरन्त बाद हम फॉलो कर सकते हैं। प्लान प्रेजेंटेशन खत्म हो जाए तो उसके तुरन्त बाद हम फॉलोअप की फॉर्मेटलिटी पूरी कर सकते हैं।

पहले फॉलोअप से यदि हमें परिणाम नहीं मिला है, सामने वाला तैयार नहीं था कि आप उनसे डॉक्यूमेंट्स मांगेंगे या प्रोडक्ट के पैसे मांगेंगे तो कोई बात नहीं। दूसरा फॉलोअप 48 घंटे के अंदर करना है।

यह बहुत महत्वपूर्ण है और इसके पीछे काफी बड़ा रिसर्च है कि 48 घंटे के अंदर ही क्यों करना है। 48 घंटे अधिकतम समय (Maximum duration) होता है।

ध्यान रखना है कि सामने वाला व्यक्ति (जिसको आपने प्लान दिखाया है) उससे या तो आप पैसे लेकर आएंगे या आप अगली तारीख लेकर आएंगे। यानि कि अगली एपॉइंटमेंट की तारीख लेकर आएंगे कि अगली बार आपको उससे कब मिलना है।

उसके बाद आपको तीन और फॉलोअपस करने हैं। वो 48 घंटे के बाद हो सकते हैं, एक सप्ताह के अंदर हो सकते हैं, दो सप्ताह के बाद हो सकते है या फिर एक महीने के बाद भी हो सकते हैं। यह निर्भर करता है कि सामने वाले से आपकी बातचीत किस प्रकार की चल रही है लेकिन कोई भी एक प्रेजेंटेशन जो आपने दिखाया है उसके आगे आप अपने पेपर पर पांच कॉलम रिमार्क के जरूर लिखिए ताकि हर फॉलोअप के बाद रिमार्क्स में आप भर सकें कि उसका परिणाम क्या रहा, अगली बार अगर मिलता है तो कब मिलना है।

आप यह मत मानिए कि पांच फॉलोअप करना मतलब चेप होने वाली बात हो गई, सामने वाले के पीछे लगना पड़ेगा। वो क्या सोचेगा, क्या कहेगा। इसकी चिंता आप मत किजिए, यह आपका और मेरा विषय नहीं हैं।

आपका और मेरा विषय यह है कि जो सेल्स एक्जेक्यूटिव्स हैं, जो सफल लोग हैं जिन्होंने सेल्स की दुनिया में झंडे गाड़े हैं उन्होंने एक टेक्निक (तकनीक) दिया है, उन्होंने बताया है कि 5 फॉलोअपस बेहद जरूरी हैं। वो आपको करना है। यानि कि आपको अपनी ड्यूटी सही से निभानी है। लोगों पर आपको ध्यान नहीं देना है कि वे क्या सोच रहे हैं।

....

फॉलोअप के दौरान महत्वपूर्ण बातें
(Important points while following follow-ups)

जब आप फॉलोअप करने के लिए जाएंगे तो आपको कुछ पॉइंट्स का विशेषरूप से ध्यान रखना है।

1. धैर्य रखें (Have Patience)

जो पांच फॉलोअपस हैं वो आपको कभी-कभी परेशान कर देंगे। आप बोलेंगे कि ये तो बिल्कुल बात ही नहीं कर रहा है। आगे टरकाता जा रहा है। तो आप धैर्य रखिए, धैर्य में बड़ी ताकत है।

मेरा निजी अनुभव ये बताता है कि आज जो मेरे पास लाखों लोगों की टीम है और हिन्दुस्तान का कोई भी राज्य ऐसा नहीं है जहां मेरी टीम नहीं है या मेरा नेटवर्क नहीं है। वो इतना बड़ा नेटवर्क क्यों बन पाया? वो इसलिए बन पाया है क्योंकि मैंने धैर्य रखा है। कई लोग ऐसे रहे जिनके साथ मैंने पाँच 5-6 महीने का फॉलोअप किया और फिर उन्होंने जोईन किया है लेकिन इन 6 महीनों में मैंने अपना धैर्य नहीं खोया। मैंने जल्दबाजी नहीं दिखाई। मैंने यह नहीं दिखाया कि मुझे बहुत ज्यादा गर्ज है वो अगर नहीं आएंगे तो मेरा काम नहीं चलेगा, मैं आगे नहीं बढ़ा पाऊंगा, मेरा लेवल नहीं बदल पाएगा। बिल्कुल ऐसा नहीं लगा, केवल मैंने उनके साथ एक रिश्ता बनाकर रखा।

उनकी सुविधा के हिसाब से मैंने बातचीत जारी रखी। इसलिए आप भी धैर्य रखिए और मेरा निजी अनुभव ये बताता है कि जो पोटेंशियल लोग हैं, जो प्रभावशाली लोग हैं उनके पास समय नहीं रहता है। वो किसी काम को तुरंत शुरू नहीं करेंगे। उनको सोचने के लिए समय

चाहिए। वो अगर किसी दूसरे काम में व्यस्त हैं तो वहां से वो समय निकालेंगे, समय मैनेज करेंगे और तब वो आपके बिजनेस में आएंगे।

तो धैर्य रखिए, ये बड़ी काम की चीज है और फॉलोअप में ये बहुत ज्यादा काम करने वाली है। इसलिए अपना आपा मत खोइएगा।

2. उत्साही रहें (Be Enthusiastic)

उत्साही रहें, जब भी आप फॉलोअप के लिए जा रहे हैं। पहली फॉलोअप कर रहे हैं या पांचवीं आपके एक्साइटमेंट में कमी नहीं रहनी चाहिए। उत्साह के साथ बातचीत करें, आपकी बातचीत में जोश होना चाहिए।

मान लेते हैं कि आप नए हैं, कोई भी व्यक्ति आपके साथ नहीं जुड़ रहा है। कोई भी व्यक्ति आपका सामान नहीं खरीद रहा है। तो कोई दिक्कत नहीं है। आपके चेहरे से नहीं लगना चाहिए कि कोई जुड़ ही नहीं रहा है, कोई बात ही नहीं बन रही है। कुछ काम ही नहीं हो रहा है, चेक ही नहीं आ रहा है। पैसा ही नहीं मिल रहा है। वो आपके चेहरे से नहीं लगना चाहिए।

उत्साही रहिए लेकिन अति उत्साही मत रहिए। कुछ लोग बहुत ज्यादा जोश में रहते हैं, बहुत ज्यादा एक्साइटमेंट में रहते हैं तो वो एक ओवर एक्टिंग जैसी चीज नहीं लगनी चाहिए।

Selling is transfer of enthusiasm अपने उत्साह को सामने वाले में स्थानांतरित करना बिक्री कहलाता है इसलिए जरूरी है कि आपके अंदर उत्साह हो।

3. हद से ज्यादा कमिटमेंट ना करें

(Don't over commit)

जब आप फॉलोअप में जाते हैं तो कभी-कभी सामने वाला जोईन नहीं कर रहा है तो हम हद से ज्यादा कमिटमेंट कर देते हैं। डायरेक्ट सेलिंग में कुछ लोग कह देते हैं कि हम आपका एक ग्रुप चला देंगे या हम आपको इतना Business (Volume) दे देंगे या हम आपको ये चीज दे देंगे। आप वही कमिटमेंट कीजिए जो पूरी कर सकें। मैं क्या कमिटमेंट करता हूं? मैं कमिटमेंट करता हूं उसका साथ निभाने की, मैं कहता हूं कि सर हमलोग मिलकर काम करेंगे, कंधे से कंधा मिलाकर काम करेंगे। मैं किसी से कोई भी ऐसी कमिटमेंट नहीं करता- कि आपकी एक लेग में बिजनेस दे दूंगा या मैं आपका एक ग्रुप चला दूंगा और न ही कोई फाइनांशियल कमिटमेंट करता हूं।

मैं चाहता हूं ऐसा आप भी मत कीजिए। आपको इसके बहुत फायदे मिलेंगे और कोई कमिटमेंट अगर आपने कर लिया है, गलती से ही हो गया है तो फिर आप उसपर जान लगा दीजिए। एक लीडर होने के नाते आपका एक गुण होना चाहिए कि जो आपने बोल दिया है उसके ऊपर फिर आप जान छिड़क दीजिए।

उसके लिए आपको कुछ भी करना पड़े, एक लीडर होने के नाते जो बोला गया है उसका पालन होना चाहिए।

रामायण में हमने एक चौपाई को बार-बार सुना है। **"रघुकुल रीत सदा चली आई, प्राण जाए पर वचन ना जाए।"**

उस समय रघुकुल में एक रीत थी कि वहां किसी ने अगर कमिटमेंट कर दिया तो फिर उस कमिटमेंट को निभाया गया है। राजा दशरथ ने जब अपनी रानी कैकेयी से कमिटमेंट किया था और जब

उस रानी ने उस कमिटमेंट के बदले ये मांगा कि भरत को राज्य मिलना चाहिए और राम को वनवास होना चाहिए तो राजा दशरथ ने उस कमिटमेंट को निभाया।

मैं केवल फॉलोअप के टाइम की कमिटमेंट की बात नहीं कर रहा हूं बल्कि किसी भी कमिटमेंट के बारे में कह रहा हूं। कुछ भी अगर आप बोलते हैं। उदाहरण के तौर पर अगर आपने अपलाइन के साथ बैठकर कोई टारगेट सेट किया कि आप इस लेवल पर जाने वाले हैं। अगर आपने कमिटमेंट किया है तो उसके प्रति आप बहुत सीरियस होने चाहिए।

आपके अपलाइन को ये लगना चाहिए कि ये आदमी जो बोलता है उस पर जान लगा देता है। अगर आप जान लगाएंगे तो आपकी अपलाइन भी जान लगाएगी, आपके पीछे। और आप अगर हल्के में लेंगे तो वो भी फिर हल्के में लेने वाले हैं।

4. ईमानदार रहें (Be Honest)

ईमानदारी के साथ बातचीत कीजिए। प्रोडक्ट की जो सही जानकारी है वही दीजिए, गलत जानकारी मत दीजिए। प्रोडक्ट जिस चीज के लिए बना है, जो-जो सही टेस्टिमोनियल्स हैं वही दिखाइए। क्योंकि अगर आपने एक बार झूठ बोला तो झूठ बोलने का सबसे बड़ा नुकसान यह है कि आपको याद रखना पड़ेगा कि पिछली बार आपने क्या झूठ बोला था।

सच बोलने की अच्छी बात ये है कि सच एक जैसा ही होता है, वो बदलता नहीं है। झूठ तो बदल सकता है। तो सच बोलिए हमेशा। आपको कुछ भी बदलना नहीं पड़ेगा और आपको शर्मिंदा नहीं होगा पड़ेगा कभी भी।

इसलिए डायरेक्ट सेलिंग रूल्स 2021 में भी इस चीज को विस्तार

से बताया गया है और हमने टॉपिक B- “क्या आप सही कंपनी में हैं?” में इस विषय पर विस्तार से बात किया है।

डायरेक्ट सेलिंग रूल्स 2021 मे कहा गया है कि आप जब भी प्रोडक्ट के बारे में बताएं तो वो वास्तविक चीज बताएं, भ्रमित करने वाली कोई भी स्टेटमेंट नहीं दें।

और अगर आप कंज्यूमर (उपभोक्ता) को भ्रम में डाल रहे हैं, तो आप रूल्स का उल्लंघन कर रहे हैं और आपके खिलाफ कार्रवाई हो सकती है।

इसलिए जब आप सामने वाले के पास फॉलोअप के लिए जा रहे हैं तो ईमानदारी के साथ बातचीत कीजिए।

5. कुछ ऐसा ना पूछें जिसका उत्तर कुछ भी आ सके

(Dont ask open ended questions)

पांचवां पॉइंट कह रहा है कि जब हम प्रेजेंटेशन दिखा चुके होते हैं तो कई बार हमलोग ऐसे सवाल पूछते हैं जिसका कुछ भी उत्तर आ सकता है। जैसे, अगर आप पूछते हैं, “आपको मेरा प्लान कैसा लगा?” तो सामने वाला कह सकता है कि बहुत बढ़िया लगा। कुछ लोग यह भी कह सकते हैं कि बहुत बोरिंग लगा। कुछ भी बोला जा सकता है।

और अगर आप ये पूछते हैं कि सर आपको मेरे प्लान में सबसे अच्छी चीज क्या लगी? यहां पर आपने अच्छी चीज पूछी है तो सामने वाले को जो अच्छी चीज लगेगी वही वो बताएगा। आपने प्रोडक्ट दिखाए हैं तो आप पूछ सकते हैं कि सर आपको इन प्रोडक्ट्स में सबसे अच्छा प्रोडक्ट कौन-सा लगा?

तो इस प्रकार के प्रश्न आपको पूछने चाहिएं। मुझे अच्छे से याद है

शुरुआत में जिस सज्जन के पास मैं मार्केटिंग प्लान दिखाने गया था वो बहुत बड़े लीडर हैं और उनका नाम है मिस्टर एस अत्री।

और एस अत्री जी चूंकि मेरे पड़ोसी थे। साथ वाला मकान उनका था और जब मैंने बिजनेस में जोईन किया तो हमारी कंपनी के पास केवल एक प्रोडक्ट (पैंट पीस) थे।

तो मैं उनके पास पैंट के कपड़े लेकर गया और उनको बताया कि सर ये कपड़ा देखिए, ये कपड़ा कैसा है और कितने रुपये का होगा?

ये बहुत ओपन एंडेड क्वेश्चन था और उन्होंने हाथ लगाया और बहुत कम रेट बताया और मैं अजीब सी स्थिति में आ गया। अब मैं सोचता हूं कि मैं कितना बेवकूफ था, पागल था। बिल्कुल मुझे कोई आइडिया नहीं था कि क्या पूछना चाहिए, क्या बोलना चाहिए आप सबके लिए अच्छी खबर ये है कि आप भी अगर मेरी तरह नासमझ हैं, अनाड़ी हैं, कुछ भी नहीं जानते हैं तो कोई दिक्कत नहीं है। आप सीखते रहिए, ठीक उसी प्रकार से जिस प्रकार इस पुस्तक को ध्यान से पढ़ रहे हैं।

तो अगर आप सीखते रहेंगे तो एक दिन आप भी अनाड़ी से खिलाड़ी बन जाएंगे और आप भी बिल्कुल सही प्रश्न पूछेंगे और वो प्रश्न पूछेंगे जिससे आपको मालूम है कि सामने वाला क्या जवाब देने वाला है।

आपके पास प्रश्नों की एक लिस्ट होनी चाहिए। आपकी कंपनी के जो प्रोडक्ट्स हैं, उनसे जुड़े कौन-कौन से प्रश्न आपको पूछने हैं।

चार प्रश्न मान लेते हैं, उन चार में से कोई एक या दो प्रश्न आप पूछ सकते हैं।

6. भावुक मत बनिए (Don't Be Emotional)

जब आप फॉलोअप के लिए जा रहे हैं और सामने वाले ने कुछ ऐसा बोल दिया जो आपको अच्छा नहीं लगा, सामने वाले ने मना कर दिया। भावुक मत होइए। हम भावुकता वाले बिजनेस में नहीं हैं। हमलोग नंबर्स गेम में हैं। हमारा काम है ज्यादा से ज्यादा लोगों से मिलना। ज्यादा से ज्यादा लोगों से मिलेंगे तो उनमें से कुछ लोग जोईन करेंगे तो कुछ लोग नहीं जुड़ेंगे।

किसी के भी मना करने पर आप भावुक मत होइए। कंपनी को लेकर भावुक मत होइए। बहुत बार हमलोग कंपनी को लेकर बहुत भावुक हो जाते हैं मान लीजिए कि आपकी कंपनी बहुत अच्छे मिशन पर है कंपनी की जो मैनेजमेंट है वो चाहती है कि वास्तव में हिन्दुस्तान में परिवर्तन आए लेकिन सामने वाले व्यक्ति को उससे कोई लेना-देना नहीं है।

वो उतना भावुक नहीं है, वो जानता भी नहीं है इन चीजों के बारे में। तो आप कंपनी के मिशन को लेकर भावुक मत होइए, प्रोडक्ट को लेकर इमोशनल मत होइए। अगर वो कोई भी कमेंट करते हैं जो आपको अच्छा नहीं लगता है या आलोचना करते हैं तो उन सब चीजों को लेकर भावुक मत होइए।

7. बहस मत कीजिए (Don't Argue)

जब हम लोग प्रेजेंटेशन दिखाते हैं और फॉलोअप के बाद बहुत सारे लोग बहस में उलझ जाते हैं। फॉलोअप के लिए जा रहे हैं तो सामने वाला व्यक्ति बिल्कुल निराधार बात कर रहा है। बेबुनियाद बात कर रहा है, उसके पास कोई आधार ही नहीं है। सरेआम झूठ बोल रहा है लेकिन

आपको उसे नीचा नहीं दिखाना है।

आपका मकसद सामने वाले से बहस करके जीतना नहीं है। आपका मकसद है सामने वाले व्यक्ति को मौका देना। एक ऐसा रास्ता दिखाना जिससे उसको जिन्दगी में कामयाबी मिल सके। आपका मकसद है बेहतरीन गुणवत्ता के प्रोडक्ट उसको उपलब्ध कराना। इसलिए आप अपने मकसद को मत भूलिए, बहस मत कीजिए।

सामने वाला व्यक्ति कितना भी झगड़ालू हो, कितना भी लड़ाकू हो, कुछ भी हो आप मत झगड़िए। आप अपने मकसद को मत भूलिए। आप बहस करने के लिए नहीं गए हैं। कभी हो सकता है कि आपका डाउनलाइन भी आपके साथ हो। वो आपको ऐसी कोई बातचीत कहे जो शायद अच्छी नहीं है तो आप कंट्रोल रखें, क्योंकि पहला ही पॉइंट हमने बताया है धैर्य रखिए। बहस मत कीजिए, आपका मकसद उससे जीतना नहीं है।

आपका मकसद है सामने वाले को सही जानकारी देना। एक अच्छा प्रोडक्ट देना, एक अच्छा मौका देना उसको मत भूलिए।

8. एक बढ़िया बिजनेस किट रखें (Have a proper business kit)

ये पॉइंट बहुत महत्वपूर्ण है। जिस प्रकार प्रेजेंटेशन दिखाते समय एक किट अपने साथ आप ले गए थे, उसी प्रकार से फॉलोअप के लिए भी एक प्रॉपर बिजनेस किट होनी चाहिए।

इस बिजनेस किट में टेस्टिमोनियल्स होने चाहिएं, लिटरेचर होने चाहिएं और वो सारी की सारी चीजें होनी चाहिएं जो फॉलोअप के लिए जरूरी हैं।

और उसके लिए एक अच्छा सा बैग होना चाहिए। हर चीज पेशेवर

तरीके से सजी होनी चाहिए। तरतीब के साथ सारी चीजें हों जिसमें आपके पास अच्छी क्वालिटी का पेन हो, व्हाइट पेपर्स हों वो भी अच्छी क्वालिटी के व कुछ उत्पाद हों।

9. उन्हें बोलने दें। (Let them talk)

नौवां पॉइंट है उन्हें बोलने दें। बहुत सारे डायरेक्ट सेलर्स बोलते रहते हैं-बोलते रहते हैं, सामने वाले को बोलने का मौका ही नहीं देते हैं। ये बिजनेस बोलने का बिजनेस नहीं है, सेलिंग मतलब बोलना नहीं है, सेलिंग मतलब सुनना।

अगर आप सामने वाले को सुनेंगे, धैर्य से सुनेंगे, दिल से सुनेंगे, उसकी बातों में दिलचस्पी दिखाएंगे तो सामने वाला व्यक्ति शायद आपके साथ जुड़ जाएगा।

क्योंकि वास्तव में व्यक्ति आपके बिजनेस को जोईन नहीं करता, वो आपको जोईन करता है। अगर आप खुद को बेच पाते हैं तो आप सब कुछ बेच सकते हैं।

अगर सामने वाला व्यक्ति आपको पसंद करेगा तो वो आपके प्रोडक्ट को भी पसंद करेगा। फर्क नहीं पड़ता कि प्रोडक्ट क्या है। आप उसको पसंद आने चाहिए और आप उसको कब पसंद आएंगे? तब पसंद नहीं आएंगे जब आप उन्हें अपना ज्ञान देंगे। आप तब पसंद आएंगे जब आप सामने वाले को सुनेंगे।

ध्यान से सुनेंगे, प्रॉपर बॉडी लैंग्वेज को यूज करके सुनेंगे। एक किताब है 'सवाल ही जवाब है' जिसके लेखक है एलन पीस। वो लिखते है अगर आप सही सवाल पूछने में निपुण हो जाते हैं तो आप उससे अपनी बात मनवा सकते हैं।

सामने वाले को सवाल पूछने का मौक दीजिए तभी चीजें बदलने वाली हैं।

10. चुनौतियों की गहराई में जाइए (Dig into Challenges)

फॉलोअप में यदि सामने वाले के कुछ इशूज हैं, चैलेंजिस हैं वो कुछ उठा रहा है तो आप उनको नजरअंदाज करने की कोशिश बिल्कुल मत कीजिए। आप आगे बढ़िए, प्रश्नों की गहराई में जाइए।

डायरेक्ट सेलिंग के बारे में जब आप बातचीत करेंगे तो लोग बोलेंगे, "इस प्रकार की कंपनियां आती-जाती रहती हैं। अमुक स्कीम आई थी वो लोगों का पैसा लेकर चली गई। ये अच्छे लोगों का काम नही हैं मेरा इसमें कोई इन्टरेस्ट नहीं हैं।"

आप इसकी सतही तौर पर मत रहिए, इसकी गहराई में जाइए। उसको कहिये आप बिल्कुल सही कह रहे हैं। मैं आपकी बात से 100 प्रतिशत सहमत हूं पहले मैं भी ऐसा ही मानता था कि ये अच्छे लोगों का काम नही हैं, लेकिन जब मैं इसकी गहराई में गया तो पाया कि बहुत सारी कम्पनियाँ डायरेक्ट सेलिंग के नाम पर भोले भाले लोगों को लुटती हैं हमारे देश में कुछ गिनी चुनी कम्पनियाँ है जो भारत सरकार द्वारा जारी किए गए डायरेक्ट सेलिंग रूल्स 2021 का पालन करते हुए कानूनी तरीके से काम करती हैं। भाग्य से मुझे देश की सबसे अच्छी डायरेक्ट सेलिंग कम्पनी में जुड़ने का मौका मिला और मैं राही व गलत में अंतर महसूस कर पाया।

WFDSA के 2022 के आँकड़ों के अनुसार हिन्दुस्तान विश्व डायरेक्ट सेलिंग उद्योग में 11वें स्थान पर हैं। लेकिन हमारा तीन साल का CAGR सबसे ज्यादा 13.3% रहा हैं अगर हम इसी CAGR से बढ़ते रहे तो 2050 के लगभग हम दुनिया में पहले स्थान पर पहुँच जाऐंगे व हमारा टर्नओवर

एक लाख मिलियन डॉलर को क्रॉस कर जाएगा।

इस प्रकार आप आँकड़ों की भाषा में सामने वाले को जवाब दें।

11. कीमत अंत में बताइए (Share the price in the last)

प्रोडक्ट की कीमत अंत में बताइए। सामने वाला आपसे पूछेगा कि ये साबुन कितने रुपये का है? तो आप बोलिए कि बिल्कुल सर मैं साबुन की कीमत भी बताऊंगा लेकिन उससे पहले मैं आपको साबुन की खूबियां बताना चाहता हूं। इस बाथ शॉप की क्या विशेषता है वो बताता हूं। सर ये साधारण बाथ शॉप के जैसा नहीं है। इसकी ये विशेषता है.... .ये विशेषता है......ये विशेषता है।

अब चूंकि आपने उसको बता दिया है कि प्रोडक्ट की क्या-क्या विशेषताएं है और यह प्रोडक्ट किस प्रकार से उसकी मदद कर सकता है चूंकि यह प्रोडक्ट बाजार मे मिलने वाले प्रोडक्टों से बेहतर है इसलिए वह मानसिक रूप से तैयार है कि इस प्रोडक्ट की कीमत ज्यादा हो सकती है और वह ज्यादा कीमत में इसे खरीदने के लिए मन ही मन तैयार हो जाता है। ये बहुत मनोविज्ञानिक (Psychological) पॉइंट है।

12. प्रस्तुतीकरण को संक्षेप में रखिए (Keep the presentation brief)

फॉलोअप के समय आपका प्रेजेंटेशन संक्षेप में होना चाहिए क्योंकि आपने प्लान दिखाते समय विस्तार से प्रेजेंटेशन दे दिया था। ये केवल रिव्यू करने के लिए हल्का सा प्रेजेंटेशन है। क्योंकि अब समय है सामने वाले के सवालों का जवाब देने का।

13. साठ सेकेन्ड वाले नियम का पालन कीजिए (Follow 60 second rule (Re-engage prospect in the conversation))

ये बहुत महत्वपूर्ण और प्रभावी नियम है। ये नियम कह रहा है कि जब आप फॉलोअप में बातचीत कर रहे हैं तो उस समय आप अपने प्रॉसपैक्ट को हर 60 सेकेन्ड में अपनी बातचीत में लेकर आइए।

मतलब आपको बोलते नहीं जाना है। आपको कुछ ऐसा बोलना है, ऐसी बात करनी है कि बीच में वो एंगेज रहे। तो कैसे कर सकते हैं ये? जानने के लिए हम 14वें पॉइंट पर आते हैं।

14. प्रतिक्रिया लेते रहें (Use Feedback Loop (Is it ok?))

यानि कि ऐसा प्रश्न पूछिए कि सामने वाले को उसका जवाब देना पड़े। तो जैसे आपने कोई बात बोली तो आप बोल सकते हैं, "क्या मैं सही कह रहा हूं?"

"अच्छा आपका क्या मानना है इस मामले में?" "सही बात है ना?"

ऐसा कुछ जिससे सामने वाला या तो बोले या गर्दन हिलाए या उसकी बॉडी लैंग्वेज कुछ ऐसी हो कि लगे वो आपके कॉनवर्सेशन में शामिल है। ये बेहद प्रभावी टेक्निक है। धीरे-धीरे इस टेक्निक को हमें सीखना चाहिए।

15. कुछ लोग जोईन करेंगे, कुछ लोग नहीं करेंगे?

(SW³N: Some will, Some won't, So what Next?)

कुछ लोग जोईन करेंगे और कुछ लोग बिल्कुल नहीं करेंगे। चाहे आप कितना भी अच्छा प्रेजेंटेशन क्यों ना दे दें। तो क्या फर्क पड़ा? मैं अगले व्यक्ति के पास चला जाऊंगा। ये चीज मुझे बहुत अच्छी लगी।

मुझे कोई फर्क नहीं पड़ता क्योंकि हमलोग नंबर गेम में हैं। एलन

पीज ने अपनी किताब 'सवाल ही जवाब हैं' में कहा है "औसत का नियम कभी विफल नहीं होता (Low of average never fail)" अर्थात् आप कोई भी काम करें एक अनुपात में लोग आपसे अवश्य जुड़ेंगे इसलिए एक-एक कदम आगे बढ़ते रहिए।

अगर आपका फॉलोअप स्किल अच्छा है और आप इसे लगातार निखार रहे हैं तो ये चीज आपके लिए मददगार साबित होने वाली है।

इस समय अगर आप दस लोगों को फॉलोअप करते हैं और 2 लोग ही बिजनेस में आते हैं लेकिन अगर आप अपनी फॉलोअप स्किल्स को निखारते रहेंगे तो ये रेशियो 10 से 4 में कनवर्ट होगा, 10 से 8 में होगा और जो सफल लोग हैं वे 10 लोगों को फॉलोअप करते हैं तो 9 लोग उनके साथ जुड़ जाते हैं और आप भी उस श्रेणी में आगे बढ़ सकते हैं।

16. एक विशेष रेडियो स्टेशन (WIIFM :What's in it for me (Prospect wants to listen to only one radio station)

इसका मतलब है कि जब आप बातचीत कर रहे हैं तो प्रॉस्पैक्ट को सिर्फ इस चीज से मतलब है कि इस प्रोडक्ट में मेरे लिए क्या है?

बहुत सारे डायरेक्ट सेलर कंपनी की पूरी डिटेल में चले जाते हैं, कंपनी प्रोफाइल में घुस जाते हैं। मेरी कंपनी ये, मेरी कंपनी वो, मेरी अपलाइन ये, मेरा सिस्टम ये। आप बहुत ज्यादा मत घुसिए। शुरुआत में सामने वाले को इन चीजों से बहुत ज्यादा सरोकार नहीं है।

उनकी दिलचस्पी सबसे अधिक इस चीज में है कि इसमें मेरे लिए क्या है? इस प्रोडक्ट में मेरे लिए क्या है? इस प्लान में मेरे लिए क्या है? ये मेरे लिए किस प्रकार से फायदेमंद हो सकता है तो उस चीज का आपको ध्यान रखना है।

बहुत सारी चीजों को बहुत विस्तार से मत बताइए क्योंकि हर व्यक्ति ये जानना चाहता है कि मेरे लिए इसमें क्या है?

ज्यादातर मिलने वाली प्रतिक्रियाएँ (Frequent Response Statement)

ज्यादातर लोग आपको निम्न प्रकार के प्रश्न पूछेंगे या प्रतिक्रिया देंगेः-

- **मेरे पास पैसे नहीं हैं (I don't have money)**- लोग आपको कहेंगे मेरे पास पैसे नहीं हैं। माना कि एक हजार रुपये की ही बात है या दो हजार रुपये की ही बात है, वो कहेंगे कि मेरे पास पैसे ही नहीं हैं। प्रोडक्ट को खरीदने के लिए।

ऐसे लोग भी आपको मिलेंगे। अगर 100 रुपये का प्रोडक्ट है तो कहेंगे कि 100 रुपये भी नहीं हैं मेरे पास।

चिंता मत कीजिए। जब कोई ऐसा बोले तो आप मानकर चलिए कि आप सही दिशा में जा रहे हैं।

- **मेरे पास वक्त नहीं है (I don't have time)**- कुछ वेल्ले (जिनके पास समय ही समय है) लोग कहेंगे मेरे पास वक्त नहीं है।

- **मैं आपको दोबारा संपर्क करूंगा (I will get back to you)**- ठीक है मुझे अच्छा लगा। मैं आपसे दोबारा संपर्क करूंगा। याद रहे इनका आपको कभी कॉल नहीं आएगा।

- **प्रोडक्ट्स महंगे हैं (Products are costly)**- लोग कहेंगे प्रोडक्ट्स महंगे हैं। मजेदार बात यह है कि वो बगैर प्रोडक्ट की क्वलिटी तथा कीमत देखे बिना ही ऐसा कहेंगे।

- **मैं बेच नहीं सकता (I can't sell)**- कुछ लोग कहेंगे मैं बेच नहीं सकता। बेचने वाला काम मुझे फालतू लगता है। मैं ये नहीं कर

सकता सर। आप जैसे लोग कर सकते हैं। कुछ लोग आपको सीधे ऐसा बोल देंगे। चिंता मत कीजिए और भावुक भी मत होइए।

- **क्या ये पिरामिड/स्कीम/स्कैम है? (Is it a pyramid/scheme/scam)**- कुछ लोग कहेंगे ये तो कोई स्कैम लगता है? ये तो कुछ पिरामिड स्कीम लग रही है। ऐसा बहुत कुछ आपको सुनने को मिलेगा।

- **मैं मेंबर्स नहीं बना सकता (I can't get members)**- मैं मेंबर्स नहीं बना सकता। प्रोडक्ट तो यूज कर लूंगा लेकिन ये मेंबर बनाने वाला काम मुझसे नहीं होगा।

- **मुझे दिलचस्पी नहीं है (I am not interested)**- मुझे ये सब पसंद नहीं है।

- **मैं पहले इससे जुड़ चुका हूँ (I already did it)**- मैंने तो इसे पहले ही करके छोड़ दिया है।

तो महत्वपूर्ण यहां पर यह है कि जब इस तरह के स्टेटमेंट्स आपके सामने आएंगी उस समय आपकी प्रतिक्रिया क्या होनी चाहिए? आप घबराइए मत, आप रिलेक्स कीजिए और जैसा मैंने बताया आप सही रास्ते पर हैं। इस प्रकार के स्टेटमेंट्स वैसे वाले मील के पत्थर हैं कि आप दिल्ली से जयपुर जा रहे हैं और रास्ते में आपको जब लिखा मिल जाए 'जयपुर 140 किलोमीटर'। इसका मतलब है कि आप सही रास्ते में हैं।

जयपुर 130 किलोमीटर। यानि कि आप बिल्कुल सही जा रहे हैं। तो इस प्रकार के स्टेटमेंट्स से घबराना नहीं है। आपको खुश होना है क्योंकि आपकी दिशा सही है।

....

प्रश्नों का उत्तर कैसे दें?

(How To Handle Questions?)

चूंकि इस प्रकार के स्टेटमेंट्स आ रहे हैं तो अब महत्वपूर्ण यह है कि इन स्टेटमेंट्स को आपने किस प्रकार से हैंडल करना है?

1. लाजवाब तकनीक (Use 'Feel Felt Found' Technique)

यह बहुत कारगर और प्रभावी तकनीक है। मैं इतने वक्त से इसे इस्तेमाल करता आ रहा हूं। यह ना केवल फॉलोअप में काम आएगी, बल्कि आपकी जिन्दगी के हर क्षेत्र में यह काम आएगी। लोगों से अच्छे रिलेशन बनाने में, लोगों से अपनी बात मनवाने में, हर जगह 'Feel Felt Found' तकनीक काम आने वाली है।

सामने वाला कोई भी प्रश्न पूछता है, वो कोई भी स्टेटमेंट देता है तो आपको 'Feel Felt Found' तकनीक का इस्तेमाल करना है। अब बारी-बारी से इसे समझते हैं।

प्रश्न A: ''मेरे पास पैसा नहीं है।''

सामने वाले ने कहा मेरे पास पैसा नहीं है। तो आपको उसके साथ महसूस करना है। उसकी बात में सहमति जतानी है।

विरोध नहीं करना है, आपको ये नहीं कहना है कि आपके पास 100 रुपये भी नहीं हैं? आपको कहना है, "हां सर मैं आपकी बात से सहमत हूं।"

सामने वाला कुछ भी बोले मगर आपको कहना है, "मैं आपकी बात से सहमत हूं।" यह बात बहुत मनोविज्ञानिक (Psychological) है।

जब आप यह कहते हैं, "मैं आपकी बात से सहमत हूं।" तो आप

उसके साथ “Feel” कर रहे हैं। अब “Felt” पर आते हैं। मैं आपकी बात से सहमत हूं। जब पहली बार मेरे सामने प्रोडक्ट रखा गया तो मैंने भी अपनी अपलाइन को यही कहा था कि मेरे पास पैसा नहीं है और हकीकत में मेरे पास 100 रूपये भी नहीं थे। मेरी अपलाइन ने मुझे बोला कि अगर आप ये प्रोडक्ट खरीदेंगे और इस बिजनेस में जोईन करेंगे तो आपको कभी जिन्दगी में पैसे की कमी नहीं रहेगी।

फिर जब मैंने समझा कि इस 100 रुपये के प्रोडक्ट को खरीदने से क्या मेरी जिन्दगी में इतना बड़ा बदलाव आ सकता है? सीरियसली जब मैंने उनसे बातचीत की उन्होंने मुझे जो तर्क दिए तो मैंने पाया (Found) कि ये प्रोडक्ट मैं इस्तेमाल करता हूं और ये मेरा पहला कदम है और फिर मैं आगे वाले कदम उठा सकता हूं।

‘Feel Felt Found’ का इस्तेमाल हर जगह कर सकते है।

प्रश्न B: ‘‘मेरे पास वक्त नहीं हैं।’’

आपको ये नहीं कहना है कि सर आप तो समय निकाल सकते हैं। आपको सबसे पहला डायलॉग यह बोलना है कि आप बिल्कुल सही कह रहे हैं सर। मैं आपसे पूरी तरह सहमत हूं। ऐसा लगना चाहिए कि आप उनकी बातों को महसूस कर रहे हैं।

और फिर अपने आपको उससे रिलेट करना है (Feel) और फिर समाधान (Found) देना है।

मैं आपकी बात से सहमत हूं। जब मेरे सामने ये प्रपोजल आया तो मेरा भी यही जवाब था कि मेरे पास समय नहीं है। मैं तो केबल टीवी के बिजनेस में था, जहां 24 घंटे सेवाएं देनी पड़ती थीं।

मेरी अपलाइन ने मुझे बोला कि अगर आपको जीवन में समय

की आजादी चाहिए, वास्तव में समय की आजादी चाहिए तो ये बिजनेस आपको समय की आजादी दे सकता है। **(Felt)**

और जब मैंने देखा कि यहां पर नेटवर्क बनाकर हम समय की आजादी प्राप्त कर सकते हैं तो तो मैं ऐसे कई सारे लोगों से मिला जो बहुत सारा पैसा कमाते हैं और वे पूरी तरह से फ्री हैं व दुनिया भर में घूमते रहते हैं।

तो उसके बाद मैंने पाया **(Found)** कि समय की आजादी यहां से मिल सकती है।

प्रश्न C: ''सामान बहुत महंगा है''

अब सामने वाला कहता है कि आपका डायरेक्ट सेलिंग में तो बहुत महंगा सामान मिलता है।

तो आपको विरोध नहीं करना है। आपको कहना है कि मैं आपकी बात से सहमत हूं। मुझे भी ऐसा ही लगता था कि डायरेक्ट सेलिंग में दस रुपये की चीज सौ रुपये में मिलती है।

लेकिन जब मैंने जाना तो उसके बाद मैंने पाया कि ऐसा नहीं है। सारी डायरेक्ट सेलिंग कंपनियां एक जैसी नहीं हैं। ये देखिए ये हमारा नमक है। हमारे नमक कि ये-ये क्वालिटी है इस प्रकार की गुणवत्ता वाला नमक मार्केट में इन दामों पर नहीं मिलेगा।

प्रश्न D: ''मैं बेच नहीं सकता।''

कोई कहता है कि मैं बेच नहीं सकता हूं। मैं आपकी बात से सहमत हूं। मैं तो सेल्स का आदमी हूं ही नहीं। मुझे लगता था दुनिया में अगर कुछ सबसे भारी काम है तो वो सेलिंग का है लेकिन जब मैंने इसको गहराई से देखा तब मैंने समझा और पाया कि ये तो वास्तव

में सेलिंग है ही नहीं।

ये तो कंज्यूमिंग है। प्रोडक्ट को कंज्यूम करना है, बाकी काम तो अपने आप ही हो जाते है।

प्रश्न E: ''क्या यह एक पिरामिड स्कीम है।''

सामने वाला कहता है कि क्या यह एक पिरामिड स्कीम है। कंपनियां आती-जाती रहती हैं। आपको कहना है कि बिल्कुल मैं आपकी बात से सहमत हूं। आपने बिल्कुल सही कहा। मैं भी ऐसा ही मानता था कि ये स्कैम है, इस प्रकार की कम्पनियां आती-जाती रहती हैं। लेकिन जब मैं इसकी गहराई में गया तो देखा कि भारत सरकार ने डायरेक्ट सेलिंग रूल्स 2021 बनाए हैं और अब यह व्यवसाय हमारे देश में कानूनी रूप से चल रहा है और मैंने बांग्लादेश और मलेशिया के कानून को पढ़ा।

मैंने पढ़ा कि यूएस में क्या हो रहा है और उसके बाद मुझे पता लग गया कि स्कैम और सही कंपनी में क्या फर्क होता है।

आप कोई भी उदाहरण दे सकते हैं लेकिन विरोध नहीं करना है। सामने वाले व्यक्ति को ये कहना है कि मैं आपकी बात से 100 प्रतिशत सहमत हूं।

प्रश्न F: ''मैं मेंबर्स नहीं बना सकता।''

अगर वो कहे कि मैं मेंबर्स नहीं बना सकता। आपको कहना है कि बिल्कुल सही कह रहे हैं आप। मैं आपकी बात से पूरी तरह से सहमत हूं। मुझे भी ऐसा लगा था कि ये मेंबर्स बनाने का काम है लेकिन बाद में जब मैं इसकी गहराई में गया तो मुझे लगा कि ये तो मेंबर्स बनाने का काम है ही नहीं।

हमलोग तो केवल प्रोडक्ट यूज करते हैं। इसके बारे में जो अच्छा

लगता है उसे बताते हैं और लोग अपने आप जुड़ते चले जाते हैं।

प्रश्न G: ''मुझे इसमें कोई दिलचस्पी नहीं है।''

लोग कहेंगे मुझे इसमें कोई दिलचस्पी नहीं है। मैं मानता हूं ये बेकार फालतू चीज है। मैं आपकी बात से बिल्कुल सहमत हूं। बिल्कुल ऐसे ही मैंने भी बोला था सर कि मेरा कोई इंटरेस्ट नहीं है इस प्रकार की फालतू चीजों में लेकिन जब मैंने इसमें थोड़ी सी दिलचस्पी दिखाई। यानि कि मैंने प्रोडक्ट्स यूज किए। ये दो प्रोडक्ट्स मैंने यूज किए और मैंने मीटिंग्स देखी। उसके बाद मुझे लगा कि ये तो बहुत इंटरेस्टिंग काम है और मेरा यकीन मानिए सर ये जो काम है ये अपने आप में एक कंप्लीट पैकेज है।

यहां पर पैसा भी है, वक्त की आजादी भी है और दुनिया में घूमने के मौके भी हैं। ये फोटो देखिए मेरे अपलाइन यहाँ गए हैं। इसलिए मेरा मानना है कि यह कम्पलीट पैकेज है।

प्रश्न H: ''मैं यह कर चुका हूं।''

लोग कहेंगे मैंने ये सब कर लिया है। मैंने इसको करके छोड़ दिया है। इसी कंपनी के साथ मैंने काम किया था। पहले ही किया था। 2005 में किया था, 2007 में किया था। ऐसे में अब आपको विरोध नहीं करना है।

आप बोलिएगा क्या बात है सर। आप तो पहले से ही एक्सपीरिएंस्ड (अनुभवी) हैं। मैं भी ऐसे बहुत सारे लोगों से मिला हूं जिन्होंने पहले किया था ये और फिर छोड़ दिया था।

जब उन्होंने इसको दोबारा किया तो उन्होंने ये लेवल हासिल किया है। अब उनको दिखाने के लिए आपके पास कुछ टेस्टिमोनियल्स होने चाहिएं, कुछ तस्वीरें होनी चाहिए। कुछ नाम होने चाहिए जिनको आप

दिखा सकें जिन्होंने दोबारा किया था, तिबारा किया था और उसके बाद उन्होंने कितने मुकाम हासिल किए। आप स्वयं अगर प्रैक्टिकल उदाहरण हैं तो खुद के बारे में उनको बताइए और यदि नहीं है तो दूसरे को कोट कीजिए।

लेकिन झूठ नहीं बोलना है, कोई भी बनावटी बात नहीं करनी है। ये जो 'Feel Felt Found' तकनीक है यह इस प्रकार के स्टेटमेंट्स व प्रश्नों का सही जवाब दे सकती है। इससे सामने वाले व्यक्ति को ठेस नहीं पहुंचेगी और बगैर इगो को ठेस पहुंचाए आप सामने वाले व्यक्ति को समझा सकते हैं व उसे अपने साथ जोड़ सकते हैं।

यह बहुत कारगर तकनीक है। मैं बहुत बार इसका इस्तेमाल कर रहा हूं। हर रोज और हर जगह इस्तेमाल करता हूं।

2. आँकड़े प्रस्तुत करें (Share Data)

जब सामने वाले व्यक्ति के प्रश्न आएंगे तो आप डेटा सामने रखिए। एकदम सटीक और प्रमाणिक डेटा के जरिये आंकड़े प्रस्तुत कीजिए। जिसका स्त्रोत (Source) आपके पास हो और उस स्त्रोत (Source) पर आपको विश्वास हो। आज के इंफॉर्मेशन टेक्नोलॉजी के दौर में आपको बहुत सारी चीजें मिलेंगी। बहुत सारे वीडियोज मिलेंगे, बहुत सारे डेटा मिलेंगे लेकिन उसका सोर्स क्या है, कौन व्यक्ति बोल रहा है और जो बोल रहा है कहां से और किस आधार पर बोल रहा है? यह जानना बहुत महत्वपूर्ण है, इसलिए विश्वसनीय डेटा ही आप शेयर कीजिए।

विश्व में डायरेक्ट सेलिंग की एक बहुत विश्वशनीय संस्था है **World Federation of Direct Selling Association (WFDSA)**। जो हर साल जून में डायरेक्ट सेलिंग के आंकड़े प्रस्तुत करती है।

WFDSA ने **23** जून **2022** को कलैण्डर ईयर **2021 (1.1.2021 to 31.12.2021)** के आंकड़े अपनी **website www.WFDSA.org** पर **upload** किए हैं जिनके अनुसार **2021** में विश्व डायरेक्ट सेलिंग का कारोबार **186105** मिलियन डालर का रहा हैं, जिसमें हमारा स्थन बारहवां हैं:-

टॉप 10 ग्लोबल मार्केट (प्रतिशत के अनुसार)

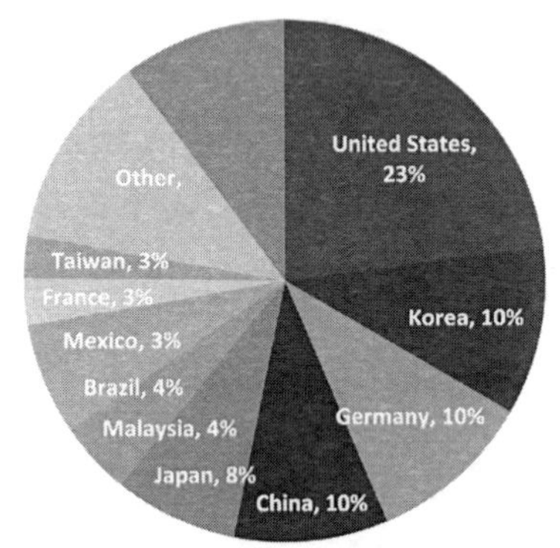

Top 12 Countries (Turn Over Wise)			
Sr. no.	**Region/Country**	**Turn Over USD (millions)**	**3-year CAGR in Constant 2021 USD (2018-2021)**
1	United States	42,670	6.4%
2	Korea	19,421	6.1%
3	Germany	18,959	2.6%
4	China	17,961	-21.2%
5	Japan	14,248	-3.2%
6	Malaysia	8,367	13%
7	Brazil	7,048	0.7%
8	Mexico	5,788	1.3%
9	France	5,419	0.1%
10	Taiwan	4,901	5.4%
11	Canada	3,299	5.7%
12	India	3,259	15.7%

आप www.wfdsa.org इस वेबसाईट पर जाकर ‘World Federation

of Direct Selling Associations' के आँकड़े सांझा कर सकते हैं।

ये विश्वनीय डेटा है, इस प्रकार के डेटाज आप शेयर कर सकते हैं और कह सकते है कि ये देखिए टॉप 10 ग्लोबल मार्केट्स हैं यूनाइटेड स्टेट्स नंबर 1 पर है, लेकिन इसमें इंडिया कहीं पर भी नहीं है।

इंडिया में क्या संभावनाएं हैं यह आप इंडिया के तीन साल के CAGR 15.7% से अंदाजा लगा सकते हैं। ये बहुत बड़ी रिपोर्ट है, मैं आपको एक छोटा सा हिस्सा दिखा रहा हूं ताकि आपको ये मालूम चले कि आपको डेटा किस प्रकार से शेयर करने हैं? तो विश्वनीय डेटा आप शेयर कीजिए। कोई बुक आप शेयर कर सकते हैं। कोई बुक आप दिखा सकते हैं या किसी राइटर की स्टेटमेंट आप दिखा सकते हैं।

हमारे पूर्व मंत्री माननीय रामविलास पासवान जी का वीडियो दिखा सकते हैं कि वो डायरेक्ट सेलिंग के बारे में क्या बोलते हैं।

मौजूदा केन्द्रीय राज्यमंत्री अनुराग ठाकुर जी का एक वीडियो यूट्यूब पर है, आप वो दिखा सकते हैं। तो आप ये सभी विश्वनीय चीजें दिखा सकते हैं जब आप सामने वाले के प्रश्नों का उत्तर दे रहे हैं।

3. प्रश्न का जवाब प्रश्न से ही दें

(Answer Questions by asking Questions)

तीसरा बिंदु कह रहा है कि प्रश्न पूछकर ही प्रश्नों के उत्तर दें। बहुत बार आपको सीधा-सीधा जवाब नहीं देना है। ऐसा नहीं लगना चाहिए कि सामने वाला पूछ रहा है और आप तुरन्त जवाब दे रहे हैं। आपको बहुत बार प्रश्नों का उत्तर प्रश्नों के माध्यम से देना है।

मान लेते हैं कि बिजनेस में आपकी शुरुआत है सामने वाले आपसे पूछते है कि सर आपको कितना पैसा आ रहा है? और आप उसको बताना नहीं चाहते हैं। या आप चाहते हैं कि ये बिल्कुल सही तरीका नहीं

है कि कोई ऐसे प्रश्न पूछे। मान लेते हैं कि आपको तो बहुत पैसा आ रहा है। आप कह देंगे कि मुझे दस लाख रुपया महीना आ रहा है लेकिन आपको ये सोचना चाहिए कि आपकी डाउनलाइन भी आपके साथ बैठी है।

जिसके साथ आप फॉलोअप करने आ रहे हैं उसको तो दस लाख रुपया महीना अभी नहीं आ रहा है। उसने तो अभी शुरू ही किया है बिजनेस। अभी तो उसकी पहली इनकम भी नहीं आई है।

तो आपको ध्यान देना है कि अपनी इनकम नहीं बताकर आप उससे ऐसा पूछ सकते हैं कि सर हमारे बिजनेस में 200 रुपये से लेकर 20-25-30 और 50 लाख रुपया महीना कमाने वाले लोग हैं। आप कितना रूपये महीना कमाना चाहते हैं?

अब आपने सामने वाले से प्रश्न कर दिया है। इस प्रकार बहुत सारे प्रश्न हो सकते हैं लेकिन आपने इसको अपनी बुद्धिमता से, कॉमन सेंस के साथ अप्लाय करना है कि कौन सी तकनीक आपको कहां यूज करनी है? कहां पर डेटा दिखाना है और कहां पर प्रश्न के बदले प्रश्न पूछना है, वो आपको तय करना है।

4. उनके प्रश्नों की सराहना करें

(Compliment their Questions)

सामने वाला जब प्रश्न पूछ रहा है। चाहे उसने कितना भी आसान प्रश्न क्यों ना पूछा हो, लेकिन आप थोड़ा सा रुककर उनके प्रश्नों की सराहना करते हुए जवाब दीजिए।

उससे सामने वाले को अच्छा लगेगा। उसे लगेगा कि उसने अच्छा सवाल पूछा है। और कभी-कभी सामने वाला वास्तव में अच्छा सवाल पूछता भी है। पहले आप उसे कॉम्प्लिमेंट दीजिए और उसके बाद आप उसके प्रश्न का जवाब दे सकते हैं।

5. टूल्स का प्रयोग कर प्रश्नों का जवाब दें
(Answer Questions Using Tools)

जब आप सामने वाले के प्रश्नों का जवाब दे रहे हैं तो आप टूल्स का इस्तेमाल कर सकते हैं। क्या टूल्स हैं आइए जानते हैं। कोई टेस्टिमोनियल हो सकता है, कोई किताब हो सकती है, कोई वीडियो हो सकती है, कोई ऑडियो हो सकती हैं या उन्हें मीटिंग में बुला सकते हैं।

अगर सामने वाले के कुछ प्रश्न हैं तो आप उनके जवाब इस तरह से दे सकते हैं कि सर आपका प्रश्न बहुत अच्छा है और मेरे पास इसका जवाब नहीं है। हर शनिवार को शाम 8 बजे हमारी एक जूम मीटिंग होती है, मैं उसका लिंक आपको शेयर करूंगा और आपको याद भी दिला दूंगा। आप उस मीटिंग में आइए सर, आपको इस प्रश्न का उत्तर मीटिंग में मिल जाएगा।

अगर कोई होम मीटिंग होने वाली है तो आप उनको बोल सकते हैं कि सर आपका प्रश्न बहुत अच्छा है। फलां जगह पर होम मीटिंग हो रही है। कल ही या परसों होम मीटिंग होने वाली है। मैं आपको याद भी दिलाऊंगा, आप वहां आइए आपके प्रश्न का जवाब आपको वहां पर मिलने वाला है या आप कहिए कि सर ये जो प्रश्न है ना ये बहुत इंटेलिजेंट प्रश्न है, मैं इसका जवाब नहीं दे सकता सर। मैं अपनी अपलाइन से आपको मिलवाना चाहता हूं।

सर आपने कितना बढ़िया इंटेलिजेंट प्रश्न किया है। आपकी बातों में मुझे बहुत गंभीरता नजर आ रही है। मैं आपको अपनी अपलाइन से मिलवाना चाहता हूं।

ये सारे के सारे टूल्स हैं, ज्यादा अच्छा रहेगा कि आप सीधा जवाब ना देकर टूल्स के माध्यम से सामने वाले व्यक्ति को जवाब दे।

आपकी कंपनी का अगर कोई यूट्यूब चैनल है तो आप उन्हें बता सकते हैं कि सर आपको जवाब उस यूट्यूब चैनल के उस वीडियो में मिलेगा। आपको लिंक भेज रहा हूं।

....

सेल क्लोजिंग (Sale Closing)

सेल कलोजिंग जो कि बहुत महत्वपूर्ण पॉइंट है।

''पुरस्कार परिणामों को मिलते हैं प्रयासों को नहीं'' और परिणाम तब मिलेंगे जब आप सेल को क्लोज कर देंगे। आइए अब एक-एक करके सेल क्लोजिंग की तकनीक देखते हैं।

1. **ट्रायल क्लोज (Trial Close)**- ट्रायल शायद ट्राई से बना है ट्राई करना यानि प्रयास करना। जब आप प्रेजेंटेशन दे रहे हैं तभी बीच में ही आपको ट्रायल करना है कि सामने वाले व्यक्ति को कितना इंटरेस्ट है

कभी-कभी इंटरेस्ट चेक करने में ही सामने वाला व्यक्ति आपके प्रोडक्ट को खरीद लेता है या आपके साथ जोईन होने के लिए सहमत हो जाता है। उसे हमलोग ट्रायल क्लोज कहते हैं।

मैं आपको ट्रायल क्लोज का एक पर्फेक्ट एग्जांपल देना चाहता हूं और वह मेरा वास्तविक उदाहरण है। साल 2011 की बात है। मुझे एक गाड़ी खरीदनी थी और बहुत सारी गाड़ियों में से मैं दो गाड़ियों पर आया कि या तो मैं मर्सिडीज बेन्ज खरीदूंगा या तो मैं ऑडी खरीदूंगा।

फिर मैंने थोड़ा-थोड़ा होमवर्क किया और होमवर्क करने के बाद मैंने एक जगह पर दोनों सेल्स एक्जेक्यूटिव्स को गाड़ी के साथ बुलाया। उनको कहा कि आप फलां जगह पर आइए और मैं वहां पर टेस्ट ड्राइव लेना चाहता हूं।

मैंने दोनों को एक साथ खड़ा किया। मेरा अपना तरीका था और मेरी सबसे बड़ी चिंता थी कि मुझे गाड़ी पर कंट्रोलिंग चाहिए। सेफ्टी मेरी बहुत बड़ी चिंता है तो मैं स्पीड में गाड़ी चला रहा हूं और ब्रेक मार रहा हूं तो गाड़ी पर मेरी कंट्रोलिंग कैसी है।

वो मैं चेक करना चाहता था और उसके लिए मैंने एक तकनीक का इस्तेमाल किया। मैंने एक पॉइंट को मार्क किया और उस पॉइंट से गाड़ी को स्पीड में ले जाता और एक पार्टिकुलर पॉइंट पर जाकर मैं 100 कि.मी. की स्पीड पर पहुंचता था और उस पॉइंट पर पहुंचने के बाद मैं तुरन्त ब्रेक मारता था और फिर मैं देखता था कि वो गाड़ी कहां पर जाकर बिल्कुल रुक जाती है। तो ये तकनीक मैं वहां पर इस्तेमाल कर रहा था।

मैंने दोनो गाड़ियों में वो तकनीक इस्तेमाल की और उसके बाद मैंने कहा कि ठीक है मैंने दोनों गाड़ियों का ड्राइव ले लिया है। मैं आपके पास आ रहा हूं और सबसे पहले मैं ऑडी के शोरूम में गया और उनके जो सेल्स एक्जेक्यूटिव थे उनको मैंने बोला कि भाई आपकी गाड़ी ठीक है, अच्छी है लेकिन मर्सिडीज तो मर्सिडीज है। ऑडी भी अच्छी गाड़ी हो सकती है लेकिन मर्सिडीज बड़ा ब्रैंड है तो ऑडी वाले एक्जेक्यूटिव ने मुझे बताया कि ऑडी में क्या खासियत है और कौन-कौन सी नई गाड़ियां हैं, क्या-क्या टेक्नोलॉजीज हैं, यंग लोग चलाते हैं, ऐसा है-वैसा है।

उन्होंने बहुत सारी चीजें समझाने की कोशिश की लेकिन मैंने कहा नहीं, मैं फाइनल करने से पहले मर्सिडीज में भी जाना चाहता हूं और वहां भी जानना चाहता हूं कि उनकी प्रोडक्ट में क्या खासियत है?

उन्होंने कहा कि कोई बात नहीं। फिर मैं मर्सिडीज के शोरूम में

आया। मर्सिडीज के शोरूम में आने के बाद मैं जो-जो प्लस पॉइंट ऑडी के थे और मर्सिडीज के जो उन्होंने माइनस पॉइंट बताए थे वो सारे मैंने वहां पर अप्लाई किए और मैंने कहा कि आपकी मर्सिडीज तो पुराने जमाने की गाड़ी हो गई है। ऑडी में ये फिचर आया है, ऐसा है-वैसा है, ये कलर्स हैं वगैरह। मैं उसको उलझा रहा हूं ऑडी के अंदर लेकिन मर्सिडीज का जो एक्जेक्यूटिव था उसका नाम मुझे अच्छे से याद है मिस्टर अनिल। वो बहुत बुद्धिमान एग्जेक्यूटिव था।

उसने मुझे मुस्कुराते हुए कहा कि सर कहां ऑडी और कहां मर्सिडीज! ये तो मानकर चलिए कि हम आपको मर्सिडीज ही देने वाले हैं और आप मर्सिडीज ही लेंगे सर, क्योंकि आपकी पसंद तो मर्सिडीज ही हो सकती है लेकिन सर मैं एक चीज जानना चाह रहा हूं आपसे। मर्सिडीज में आपको कौन-सा कलर पसंद है? वो उस कॉम्पैरिजन से निकालकर मुझे कलर पर ले आया। मैंने कहा आपके यहां ये जो गाड़ी खड़ी है ये मुझे बहुत पसंद है।

वो बोला कि चलिए सर गाड़ी के नजदीक में चलते हैं। वो मुझे गाड़ी के नजदीक लेकर गया और दोबारा उसने मुझे गाड़ी में बिठाया और बताया कि सर ये जो आपकी कलर की च्वाइस है ना बहुत परफेक्ट है। इतनी प्रतिशत गाड़ियां इसी कलर में बिकती है सर, इस कलर की ये खासियत है, ये है-वो है, इसलिए हमने शोरूम में खड़ा किया है। साइकोलॉजिकली उसने मेरी बात को आगे बढ़ाकर ये एहसास कराया कि मैंने बहुत अच्छी चीज पसंद की है।

और वो कब मुझे कलर में उलझाकर ऑडी से निकालकर मेरे से 40 लाख रुपये का चेक लेकर चला गया। मुझे खुद भी मालूम नहीं चला। इसे ही कहते हैं ट्रायल क्लोज। जब हम बीच में से सामने वाले व्यक्ति को निकालकर बेचने की कोशिश करते हैं।

आप भी जब प्रोडक्ट प्रेजेंटेशन दे रहे हैं तो और कई सारे प्रोडक्ट्स हैं तो बीच में आप पूछ सकते हैं कि सर इनमें से आपको कौन-सा प्रोडक्ट अच्छा लगा? कौन सा प्रोडक्ट आप पहले लेना पसंद करेंगे?

तो ट्रायल क्लोज कहां और कैसे यूज करनी है उसके लिए थोड़ा सा तो आपको प्रोडक्ट स्पेसिफिक जाना पड़ेगा लेकिन ये बहुत शानदार तकनीक है। जो एक्सपर्ट बन जाते हैं इस फिल्ड में वो पूरी कहानी नहीं सुनाते हैं। वो बिल्कुल डेप्थ में जाते ही नहीं हैं। वो ट्रायल क्लोज करने की कोशिश करते हैं, बीच में ही क्लोज करने की कोशिश करते हैं और पहले ही वो क्लोज करके चले जाते हैं। इस तकनीक का आप भी इस्तेमाल कर सकते हैं।

2. बेन फ्रैंकलिन क्लोज (Ben Franklin Close)-

Ben Franklin एक बहुत बड़ी पर्सनैलिटी थे। उन्होंने क्लोजिंग का एक सिद्धांत दिया और वो सिद्धांत ये कह रहा है कि जब आप सामने वाले व्यक्ति से बातचीत कर रहे हैं, अपना प्रोडक्ट सेल करना चाहते हैं और सामने वाला व्यक्ति कंफ्यूज है, क्यों कंफ्यूज है? दो चीजों से सामने वाला व्यक्ति कंफ्यूज रहता है। उसको ये लगता है कि कहीं ये व्यक्ति मुझे महंगा प्रोडक्ट तो नहीं दे रहा है? यानि मुझसे ज्यादा कीमत तो नहीं ले रहा है? दूसरा उसको ये भी लगता है कि खरीदने के बाद सर्विसेज कैसी रहेंगी? तीसरा ये भी लगता है कि ये प्रोडक्ट उसके काम की है भी या नहीं? इन दो-तीन चीजों से वो कंफ्यूज रहता है कि मैं खरीदूं या नहीं खरीदूं, अभी खरीदूं या बाद में खरीदूं?

जब वो कंफ्यूज है तब आप एक व्हाइट पेपर लें और इसके बीच में एक लाइन लगाएं। उसके बाद एक तरफ में फायदे और एक तरफ में नुकसान बताएं। आप बताएं कि सर अगर आप अभी इस प्रोडक्ट को लेते हैं तो आपको क्या-क्या बेनिफिट मिलेगा? अगर आप इस प्रोडक्ट

को अभी ले लेते हैं तो आपको क्या-क्या नुकसान हो जाते?

अभी लेने के फायदे क्या-क्या हैं और अभी लेते हैं तो नुकसान क्या हो सकता है? या बाद में लेंगे तो क्या-क्या नुकसान हो सकते हैं? तो इस प्रकार से जब आप पेपर के ऊपर में दोनों चीजें पॉइंट वाइज बताएंगे कि ये पांच फायदे हैं और नुकसान हो सकता है तो बस ये एक नुकसान हो सकता है। उनसे पूछिए कि आपकी दृष्टि से आप बताइए कि क्या नुकसान हो सकता है?

नुकसान बिल्कुल कम होने वाले हैं। सामने वाले को लगता है कि पांच फायदे हैं और एक या दो नुकसान है तो ये फायदे का सौदा है। ये बहुत हेल्प करती है सामने वाले को संभावनाओं के कंफ्यूजन से बाहर निकालने में। इसलिए आप इस तकनीक का इस्तेमाल कर सकते हैं।

3. **पॉइंटेड क्लोज (Pointed Close)**- पॉइंटेड क्लोज एक अग्रेसिव क्लोजिंग है। इसमें आप बहुत अग्रेसिवली काम करते हैं और जैसे ही आपने प्रेजेंटेशन दिखाया, प्रेजेंटेशन के तुरन्त बाद जेनरली इसको फॉलोअप किया जाता है।

उदाहरण के लिए आपने मार्केटिंग प्लान दिखाया। मार्केटिंग प्लान के बाद बगैर सामने वाले का रिस्पॉन्स जाने आप ये कहते हैं कि सर मुझे उम्मीद है आपको मेरा प्रेजेंटेशन बहुत अच्छा लगा होगा और अब हम फॉर्मेलिटीज पूरी कर लेते हैं। जॉइनिंग के लिए कुछ डॉक्यूमेंट्स चाहिएं। आपके पास फोन में ये डॉक्यूमेंट्स हैं क्या? ये पॉइंटेड क्लोज है। अग्रेसिव है, बहुत बार काम भी करती है और बहुत बार शायद काम नहीं भी करेगी लेकिन अगर आप अनुभवी हैं और आप कॉन्फिडेंट है तो आप पॉइंटेड क्लोज का इस्तेमाल कर सकते हैं।

4. सशर्त बिक्री (Conditional Close)- ये बहुत इफेक्टिव है

और बहुत काम करती है। सामने वाला कंफ्यूज है कि लूं या नहीं लूं। पसंद आएगा या नहीं आएगा। वापसी होगी, नहीं होगी। ऐसे में आप कंडीशन के साथ सेल कर सकते हैं। आप ये कह सकते हैं कि सर आप ये प्रोडक्ट लीजिए और आपको अगर यह प्रोडक्ट पसंद नहीं आता है तो आप मुझे कॉल कीजिए। मैं आपसे सिर्फ एक कॉल दूर हूं। आप कॉल करेंगे मैं वापस आऊंगा, प्रोडक्ट लेकर चला जाऊंगा और आपके पैसे वापस देकर चला जाऊंगा। इसे ही कंडीशनल क्लोज कहते हैं।

5. शानदार अवसर (Do Not Miss The Opportunity Close)- डायरेक्ट सेलिंग में ये बहुत कारगर होती है और मैंने इसका बहुत इस्तेमाल किया है। ये तकनीक ये कहती है कि अगर आप डायरेक्ट सेलिंग में हैं और जब हम डायरेक्ट सेलिंग में रहते हैं तो हम बहुत सारे लोगों को फॉलोअप करते रहते हैं।

बहुत सारे लोगों को हमने फोन किया है, अपॉइंटमेंट ली हुई है और कुछ लोगों को हमने प्लान भी दिखाया है। फॉलोअप जारी है, फॉलोअप करने के कारण कुछ लोगों की जॉइनिंग आनी है लेकिन अभी जॉइनिंग आई नहीं है। मैं बीच में कुछ ऐसी जॉइनिंग रखता हूं जिनकी श्यॉरिटी है कि वो जोईन करेंगे।

लेकिन मैं जानबूझकर उनके पास नहीं जा रहा हूं या मैं उनको उतना अग्रेसिवली फॉलो नहीं कर रहा हूं लेकिन मैं श्योर हूं कि 2-3 जॉइनिंग मेरे पास आ जाएंगी और मैं डू नॉट मिस द ऑपर्चुनिटी क्लोज में उनका इस्तेमाल करता हूं।

अब जब मैं किसी व्यक्ति को प्लान दिखा रहा हूं और मैं कहता हूं कि सर अगर आपने आज ही जोईन करने का निर्णय ले लिया तो मैं कुछ लोगों के संपर्क में हूं, वो लोग जोईन करने वाले हैं और अगर

आज आप जोईन करेंगे तो मैं उनकी जॉइनिंग आपके साथ अटैच कर दूंगा।

लेकिन मैं आपको भरोसा दिलाता हूं कि मैंने उनको बोला है 2-3 जॉइनिंग आपके साथ अटैच कर दूंगा। ये मेरी प्रतिबद्धता है कि मैं उनको अटैच करता हूं। मैं कोशिश करता हूं कि मैं उनको नाम नहीं बताऊं, क्योंकि मेरे पास नाम कंफर्म भी नहीं हैं।

यहां ध्यान रखने वाली चीज यह है कि आपने जो भी कमिटमेंट किया है, आपको उसका 100 प्रतिशत पालन करना है। खासतौर पर ये तकनीक वहां ज्यादा काम करती है जहां ओपन विड्थ बहुत ज्यादा नहीं है, जहां पर 2,3,4,5 लेगों का ही कल्चर है वहां पर ये तकनीक बहुत ज्यादा काम करती है। इसका भी आप इस्तेमाल कर सकते हैं। वैसे तो क्लोजिंग की बहुत सारी तकनीकस हैं, बहुत सारे राइटर्स ने बहुत कुछ लिखा है। आप अमेरिकन राइटर जिग जिगलर की पुस्तक "Zig Ziglar's Secrets of Closing the sale" को पढ़ सकते हैं। जिसमें उन्होंने बहुत सारी तकनीकस के बारे में लिखा है और यदि आप ज्यादा जानकारी लेना चाहते हैं तो ब्रायन ट्रेसी को पढ़ सकते हैं। शिव खेड़ा जी की भी एक किताब है जिसका नाम है ''बेचना सीखें''। सेल क्लोजिंग की बहुत सारी तकनीकस आपको वहां पर मिल सकती हैं।

अगले अध्याय में हम छटें बेसिक्स के बारे में बात करेंगे-

****

छठा बुनियादी कदमः
सही शुरूआत करवाना
(Start Up)

छठा बुनियादी कदम: जॉइनिंग की प्रक्रिया पूरी करें व 6 बेसिक्स के साथ शुरुआत करवाऐं (Complete Joining Process And Start Up With 6 Basics)

ये बेसिक्स का लास्ट पॉइंट है। आपने फॉलोअप कर लिया है और फॉलोअप के बाद दो परिणाम आपके सामने आएंगे। या तो व्यक्ति आपका प्रोडक्ट खरीदेगा और आपका कंज्यूमर बन जाएगा और या वो व्यक्ति आपका डिस्ट्रीब्यूटर (डायरेक्ट सेलर) बन जाएगा और आपके नेटवर्क का हिस्सा बनेगा और अब आपको उसे अपने नेटवर्क में एक्टिव करना है और अपनी टीम का एक मजबूत स्तम्भ बनाना है।

अगर वो कंज्यूमर बन गया तो वहीं पर बात खत्म हो गई। आपने बेसिक 1 से लेकर बेसिक 5 तक फॉलो किया और सामने वाला व्यक्ति आपका कंज्यूमर बन गया। अगर वो डायरेक्ट सेलर बनता है तो 6 बेसिक्स के बारे में जानना बेहद जरूरी है।

कंप्लीट जॉइनिंग प्रॉसेस यानि कि जॉइनिंग की जो फॉर्मेलिटी है वो पूरी कीजिए और सामने वाले व्यक्ति की शुरुआत इन 6 बिन्दुओं के साथ कीजिए।

जॉइनिंग के स्वर्णिम बिंदु (Golden Points of Joining)

1. **उनकी जॉइनिंग खुद उन्हीं से कराएं (Make them to do their joining themselves)**- जब आप किसी डायरेक्ट सेलर को जोईन करा रहे हैं तो आप कोशिश कीजिए कि वो स्वयं जॉइनिंग करें। ये तरीका उतना कारगर नहीं है कि आप बोलें कि आप आधार कार्ड भेज

दीजिए, ये भेज दीजिए-वो भेज दीजिए और मैं आपको जॉइनिंग कराकर भेज रहा हूं।

अगर आप नजदीक में रहते हैं तो उनको सामने बिठाकर उनके मोबाइल से और उनके हाथों से उनकी जॉइनिंग कराइए। अगर आप वैसा नहीं कर रहे हैं तो TEAM VIEWER काफी अच्छा सॉफ्टवेयर है, जिसके माध्यम से आप उन्हें सिस्टम पर लेकर उन्हें गाइड कर सकते हैं। ZOOM से भी आप उनका Start-up करवा सकते है।

आप वीडियो कॉल पर लेकर भी उन्हें गाइड कर सकते हैं। चाहे आपका जो भी तरीका हो आप उसी व्यक्ति से जोईन कराइए, नहीं तो होगा ये कि जब फ्यूचर में उनके पास जॉइनिंग आएगी तो वो आपको फोन करेंगे कि सर 4 जॉइनिंग आई है, जॉइनिंग करा दीजिए और फिर आप उसी काम में उलझ जाएंगे।

ये बिजनेस लोगों को स्वतंत्र बनाने का बिजनेस है। इस बिजनेस में डायरेक्ट सेलर के लिए एक शब्द है IBO (Independent Business Owner) हमलोग इंडिपेंडेंट बिजनेस ओनर हैं आपको पहले दिन से ही एक डायरेक्ट सेलर को ये सीखाना है। काम करने का आपका तरीका ऐसा हो कि हर जगह उन्हें IBO वाली फीलिंग आऐ। इसलिए उनकी जॉइनिंग खुद उन्हीं से कराएं।

2. **किसी व्यक्ति को इस बिजनेस में जोईन कराना एक शुरुआत है, अंत नहीं (Joining A Person into The Business Is The Start Not The End)-** बहुत सारे लोगों को ये लगता है कि एक व्यक्ति जोईन हो गया तो ड्यूटी खत्म। जॉइनिंग कराने से पहले वो उनकी बहुत सेवा करते हैं, चाय पिलाते हैं, समोसा खिलाते हैं, मीटिंग में उन्हें लेकर जाते हैं, उनका टिकट खुद लेते हैं और पता नहीं क्या-क्या करते

हैं लेकिन जैसे ही वो जोईन हो गए हमें लगता है, ड्यूटी खत्म। अब तो ये खुद ही कर लेंगे। घर में जब बच्चा पैदा होता है तो काम खत्म नहीं हुआ है। काम की शुरुआत हुई है। सही शुरुआत हुई है। हमलोग सालों तक बच्चे की बहुत ज्यादा देखभाल करते हैं।

नवजात शिशु एक नई दुनिया में आया है। हम उसे बाहर के वातावरण से बचाकर रखते हैं कहीं किसी तरह का इंफेक्सन ना हो जाए। फिर जब वो 2-3 साल का होता है और चलने लगता है तो हम ध्यान रखते हैं कि कहीं वो बिस्तर से गिर ना जाए। कहीं आग पर हाथ ना लगा दे। कुछ ऐसी चीजें नहीं करे और उसके बाद भी जब वो स्कूल में जाने लगता है तब ध्यान रखते हैं। जब वो 15, 17, 18 साल की उम्र में जाता है, तब हमें मालूम है कि बहुत सेंसेटिव उम्र है उसकी और उस वक्त हम दूसरी चीजों का ध्यान रखते हैं।

कम-से-कम जब तक वो 25 साल का नहीं हो जाता है, हम उसका बहुत ध्यान रखते हैं। हमारा काम स्टार्ट है। उसी प्रकार से अगर आप आपके ग्रुप में जोईन करने वाले अपने एक नए डायरेक्ट सेलर के साथ सही तरीके से, गंभीरता से और उस इमोशन के साथ जो इमोशन आपके अपने बच्चे के साथ रहता है, कुछ महीने उस नए डायरेक्ट सेलर के साथ बिता दिए तो आप एक बहुत स्ट्रॉन्ग नेटवर्क बना पाएंगे। मैं उतनी केयरिंग करने की बात नहीं कर रहा हूं कि 25 साल आप उसके साथ रहिए। लेकिन जॉइनिंग के बाद कुछ महीने बिल्कुल गंभीरता के साथ उनके साथ रहिए।

3. **आपके नए डिस्ट्रीब्यूटर आपके नवजात शिशु की तरह होते हैं (Your New Distributor Is Like Your New Born Baby)-** आप सभी वो काम जो अपने नवजात शिशु के साथ करते हैं, ठीक उसी तरह से अपने डायरेक्ट सेलर के साथ किजिए।

4. **30 मिनट वेबसाइट दिखाइए और एप्प डाउनलोड कराइए (Show website for 30 minutes and make them download company's app)**– जैसे ही जॉइनिंग हुई उन्हें तीस मिनट कंपनी की वेबसाइट दिखाइए। उनको बताइए कि सर ये कंपनी की वेबसाइट है और वेबसाइट के सारे फिचर जैसे- मार्केटिंग प्लान, प्रोडक्ट, मीटिंग-सेमिनार, डाउनलोड, प्रोडक्ट डिलिवरी सैंटर आदि सारी चीजें उनकी जानकारी में लाएं। कम-से-कम तीस मिनट वेबसाइट पर लगाएं।

कंपनी की एप्प डाउनलोड कराइए। एप्प डाउनलोड कराने के साथ अगर आपकी कंपनी का कोई यूट्यूब चैनल है तो वहां उन्हें लेकर जाइए, सब्सक्राइब कराइए, बेल आइकन प्रेस करवाएं ताकि उनको अपडेट मिलती रहें। ये सारी की सारी चीजें आपको उनकी उंगली पकड़कर करवानी पड़ेगी।

आपने अगर यह सोच लिया कि ये तो मैच्यॉर व्यक्ति हैं, मैं तो तीस साल का हूं और ये चालीस साल के हैं और सब कुछ खुद ही कर लेंगे मगर आपको समझना पड़ेगा कि आप अपलाइन हैं और अपलाइन गार्जियन के समान होते हैं और डाउनलाइन बच्चे के रूप में रहती है।

चाहे उनकी उम्र कितनी भी हो, योग्यता कुछ भी हो लेकिन हमेशा इस चीज का आपको ध्यान रखना है कि एक-एक चीज आपको उन्हें बारीकी से दिखानी और सिखानी पड़ेगी। आज मेरे पास लाखों लोगों का नेटवर्क है, अगर मैं किसी नए व्यक्ति को जोईन कराता हूं तो ये सारे काम इस लेवल पर होने के बावजूद भी उन्हें मैं स्वयं करवाता हूं।

मुझे ये मालूम है कि अगर मैंने सही स्टार्टअप करा दिया तो मैं फ्री हो जाऊंगा और अगर मैं सही स्टार्टअप नहीं करा पाया तो इस डायरेक्ट सेलर के साथ मुझे कई सालों तक काम करना पड़ेगा। अगर

कोई फिजिकली पास में नहीं हैं, दूर हैं तो मैं उन्हें Zoom के माध्यम से यह सारी चीजें कराता हूं।

एक-एक चीज खोलकर उन्हें दिखाता हूं। एप्प डाउनलोड कराता हूं, एप्प का लिंक भेजता हूं कि ये लिंक है, इस लिंक पर आप जाइए, क्लिक कीजिए, डाउनलोड कीजिए। आपको भी वो सारे काम अपने नए डायरेक्ट सेलर के साथ करने पड़ेंगे जिनका आप स्टार्टअप करा रहे हैं।

अभी हमने जो बताया वो जॉइनिंग के तुरन्त बाद करने वाले काम हैं अगले अध्याय में हम बात करेंगे कि सही स्टार्टअप कैसे करवाए।

....

स्टार्टअप के स्वर्णिम बिंदु
(Golden Points of Start-up)

1. **वेलकम मीटिंग में इन्वाइट करना व सुनिश्चित करना कि वे जरूर आएं (Invite them to welcome meeting and make sure they attend it.)** – हमारे यहां एक कॉन्सेप्ट है जिसे कहते हैं वेलकम मीटिंग। वेलकम मीटिंग बहुत महत्वपूर्ण सिस्टम है और हमें इस सिस्टम को अपनी टीम के लिए शुरू करना चाहिए। हमें यह सुनिश्चित करना चाहिए कि हमारी हर टीम में वेलकम मीटिंग्स हों।

मैं आपको संक्षेप में बताता हूं कि वेलकम मीटिंग क्या है? वेलकम मीटिंग उन लोगों के लिए है जिन लोगों ने पिछले महीने बिजनेस को जोईन किया है या पिछले सप्ताह में जोईन किया है उन सभी को हम एक मीटिंग में बुलाते हैं और जिस मीटिंग का नाम है वेलकम मीटिंग यानि कि हम उनका वेलकम करेंगे।

इस मीटिंग का कंटेंट क्या रहेगा? इस मीटिंग में हमलोग विजन ऑफ डायरेक्ट सेलिंग पर बातचीत करेंगे, विजन ऑफ कंपनी के बारे में बातचीत करेंगे, डायरेक्ट सेलिंग में हमारी कंपनी की क्या ताकत (Strength) है, क्या-क्या USP (Unique Selling Point) है, हम उनके बारे में बातचीत करेंगे।

उस मीटिंग में हम सपनों के बारे में बातचीत करेंगे। हम उनके सपने निकलवाएंगे कि उनके सपने क्या हैं और उनसे जानेंगे कि वे क्यों इस बिजनेस में आए हैं? ये बिजनेस उनको क्या-क्या दे सकता है और उस मीटिंग में हम अपनी LOS (Line Of Sponsors) को प्रमोट करेंगे।

हमारी अपलाइन में कौन-कौन लोग हैं और वो किन-किन लेवल्स पर हैं? उनकी क्या इनकम है? कैसी लाइफस्टाइल है? वे लोग

किस-किस बैकग्राउंड से आते हैं? आदि बताएंगे ताकि वो किसी न किसी से रिलेट करें। हम LOS को वहां पर प्रमोट करेंगे और उसके बाद हम अगली वीकली मीटिंग या अगले सेमिनार को प्रमोट करेंगे। वेलकम मीटिंग में वो सारे लोग आने चाहिएं। जिन्होंने पिछले महीने बिजनेस जोईन किया है उनमें से बहुत कम लोग आएंगे आप बार-बार फॉलोअप करें व सुनिश्चित करें कि वो वेलकम मीटिंग में ज़रूर आएं।

2. सभी टूल्स दें (Give All Tools)- आप उन्हें औजारों के साथ सुसज्जित करें जैसे- एक सैनिक अगर बॉर्डर पर खड़ा होता है तो उसके पास सारे हथियार होते हैं। अगर वो ऐसे ही खड़ा हो जाएगा तो उसका जिंदा रहना बहुत मुश्किल है। इसलिए वो सारे हथियारों के साथ वहां जाता है। आपके डायरेक्ट सेलर फिल्ड में जा रहे हैं जहां बहुत सारी नकारात्मकता (Negativity) मिलने वाली है। इसलिए उन्हें सारे हथियार दीजिए। लेटेस्ट सारी टेक्नोलॉजी उन्हें दीजिए। आइए जानते हैं क्या-क्या आपको उन्हें देना है।

A. प्रोडक्ट कैटलॉग्स (Product Catalogue)– यदि आपकी कंपनी का फिजिकल प्रोडक्ट कैटलॉग है तो वो दीजिए और प्रोडक्ट का पीडीएफ उन्हें शेयर कर दीजिए।

B. मार्केटिंग प्लान बुक (Marketing Plan Book)– मार्केटिंग प्लान बुक की हार्ड कॉपी उन्हें दें व पीडीएफ भी शेयर कर दें।

C. साहित्य (Literature)– उत्पादों से संबंधित सारा साहित्य व अन्य शिक्षा सामाग्री उन्हें दें व सभी चीजों का पीडीएफ भी उनके साथ शेयर कर दें। क्योंकि आप उनके पास हमेशा नहीं रहेंगे। ये टूल्स उनके पास हमेशा रहेंगे। ये टूल्स अपलाइन और सिस्टम का काम करते हैं।

3. कम से कम तीन किताबें दें (Give Minimum 3 Books)- ये

तीन किताबें जो मैं आपके साथ शेयर कर रहा हूं, ये हर व्यक्ति के लिए अनिवार्य होने चाहिएं। जब हमलोग एल के जी, यू के जी में जाते हैं तब वहां पर एक सिलेबस है जिसे फॉलो किया जाता है। उसी प्रकार से डायरेक्ट सेलिंग का भी एक सिलेबस है। उस सिलेबस में अलग-अलग कैटेगरीज में जो 3 किताबें हैं, उन्हें मैं हमेशा प्रमोट करता हूं।

A. लक्ष्य (Goals) - ब्रायन ट्रेसी ने इस किताब में क्या गजब की चीजें बताई हैं। मैंने इस किताब को बहुत अच्छे से मार्क कर करके पढ़ा है। जब आप पढ़ेंगे तो जान पाएंगे कि इसकी एक-एक लाइन कितनी महत्वपूर्ण है। आप जब पढ़ेंगे तो हर लाइन को अंडरमार्क करने की कोशिश करेंगे।

यह किताब व्यक्ति को लक्ष्य के ऊपर फोकस करना सिखाएगी और उसके एनर्जी लेवल को हाई करेगी, एकदम अल्टीमेट बुक है। जॉइनिंग के तुरन्त बाद डायरेक्ट सेलर को आपको ये देना चाहिए।

B. डायरेक्ट सेलिंग का विजेता कैसे बनें पार्ट–1– इस पुस्तक को इसी उद्देश्य के साथ लिखा गया है कि एक नए डायरेक्ट सेलर को प्रारम्भिक शिक्षा एक जगह मिल सके। भारत में डायरेक्ट सेलिंग का भविष्य क्या होगा? इस प्रश्न का सही उत्तर इस किताब में है, क्या उसने सही कम्पनी चुनी है इस जिज्ञासा का समाधान भी उसे मिल जाएगा। अब उसे करना क्या है और कैसे करना है इसका सही जवाब विस्तार से छः बुनियादी कदमों के रूप में उसके सामने आ जाएगा। मैं अपने 22 वर्षों के अनुभव के आधार पर कह सकता हूं अगर कोई व्यक्ति इस पुस्तक की सारी शिक्षा को अपने व्यापार में व जीवन में शामिल कर ले तो उसकी सबसे अलग पहचान बन जाएगी व वह डायरेक्ट सेलिंग का विजेता बन जाएगा।

C. लोक व्यवहार में कुशलता (Skill with People) - तीसरी किताब लोक व्यवहार से संबंधित है। लेस गिबलिन द्वारा लिखी गई ये किताब किसी को भी लोक व्यवहार में निपुण बना सकती है। आप डेल कारनेगी के द्वारा लिखित लोक व्यवहार भी नए व्यक्ति को दे सकते है।

शुरुआत में व्यक्ति को अगर बहुत किताबें नहीं पढ़नी हैं तो एक छोटी सी किताब है कला लोक व्यवहार की। ये किताब केवल 33 पन्नो की है। इस किताब में तकनीकस दी गई हैं, जो कि बहुत असरदार हैं। ये किताब भी आप अपनी डाउनलाइन को दे सकते हैं। ये किताब एमेजॉन पर उपलब्ध है।

आप ये तीन किताबें एक-एक करके भी अपनी डाउनलाइन को दे सकते हैं और तीनों एक साथ भी दे सकते हैं लक्ष्य यह है कि वह व्यक्ति नेटवर्कींग की भाषा को समझने व बोलने लग जाए और ये भाषा वो तभी बोलेगा जब ये सारी चीजें उसके दिमाग में जाएंगी। जाने-अनजाने में भी अगर वो इन किताबों को बार-बार पढ़ेगा तो उसका आंतरिक वातावरण बदल जाएगा।

उसके लिए किताबें बहुत महत्वपूर्ण हैं। मैं आज जिस मुकाम पर हूं किताबों की वजह से हूं। मेरे पास एक मिनी लाइब्रेरी है।

जब भी मैं किताबों को देखता हूं तो उन राइटर्स के प्रति कृतज्ञता व्यक्त करता हूं कि उन्हीं की वजह से मैं इस इंडस्ट्री में आ पाया। मैं इस इंडस्ट्री में जो भी कर पाया उन्हीं की वजह से कर पाया और आपका डायरेक्ट सेलर भी तभी कर पाएगा जब इन किताबों के राइटर उसके अंदर उतर जाएंगे।

4. व्हाट्सएप्प ग्रुप में जोड़ें (Add In WhatsApp Groups) - अति उत्साह में हम अपने नवजात डायरेक्ट सेलर को बहुत सारे ग्रुप्स

में जोड़ देते हैं उससे उसके बाद बहुत सारे नोटीफिकेशन जाना शुरू हो जाते हैं और वह परेशान होकर सभी ग्रुपों से बाहर आ जाता है। केवल एक ही व्हाट्सएप्प ग्रुप में उन्हें जोड़िए व केवल आवश्यक तथा सीमित सूचना ही उस ग्रुप में डालिए।

5. न्यूनतम स्वयं की खरीदारी व ग्रुप वॉल्यूम का लक्ष्य निर्धारित कराएं (Set Goal of Minimum self purchase and Group Volume)- हर कंपनी में डायरेक्ट सेलर की गंभीरता को चेक करने का पैमाना होता हैं कि कम-से-कम कितने वॉल्यूम की पर्चेज होनी चाहिए। जोकि आपकी कंपनी में भी जरूर होगा, आप उन्हें ये बताएं। आप कह सकते है कि सर आपने जोईन तो कर लिया है, लेकिन आपकी गंभीरता तभी मालूम चलेगी जब आप इतने बिजनेस वॉल्यूम का (इतने PV) का, पर्चेज करेंगे। पहले दिन से ही ना केवल आप उसको बताइए, बल्कि आप कर रहे हैं ये भी उसे दिखाइए और यह सुनिश्चित कीजिए कि वो मिनिमम इतना पर्चेज करना शुरू कर दे।

हर कंपनी में पिने होती हैं। पहले महीने से ही किसी एक पिन का गोल सेट करवाइए। पहला गोल, जो आसान गोल होने के साथ-साथ आसानी से हासिल किया जाने वाला गोल हो।

उनको बताइए कि ये लक्ष्य हमें इस महीने पूरा करना है। सामने वाले व्यक्ति को पहले दिन से ही लक्ष्य बनाकर काम करना सिखाएं, आप जो भाषा सिखाएंगे, वही भाषा वो बोलने लग जाएंगे। एक बच्चा अगर बंगाल में पैदा होता है तो वो वगैर स्कूल जाए बंगाली बोलने लगता है, वही बच्चा अगर असम में पैदा होता है तो असामीज बोलता है, वही बच्चा अगर पंजाब में पैदा होगा तो पंजाबी बोलने लग जाएगा।

पैदा होते ही पहले शब्द जो उसके कान में जा रहे हैं, वो वैसे ही

बोलने लग जाता है, वैसे ही सीख जाता है। उसको व्याकरण का ज्ञान नहीं, उसको सेंटेंसेज नहीं मालूम लेकिन वो भाषा बोलने लग जाता है। ठीक उसी तरह आपके डायरेक्ट सेलर हैं, जो भाषा आप उनको बोलेंगे, जो आप उनको सिखाएंगे, जो कल्चर वो देखेंगे वही वो सीखेंगे। क्योंकि वह जो सुन रहा है वही बोलेगा आपने भी नए डायरेक्ट सेलर को लक्ष्य बनाने का कल्चर देना है। इसलिए पहले ही दिन उनको मिनिमम पर्चेज बताएं और गोल सेटिंग कराएं।

6. ज्यादातर डिस्ट्रीब्यूटर 7 दिन, 30 दिन और 1 वर्ष में छोड़ देंगे (Maximum Distributor Will Quit In 7 Days, 30 Days And 1 Year)- अंतराष्ट्रीय आंकड़े बताते हैं कि पहले सप्ताह में लगभग 50% लोग बिजनेस को छोड़ देते हैं। बचे हुए लोग अगले 30 दिन में छोड़ देते हैं और एक साल के अंदर 90% लोग डायरेक्ट सेलिग व्यापार को छोड़ देते हैं। 7 दिन के अंदर सबसे ज्यादा लोग छोड़ देते हैं। इसलिए शुरुआत के ये 7 दिन बेहद महत्वपूर्ण हैं।

किसी व्यक्ति को आपने जोईन करा दिया, इसका मतलब है कि आपने पंगा ले लिया है तो इस पंगे को आपको आगे लेकर जाना है, उसको प्रॉपर स्टार्टअप करवाना है। ये काम आपके लिए प्राथमिकता वाला होना चाहिए। पहले 7 दिन वाले काम आप 30 दिन के बाद नहीं कर सकते हैं। 30 दिन के बाद वो आपकी कोई भी बात नहीं सुनेंगे। इसलिए आपको इन आंकड़ों को ध्यान में रखना है। पहले 7 दिन बेहद महत्वपूर्ण हैं।

7. एक सप्ताह के अंदर नए डायरेक्ट सेलर के साथ जूम या होम मीटिंग प्लान करें (Plan a Zoom or Home Meeting Within A Week with new Direct Seller)- अगर वो डिस्ट्रीब्यूटर आपके नजदीक में रहतें हैं तो आप उनके घर पर जाकर फिजीकली होम मीटिंग कीजिए। अगर वो आपसे बहुत दूर रहते हैं तो उनके लिए व उनके जानकार लोगों

के लिए एक इंडिपेंडेंट जूम मीटिंग रखिए। ये नहीं कि पहले से ही कोई होम या जूम मीटिंग चल रही है और उसमें उन्हें बुला ले।

उनको बोलिए कि मैं आपके लिए ही इंडिपेंडेंट जूम मीटिंग करूंगा और उस मीटिंग में सिर्फ आप अपने गेस्ट को बुलाएंगे। मैं इसमें आपकी मदद करूंगा कि कैसे कॉन्टैक्ट करना है, कैसे बुलाना है। वो सारा का सारा काम उनके साथ मिलकर आप कर सकते हैं लेकिन एक सप्ताह के अंदर एक मीटिंग हो जानी चाहिए।

आठवां पॉइंट बेहद महत्वपूर्ण है।

8. अपने डिस्ट्रीब्यूटर्स को केवल शब्दों के जरिये नहीं, बल्कि क्रिया के माध्यम से प्रेरित करें (Inspire Your Distributors Through Actions, Not Just Words)- अपने डिस्ट्रीब्यूटर्स को केवल शब्दों के जरिये नहीं, बल्कि एक्शन्स के माध्यम से आपको प्रेरित करना है। आपको भाषण नहीं देना है कि ये काम है, ऐसा कर लीजिए और वैसा कर लीजिए, क्योंकि लोग वो नहीं करते हैं जो हम कहते हैं, लोग वो करते हैं जो वो हमें करते हुए देखते हैं।

हम बंदरों की प्रजाति से आए हैं और आज भी ये गुण हमारे अंदर है। बंदर से आप जो करवाना चाहते हैं, पहले वो खुद कीजिए उसके बाद बंदर वैसा ही करेंगे और यही बात मनुष्यों पर भी लागू होती है। आप अपनी डाउनलाइन से जो करवाना चाहते हैं, वो आपको प्रैक्टिकली वो करके दिखाना है।

प्रैक्टिकली आपको 6 बेसिक्स करके दिखाना है। जो 6 बेसिक्स आप कर रहे हैं, उन्हें बताना नहीं है कि ये पहला बेसिक्स है, ये दूसरा और ये तीसरा। आपको डेमो दिखाना है कि आप 6 बेसिक्स कर रहे हैं।

छः बुनियादी कदम कैसे करवाएंः

1. उत्पादों का इस्तेमाल करें, बिक्री करें व घर में उत्पादों को सजाएं (Use The Product, Retail The Product and open display wall)- जो प्रोडक्ट आपके पास हैं वो सारे प्रोडक्ट आपको यूज करने हैं, प्रैक्टिकली दिखाना है। मैं जिस कंपनी में जुड़ा हूं, उसमें सारे प्रोडक्ट्स हैं। गुड मॉर्निंग से गुड नाईट तक के प्रोडक्ट्स हैं। मैं जब भी किसी व्यक्ति का स्टार्टअप करवाता हूं, उनको सिंपली कहता हूं कि देखिए ये जो मैंने जूते डाले हुए हैं, ये हमारा प्रोडक्ट है। मैं जूते निकालता हूं और निकालकर उसमें जो कंपनी का Logo लगा है वो दिखाता हूं।

उसके बाद मैं अपनी पैंट को ऊपर करता हूं और जूराबों पर जो कंपनी का Logo लगा हुआ है वो दिखाता हूं कि ये जूराबें भी हमारी कंपनी की हैं और ये जो पैंट मैंने पहना है, ये भी हमारी कंपनी का है। जैसे-जैसे मैं ऊपर बढ़ता हूं उनकी बॉडी लैंग्वेज अलग टाइप की हो जाती है। फिर मैं उन्हें दिखाता हूं कि ये जो बेल्ट मैंने लगा रखी है ये भी हमारी कंपनी का प्रॉडक्ट है मैं उनको Logo दिखाता हूं। और फिर मैं अपनी शर्ट के ऊपर का Logo उन्हें दिखाता हूं।

उसके बाद मैं टाई का Logo दिखता हूं। फिर में कोट दिखाता हूं और उन्हें बोलता हूं कि सर ये कोट भी हमारी कंपनी का है। फिर उन्हें कहता हूं कि आपको दिखाई नहीं दे रही होगी लेकिन ये जो मैंने क्रीम लगाई है वो भी हमारी कंपनी का प्रोडक्ट है।

मैंने जो फेसवॉश लगाया था सुबह वो भी हमारी कंपनी का प्रोडक्ट है। जो मैंने साबुन लगाया था वो भी हमारी कंपनी का प्रोडक्ट था। ये जो हेयर ऑयल है ये भी हमारी कंपनी का है। ये जो पेन ये भी हमारी कंपनी का प्रोडक्ट है।

रिटेल द प्रोडक्ट्स, यानि कि आप कितना रिटेल करते हैं, आपकी कितनी खरीदारी होती है, आपके पास उसके आंकड़े होने चाहिएं। आप अपनी लॉगिन आईडी-पासवर्ड डालकर दिखा सकते हैं। अगर वहां पर सेल-पर्चेज की हिस्ट्री आती है तो वो आप उन्हें दिखा सकते हैं।

पहले पॉइंट में हमलोग डिस्प्ले वॉल की बातचीत करते हैं। अगर आपने अपने घर में डिस्प्ले वॉल बनाया हुआ है और प्रोडक्ट्स को सजाया है तो आप डायरेक्ट सेलर को किसी बहाने अपने घर पर लेकर आ जाइए। उनको दिखाइए कि जैसे ये डिस्प्ले वॉल यहां पर बनाया हुआ है, वैसे ही आपको भी डिस्प्ले वॉल बनाना है। आप अपने मोबाइल में अपनी डिस्प्ले वॉल के फोटो व वीडियो भी रखें व उन्हें दिखाएं। आपको उन्हें डेमो दिखाना है कि आप ये सारे काम कर रहे हैं।

2. अपने सपनों और अपने जानकार लोगों की सूची बनाएं (Make A List Of Dreams And Prospects)- जब हम लिस्ट मेकिंग की बातचीत करेंगे तो आपको भाषण नहीं देना है कि आप अपने सपनों की लिस्ट बना लीजिए और अपने जानकार लोगों की लिस्ट बनाइए। आपको उन्हें अपनी लिस्ट दिखानी है। आपको कहना है कि ये मेरी ड्रीम लिस्ट है। इसमें मेरे सारे के सारे सपने लिखे हुए हैं और जिस प्रकार से मैंने लिखे हैं, उसी प्रकार से हम आपके सपनों को लिखते हैं।

उनकी फैमिली के लोग साथ में हैं तो उनको साथ में बिठाकर उनके ड्रीम्स के बारे में पूछना है। ड्रीम बुक बनवाना एक बहुत बड़ा और महत्वपूर्ण काम है। उस डायरेक्ट सेलर को सबसे अधिक ऊर्जा (Energy) इसी ड्रीम बुक से मिलने वाली है। ये ड्रीम बुक उनको ताकत तभी देगी जब उन्होंने अपने हाथों से इसे बनाया है।

और साथ में प्रॉस्पैक्ट्स की लिस्ट। आप सिर्फ यह कहकर अपना

पीछा नहीं छुड़ा सकते हैं कि आप 500 लोगों की लिस्ट बनाइए।

आप सबसे पहले उन्हें अपनी लिस्ट दिखाइए और बताइए कि ये मेरी ड्रीम बुक है और ये प्रोस्पैक्ट बुक है। मेरे पास प्रोस्पैक्टस के लिए बहुत मोटा रजिस्टर है, मैंने बहुत शुरुआत में ये बनाया था इसमें 341 पृष्ठ हैं। मैं जब भी किसी की लिस्ट बनवाता था तो उसे अपना मोटा रजिस्टर दिखाता था और कहता था आइए आप की भी प्रोस्पैक्ट लिस्ट बनाते हैं। आप भी अपनी लिस्ट दिखाइए कि इसमें जिस प्रकार से मैंने लिस्ट बना रखी है, उसी प्रकार से आपको भी प्रोस्पैक्ट की लिस्ट बनानी है।

कम-से-कम आप 50 लोगों की लिस्ट पहली सिटिंग में ही बनवाइए और फिर धीरे-धीरे रेगुलर आप उसको वॉच कीजिए। आपके डायरेक्ट सेलर के पास एक सप्ताह के अंदर 500 लोगों की लिस्ट होनी चाहिए। बाद में लिस्ट को लेकर डायरेक्ट सेलर उतने सीरियस नहीं होते हैं, जितना कि शरुआत में होते हैं। प्रैक्टिकली ये आप खुद कर रहे हैं। आपको अपनी ड्रीम बुक प्रोस्पैक्ट बुक दिखानी है और फिर उनकी बनवानी है।

3. सम्पर्क करना व आमंत्रित करना (Contact and Invite)— ये पॉइंट बेहद महत्वपूर्ण है। ज्यादातर लोग यहीं पर फंस जाते हैं। इस विषय पर बहुत ज्यादा काम नहीं हुआ है। हालांकि पिछले टॉपिक में हम लोगों ने काफी विस्तार से इस पर बात की थी लेकिन मैं यदि मुख्य चीजें बताऊं तो जब आप सामने वाले से इस तीसरे पॉइंट के बारे में बातचीत कर रहे हैं तो आपको पहले डेमो करना है।

अपने प्रोस्पैक्ट को फोन लगाना है। सामने वाले को कहे कि आप ध्यान से सुनिए कि मैं कैसे बातचीत कर रहा हूं। आप अपने प्रोस्पैक्ट को फोन लगाएंगे, स्पीकर को ऑन रखिए और उसके बाद आप बातचीत

करिए। एक को करेंगे दूसरे को करेंगे, तीसरे चौथे को भी कर सकते हैं। सामने वाला केवल आपको देख रहा है।

फिर उनको मोटिवेट करके बोलिए कि अब आपकी बारी है। अब आप बातचीत कीजिए। इन चीजों का ध्यान रखिए। जैसे ही वो फोन करते हैं, गलती करेंगे। उनका कॉन्फिडेंस लेवल नहीं होगा, कुछ ऐसी चीजें बोल देंगे जो नहीं बोलनी है लेकिन कोई बात नहीं। उन्हें पहले हौसला दीजिए, उनकी तारीफ कीजिए और कहिए कि बहुत बढ़िया, आपने शुरुआत कर दी ज्यादातर लोग यही नहीं कर पाते। आपको केवल इन्हीं एक-दो चीजों का ध्यान रखना है। उन्होने जो गलतियाँ की हैं वो उन्हें बताएं और फिर दूसरा फोन, फिर तीसरा और उसके बाद चौथा फोन उनसे अपने सामने करवाएं।

इसमें सबसे बढ़िया कॉन्सेप्ट यह है कि अपने यहां फोन कॉलिंग या ग्रुप कॉलिंग का एक सिस्टम होना चाहिए। जो नए लोग जुड़ते हैं, जो वेलकम मीटिंग में आते हैं उन्हें ग्रुप कॉलिंग में बुलाइए। वहां पर डेमो कीजिए कि किस प्रकार से कॉन्टैक्ट करना है।

विशेष तौर पर इस पॉइंट पर डायरेक्ट सेलिंग इंडस्ट्री में बहुत ज्यादा काम करने की जरूरत है। अगर आपके पास परिणाम नहीं है, आपकी टीम के लोग जल्दी-जल्दी छोड़ रहे हैं, तो ये वाला तीसरा पॉइंट काफी मददगार है। डेमो कीजिए, सिखाइए। उन्हें एकदम बच्चे की तरह उंगली पकड़ कर आगे बढ़ाइए।

4. प्लान और प्रोडक्ट्स दिखाइए (Share the Products and Plan)– यह काम अपलाईन होने के नाते आपका है। नया डिस्ट्रीब्यूटर अगर प्लान दिखाएगा तो लोग नही जुड़ेंगे क्योंकि उसको जानकारी नहीं है व उसका कॉन्फिडेंस लेवल भी बहुत कम है, इसलिए क्वेश्चन

हैंडलिंग नहीं कर पाएगा। उसके सामने बहुत सारी समस्याएं आने वाली हैं। इसलिए प्लान दिखाने का काम आपका है, आप उस नए डिस्ट्रीब्यूटर के साथ जाकर एक-एक व्यक्ति को प्लान दिखा सकते हैं, होम मीटिंग में दिखा सकते हैं, जूम मीटिंग में या वीकली मीटिंग में बुलाकर दिखा सकते हैं।

शुरुआती कुछ सप्ताह तक ये काम एक अपलाइन का है। मैंने एक से एक धुरंधर व्यक्ति को जोईन करवाया है, जिनके पास नेटवर्कींग का बहुत सारा तजुर्बा था लेकिन प्लान दिखाने का काम मैंने किया। शुरुआत में मैंने उनकी लिस्ट के लोगों को उनके साथ जाकर प्लान दिखाया। क्योंकि हर कंपनी का अपना एक तरीका है, काम करने का अपना एक अलग कल्चर है।

आपके प्लान की कुछ खास विशेषताएँ (USP) हैं, वे उन्हें मालूम नही हैं इसलिए सामने वाले व्यक्ति को आप प्रेजेंटेशन दीजिए, प्रोडक्ट्स के बारे में डेमोज दीजिए। आपने उनको बताना नहीं है, अपितु करके दिखाना है। मैं आपको बताना चाह रहा हूं कि आपको डेमो करना है, हर चीज आपको करके दिखानी है और फिर उनको प्रेरित करना है कि आप भी इस प्रकार से कीजिए।

5. 48 घंटे के अंदर पुनः सम्पर्क कीजिए (Follow Up Within 48 Hours) - फॉलोअप में आप उस नए डिस्ट्रीब्यूटर के साथ में जाइए। आपने प्लान दिखा दिया और आपकी छुट्टी हो गई, ऐसा नहीं है, क्योंकि प्रश्न तो फॉलोअप में ही आएंगे। डायरेक्ट सेलिंग के अंतराष्ट्रीय आंकड़ें बताते हैं कि प्लान दिखाने से 10% जॉइनिंग आती है और फॉलोअप से 90% जॉइनिंग आती है।

जिस प्रकार से प्रेजेंटेशन के समय अपलाइन का होना जरूरी है।

उसी प्रकार से फॉलोअप के समय में अपलाइन का होना उससे कहीं ज्यादा जरूरी है। खासकर तब जब आपके डायरेक्ट सेलर नए हैं।

6) जॉइनिंग की प्रक्रिया पूरी कीजिए और 6 बेसिक्स के साथ शुरुआत कीजिए (Complete Joining Process And Startup With Six Basics)- आप पेपर पर ये 6 बेसिक स्टेप्स लिख लीजिए और सुनिश्चित कीजिए कि आपका नया डिस्ट्रीब्यूटर ये 6 बेसिक स्टेप्स सही तरीके से करने लग गया हैं। वह जिस स्टेप को 100% करने लग जाए तो उसके सामने सही का निशान लगा दिजिए और तय कीजिए कि सभी 6 बेसिक के आगे सही के निशान लग गए हैं। डायरेक्ट सेलिंग में ज्यादातर लोगों की समस्या है कि उनकी टीम में बहुत सारे लोग जुड़े हुए हैं लेकिन कोई भी काम नही करता है यह समस्या इसलिए आती है क्योंकि लोग नए डिस्ट्रीब्यूटर की सही शुरुआत नही करवा पाते। सही तरीके से काम कराना बेहद महत्वपूर्ण है।

ये बिजनेस हीरो बनने का बिजनेस नहीं है, सुपरमैन बनने का बिजनेस नहीं है, बल्कि ये बिजनेस सरल तरीक से करने का और डुप्लीकेट करवाने का बिजनेस है। इस तरीके से करना है कि आपका डिस्ट्रीब्यूटर आसानी से चीजों को समझ सके व डुप्लीकेट कर सके। बहुत सारे लोग इस बिजनेस में लोगों को सिखाते नहीं हैं और वहीं पर समस्या शुरू हो जाती है।

मैं एक स्टोरी आपके साथ शेयर करना चाहता हूं ताकि मैं अपनी बात आपसे रिलेट करवा पाऊं, क्योंकि कहानी के माध्यम से चीजें जल्दी समझ आती हैं। एक व्यक्ति था और वह एक तालाब के किनारे बैठकर मछलियां पकड़ रहा था। उसने कांटा डाला हुआ था और उस कांटे से उसने धीरे-धीरे मछली को पकड़ा और मछली को पकड़ने के बाद जैसे ही अपनी बास्केट में उसको डालने वाला था तो एक व्यक्ति आया जो

कि अपनी वेशभूषा से दीनहीन भिखारी सा दिख रहा था।

उसने कहा कि साहब मैं भूखा हूं और कई दिनों से कुछ खाया नहीं है। ये मछली अगर आप मुझे दे देंगे तो मेरा पेट भर जाएगा। व्यक्ति दयालु था और उसने मछली उसको दे दी और दोबारा फिर कांटा डाला। कुछ समय बाद फिर एक मछली उस कांटे में आई। धीरे-धीरे उसने बाहर निकाला और जैसे ही वो उसे बास्केट में डालने वाला था कि फिर एक दूसरा व्यक्ति आया और कहा कि साहब, ये मछली अगर आप मुझे दे देंगे तो घर में बच्चे भूखे हैं, उनको मैं ये मछली खिला दूंगा। बच्चों ने तीन दिन से कुछ खाया नहीं है।

व्यक्ति दयालु था, उसने दूसरे व्यक्ति को मछली दे दी। फिर कांटा डाला, फिर मछली पकड़ी और जैसे ही वो उसको बास्केट में डालने वाला था और फिर एक तीसरा व्यक्ति भागता हुआ आया और रिक्वेस्ट किया कि साहब ये मछली मुझे दे दीजिए लेकिन एक बुजुर्ग व्यक्ति पास में ही किसी काम में बिजी थे लेकिन वो उनको देख रहे थे। वो पास में आए और जो व्यक्ति मछली पकड़ रहा था उसको बोले कि आप कब तक लोगों को ऐसे मछलियां निकाल निकालकर देते रहोगे?

जो भी आपसे मछली मांग रहा है उसको पास में बिठाइए और उसको मछली पकड़ना सिखा दीजिए। अगर आपने मछली पकड़ना सिखा दिया तो आप भी फ्री हो जाएंगे और ये सारे लोग जिन्दगी में कभी भूखे नहीं मरेंगे। ये खुद ही मछलियां पकडेंगे, खुद खाना खाएंगे और खुद अपने बच्चों को खिलाएंगे।

इसलिए डायरेक्ट सेलिंग में भी वही काम है। आपको मछलियां पकड़कर नहीं देनी हैं, आपको उन्हें फिशिंग करना सिखाना है। हर वो

काम जो जरूरी है वो आपको सिखना है और इस तरीके से सिखाना है कि सामने वाला व्यक्ति उसे आसानी से सीख सके व उसे अपनी टीम को सिखा सके।

****

✧ एक नई शुरुआत ✧

अगर आप पूरी पुस्तक पढ़े बिना यहाँ पहुँच गए हैं, तो मेरा सुझाव है कि आप इसे शुरू से पढ़ें, नोटस बनाएँ व यहाँ बताई गई वैज्ञानिक शिक्षा को अपने जीवन में इस्तेमाल करें। ये मेरे 22 वर्षों के अनुभव का निचोड़ है, इसी शिक्षा ने मुझे डायमण्ड लेवल तक पहुँचाया है।

डायरेक्ट सेलिंग उद्योग के अनुभवी लीडरों से सीखने के लिए आप हमारे You tube चैनल "Chat with Surender Vats" को सब्स्क्राइब कर सकते हैं जहाँ पर हम हर मंगलवार रात 8 बजे एक कामयाब व्यक्ति का इंटरव्यू लेते हैं।

लेखन के क्षेत्र में यह मेरा पहला कदम है और मै इस नए रोल को लेकर बेहद रोमांचित व उत्साहित हूँ। उम्मीद करता हूँ कि डायरेक्ट सेलिंग का विजेता कैसे बनें पार्ट-2 जल्द ही आपके सम्मुख उपस्थित करूंगा। आपने मुझ पर विश्वास करके जो पैसा, समय व ऊर्जा खर्च की है, उसके लिए मैं हृदय से आपका आभारी हूँ। आपसे व्यक्तिगत संवाद करके मुझे खुशी होगी।

आपके लक्ष्य प्राप्ति में आपका सहयोगी

डॉ. सुरेन्द्र वत्स

ऑफिस नंबर- 8383938822

ईमेल- info@chatwithsurendervats.com

वेबसाईट - www.chatwithsurendervats.com